DO DESENVOLVIMENTO RENEGADO AO DESAFIO SINOCÊNTRICO

Ana Célia Castro
Lavinia Barros de Castro

DO DESENVOLVIMENTO RENEGADO AO DESAFIO SINOCÊNTRICO

Reflexões de
ANTONIO BARROS DE CASTRO
sobre o Brasil

ELSEVIER

CAMPUS

Copidesque: Daniela Marrocos
Revisão: Vanessa Raposo e Carolina Leocadio e Társia Hallais
Editoração Eletrônica: Estúdio Castellani

Elsevier Editora Ltda.
Conhecimento sem Fronteiras
Rua Sete de Setembro, 111 – 16º andar
20050-006 – Centro – Rio de Janeiro – RJ – Brasil

Rua Quintana, 753 – 8º andar
04569-011 – Brooklin – São Paulo – SP – Brasil

Serviço de Atendimento ao Cliente
0800-0265340
sac@elsevier.com.br

ISBN 978-85-352-5370-2

Nota: Muito zelo e técnica foram empregados na edição desta obra. No entanto, podem ocorrer erros de digitação, impressão ou dúvida conceitual. Em qualquer das hipóteses, solicitamos a comunicação ao nosso Serviço de Atendimento ao Cliente, para que possamos esclarecer ou encaminhar a questão.

Nem a editora nem o autor assumem qualquer responsabilidade por eventuais danos ou perdas a pessoas ou bens, originados do uso desta publicação.

CIP-Brasil. Catalogação na fonte
Sindicato Nacional dos Editores de Livros, RJ

D486 Do desenvolvimento renegado ao desafio sinocêntrico: reflexões de Antonio Barros de Castro sobre o Brasil / organização Ana Célia Castro e Lavinia Barros de Castro. – Rio de Janeiro: Elsevier, 2012.
23 cm

ISBN 978-85-352-5370-2

1. Economia – Brasil – História 2. Desenvolvimento econômico. I. Castro, Ana Célia. II. Castro, Lavinia Barros de. III. Castro, Antonio Barros de, 1938-.

12-5177. CDD: 330
CDU: 330

“Ao Castro, Castor, Castrinho ou Tonico, *in memoriam.*
E a todos os que sabem a falta que ele faz.”

"O único lugar onde o sucesso vem antes do trabalho é no dicionário."

Albert Einstein

"A Rainha Elizabeth tinha meias de seda. A realização capitalista característica não consiste em proporcionar mais meias de seda para as rainhas, mas em pô-las ao alcance das operárias em troca de um esforço cada vez menor de trabalho..."

Joseph Schumpeter, em *Capitalismo, Socialismo e Democracia*

"(...) O desenvolvimento depende não tanto de encontrar combinações ótimas para recursos e fatores de produção dados como de pôr em ação e arregimentar para propósitos de desenvolvimento recursos e capacidades que estão ocultos, dispersos ou mal utilizados".

Albert O. HIrschman, em The Strategy of Economic Development

AS ORGANIZADORAS

ANA CÉLIA CASTRO é doutora pela Unicamp (1988) e possui pós-doutorado pela Universidade de Berkeley – Califórnia (1999/2000). Atualmente, é professora titular da UFRJ, coordenadora do Programa de Pós-graduação em Políticas Públicas, Estratégias e Desenvolvimento (Instituto de Economia da UFRJ) e vice-coordenadora do INCT-PPED (Instituto Nacional de Ciência e Tecnologia de Políticas Públicas, Estratégias e Desenvolvimento). É diretora de Relações Institucionais do MINDS (Multidisciplinary Institute for Development and Strategies) e membro do IBRACH (Instituto de Estudos Brasil-China). É autora e organizadora de diversos livros, sendo o mais recente *Knowledge Governance – Reasserting the Public Interest (The Anthem Other Canon Series)*, Londres: Anthem Books, 2012 – coautoria e co-organização.

LAVINIA BARROS DE CASTRO é doutora em Economia pela UFRJ (2009) e doutora em Ciências Sociais pela UFRRJ (2006), com doutorado sanduíche na Universidade de Berkeley – Califórnia. Leciona economia brasileira em cursos de graduação do IBMEC desde 1999 e em cursos de MBA da Coppead desde 2007. É economista do BNDES desde 2001. Escreve e pesquisa sobre temas relacionados à economia brasileira, financiamento do desenvolvimento e gestão de riscos em bancos de desenvolvimento. É co-organizadora e coautora do livro *Economia brasileira contemporânea (1945-2004)*, vencedor do Prêmio Jabuti, 2005. O livro foi atualizado na segunda edição, lançada em 2011, pela Campus/Elsevier.

INTRODUÇÃO

Lavinia Barros de Castro

Ana Célia Castro[1]

Antonio Barros de Castro tinha uma missão em vida: refletir sobre os desafios atuais da economia brasileira. Mesmo seus trabalhos de cunho mais histórico ou teórico, invariavelmente, levantavam questões contemporâneas. Assim, a leitura de sua obra permite, de certa maneira, colocar em perspectiva a evolução dos principais debates da economia brasileira recente, ao mesmo tempo que oferece uma releitura crítica dessas visões.

Castro apreciava, mais do que tudo, a descoberta de um grande artigo, um novo autor, um estudante promissor, uma empresa inovadora ou, simplesmente, um novo conceito. Mas essa paixão pelo novo convivia, harmonicamente, com seu gosto pela história. Analogamente, a alegria que lhe proporcionava a formulação de hipóteses de validade mais geral (ou mesmo de formulações teóricas) era similar à proporcionada pela compreensão do que havia de singular, de específico, em diferentes experiências de desenvolvimento.

Como todo missionário, seguia uma mesma rotina dura. Começava pela leitura e recorte de jornais[2], seguidos de alguns poucos telefonemas (ainda de manhã bem cedo). Tinha sempre muitas dúvidas, o professor. Em seus telefonemas matutinos, era possível escutá-lo anotando uma definição, repetindo-a em voz alta, para, em seguida, começar a escrever uma série de notas e referências bibliográficas, que iria depois pesquisar. Fazia então um sonoro ponto

---

[1] As editoras agradecem a ajuda de Nando Whately de Castro e Ana Clara Barros de Castro, filhos do Antonio, nas referências bibliográficas.

[2] Os recortes frequentemente se acumulavam num canto de sua mesa, para, apenas num dia menos produtivo (ou mesmo num dia de fúria, alegando ser impossível trabalhar daquela maneira), serem enfim guardados em suas respectivas pastas, nos arquivos de metal de seu escritório.

final. Esse era o sinal de que iria interromper a conversa (às vezes, de forma um pouco abrupta), alegando ter de "começar o trabalho".

Tinha grande apreço pelo rigor dos conceitos; e pouco gosto por preciosismos. Seu compromisso era sempre com o objeto da análise (e não, por exemplo, com um único autor). Jamais se permitia, porém, deixar de ficar a par do que ocorria no mundo, recluso em seu trabalho. Ao contrário, seu trabalho passava por estar atento ao que se passa ao redor do mundo. Frequentemente, o ouvíamos dizer fascinado diante de um grande artigo sobre a atualidade: "É interessantíssimo. Só que agora mudou tudo – tem que repensar tudo!" Pensar e repensar; escrever e reescrever – às vezes pareciam tarefas sem fim.

Na véspera de sua morte, Castro disse: "Aconteceu uma desgraça: tive uma ideia nova." Isso significava que, para sua angústia, o artigo que estava escrevendo sobre a China, aqui incorporado, não seria, mais uma vez, finalizado. A angústia é o fardo que todo intelectual carrega, mas é também sua força e o que o move.

Comentários Gerais – um livro composto por muitos livros

Este livro é dividido em duas grandes partes. A primeira é composta por artigos que foram sendo desenvolvidos entre 2005 e 2011, trazendo à luz seus últimos trabalhos sobre os desafios do mundo sinocêntrico,[3] muitos deles inéditos. Ela revela, em seu conjunto, as últimas preocupações de Castro com o destino do Brasil no turbilhão da crise e das novas tendências. Os demais que compõem a primeira parte são artigos anteriores, antecedentes que vão tecendo sua reflexão sobre o capitalismo atual, impactado pela presença de um "grandalhão que muda o jogo" – tal como escreveu à margem do artigo que denominou "Por uma estratégia de transformação produtiva". Seria o capitalismo ainda aquele?[4]

---

[3] Esta expressão foi cunhada pelo autor em artigo publicado na *Revista de Economia Política*, "Da semiestagnação ao crescimento num mercado sinocêntrico", v. 28, n. 1, jan.-mar. 2008, pp. 15-45, e republicado por João Paulo dos Reis Velloso (organizador) em *O desenvolvimento brasileiro da era Geisel ao nosso tempo*, Rio de Janeiro: INAE, 2011.

[4] Aludimos aqui ao livro *O capitalismo ainda é aquele*, publicado por Antonio Barros de Castro em 1979 pela Editora Forense Universitária.

A decisão de publicar artigos inacabados é sempre difícil. Por um lado, existe o temor de reduzir a qualidade da obra, de tornar público aquilo que o próprio autor ainda não considerava maduro. Por outro, há o receio de privar os leitores de ideias que poderão ser desenvolvidas posteriormente por outros, de não explorar insights promissores e, no caso dos artigos aqui selecionados, tão atuais em suas questões, de possivelmente deixar de contribuir para o debate brasileiro.

Já a segunda parte é para nós a maior justificativa para a publicação deste livro. Ele nasceu mesmo da necessidade de compartilhar uma preciosa herança de ideias do autor, organizadas em artigos que comporiam um livro de longa gestação – *O desenvolvimento renegado*.

O projeto pode ser reconstituído a partir de uma narrativa que se inicia em 1985, com a publicação da obra de grande impacto *A economia brasileira em marcha forçada*, em coautoria com Francisco Eduardo Pires de Souza.[5] Referindo-se aos primeiros anos da década de 1980 até 1984, os autores afirmam, na apresentação do livro: "Seria um grave erro avaliar o potencial das forças produtivas que aí estão pelo lamentável quadro econômico-social em que elas vieram a emergir. Os resultados da mutação ocorrida na economia apenas começam a despontar."

O desdobramento das ideias do *Marcha Forçada* acontecia, porém, num contexto de drástica mudança do patamar de crescimento da economia brasileira. Com a publicação do livro, acumulavam-se muitas perguntas e poucas respostas, todas inesperadas. De acordo com o próprio autor: "Mais de uma vez tentei reposicionar-me, tratando de explicar o equívoco contido na previsão de que, a partir de 1984, a economia se encontrava 'pronta para crescer'. Visivelmente, faltavam-me instrumentos para compreender o novo quadro."[6]

Na mesma época, Castro também organizou, em conjunto com seus colegas Francisco Eduardo Pires de Souza e Caio Prattes da Silveira, o grupo de conjuntura da UFRJ. Nesse contexto, foi criado o *Boletim de Conjuntura da*

---

[5] Castro, A.B. e Souza, F.E.P. *A economia brasileira em marcha forçada*. Rio de Janeiro: Paz e Terra, 1985, 1ª edição.

[6] Castro, A.B. em entrevista à Leda Paulani: "A solidão do corredor de longa distância", *Economia aplicada*, v. 4. n. 4, out.-dez., 2000, p. 835. Com a sensação de que havia subestimado a relevância do ambiente macroeconômico, em meados dos anos 1980 Castro começou a se dedicar ao estudo da inflação. Como ele costumava a dizer: "Se você não entende um assunto, só dando um curso." Para suprir o que considerava uma lacuna sua, passou a lecionar, no Instituto de Economia da UFRJ, a cadeira de Política Econômica.

UFRJ, onde Castro ocupava o papel de editor. Castro jamais abandonou esse grupo, mesmo nos períodos de mais intenso trabalho no BNDES.

A turbulência macroeconômica do final dos anos 1980 havia, porém, alterado o eixo da economia brasileira, que deixava de ser o avanço da industrialização e passara a ser a mera sobrevivência. Nesse quadro:

> Chocado com a agressividade e volatilidade dos comportamentos, à medida que avançava a segunda metade dos anos 1980, comecei a indagar-me se as condutas individuais durante a fase heroica da industrialização – tão extremamente contrastantes com o que então presenciávamos – não se encontravam condicionadas por poderosos elementos motivadores/estabilizadores do comportamento. Foi a partir desse tipo de suspeita ou indagação que comecei a avançar em direção a uma nova visão. Encontrava-me, de fato, a um passo de admitir a centralidade das instituições e das crenças compartilhadas (ou convenções), na coordenação das decisões econômicas. (Castro, A.B., 2000, p. 837, idem).

Os amigos mais próximos de Castro sabiam que ele estava escrevendo um novo livro nos cinco anos que se seguiram ao *Marcha Forçada*, o que não o impedia de publicar outros materiais a partir de temas que aguçavam sua curiosidade e mobilizavam seu sacerdócio em prol do desenvolvimento brasileiro – os artigos quinzenais na *Folha de S.Paulo* e os publicados anualmente no Fórum Nacional são exemplos disso.[7]

Essa reflexão viria finalmente à tona, em forma ainda embrionária e sintética, num artigo publicado em inglês no ano de 1993 – "Renegade Development: Rise and Demise of State-Led Development in Brazil"[8] – traduzido por Castro e alterado ao longo dos anos.

Esse artigo passou a ser o núcleo dos textos: "Livro 01", "Livro 02" e "Livro 03", que encontramos em seu computador pessoal. A cada um deles, Castro ia somando um fascinante conjunto de artigos que, tratando de respeitar ao

---

[7] Os artigos publicados no Fórum Nacional foram reunidos por Velloso, J.P., *op.cit.*, e republicados em 2011, e os artigos da *Folha de S.Paulo* estarão disponíveis no site do Boletim de Conjuntura do Instituto de Economia da Universidade Federal do Rio de Janeiro.

[8] Castro, A. B: "Renegate Development: Rise and Demise of State-Led Development in Brazil" *in* Smith, W. e Acuna, C. (eds.) *Democracy, Markets and Structural Reforms in Latin America: Argentina, Bolivia, Brazil, Chile and Mexico.* Transition Publishers, 1994.

máximo a ordem que ele próprio concebeu, são agora revelados e compartilhados neste volume da Editora Campus/Elsevier. Como cada um dos novos livros continha os anteriores, nos sentimos confortáveis em acreditar que, na concepção do próprio Castro, havia uma continuidade.[9]

Brasil: o desenvolvimento renegado é um texto bastante ousado, que pretende, nada menos, que mudar a interpretação convencional sobre o modelo de desenvolvimento brasileiro. Em vez de baseada na tese do modelo de substituição de importações latino-americano, a experiência brasileira seria melhor compreendida se estudada à luz das experiências asiáticas de desenvolvimento lideradas pelo Estado (*State-led*), em que estratégias de emparelhamentos (*catching-up*) seriam conduzidas com o apoio do Estado e com destaque para o papel desempenhado pelas empresas estatais brasileiras. O artigo, porém, não conseguiu jamais crescer a ponto de se tornar um livro de fato:

> À medida que percebia a força das novas ideias, comecei a conceber o projeto de um livro que reinterpretasse a história econômica moderna deste país. Infelizmente, repetidas vezes tentei desenvolver a proposta (ou abordagem), mas faltou-me fôlego ou, talvez, amadurecimento nas novas hipóteses. Apenas um rascunho desse projeto (tosco e bastante desequilibrado) chegou a ser publicado, por pressão dos organizadores de um seminário em Buenos Aires em março de 1992. (idem, p. 838).

Ao longo dos anos, Castro ia colecionando trabalhos, em geral encomendados por instituições públicas como consultoria sobre temas estratégicos, mas cujo relatório final era reelaborado em formato de artigo de livro, para compor o que, um dia, seriam as suas reflexões sobre a economia brasileira.

Na sequencia do artigo Brasil: o desenvolvimento renegado, cujo conteúdo reflete uma análise da economia brasileira desde os anos 1950 até 1993, segue-

---

[9] Originalmente, o "Livro 01" trazia as várias partes do artigo *Brasil: o desenvolvimento renegado*, que dá o título ao livro que o leitor tem em mãos – esse é certamente o artigo mais importante e o primeiro da Parte II. Embora tenha sido concebido entre 1992 e 1993, a última alteração do documento data de 2003. O que no computador do Castro seria o "Livro 02" acabou, na realidade, sendo publicado apenas em 2003, depois da publicação do conteúdo que constava como o "Livro 03". Por esse motivo, para facilitar a compreensão do leitor, e melhor permitir um paralelo entre seus escritos e os acontecimentos da economia brasileira, resolvemos mudar a sequência original dos livros, apresentando os artigos em ordem cronológica crescente, na segunda parte deste volume.

se o relatório escrito em parceria com Adriano Proença para a FGV, em 2001, sobre a década de 1990: "Padrões comportamentais e estratégicos da indústria brasileira nos anos 1990." Utilizamos, porém, apenas a parte escrita por Castro, que foi publicada, numa versão reduzida e certamente mais elegante (porém, menos rica em detalhes e observações) em artigo de mesmo nome, na *Revista de Economia Política*.[10]

O terceiro artigo da segunda parte do presente volume é: "A rica fauna da política industrial e a sua nova fronteira", publicado na *Revista Brasileira de Inovação*, em 2002.[11] O motivo para republicar esse texto se deve ao fato de respeitar, digamos, o livro que estava na cabeça do Castro, ao mesmo tempo que disponibiliza seu conteúdo para um maior número de pessoas.

Por fim, a segunda parte se encerra com um artigo inédito: "Contra o pessimismo do crescimento. Do voo da galinha ao do besouro e mais além" que, infelizmente, termina abruptamente,[12] mas complementa sua visão sobre a virada da economia brasileira a partir de 2004 e, sendo o último artigo deste livro, estabelece uma conexão entre a segunda parte e a primeira:

> Castro denominava o período imediatamente anterior a 2004 de "voo da galinha", pela forma errática e insustentável que se apresentavam os surtos de baixo crescimento, muitas vezes atrelados a um ciclo político. Este voo da galinha estava dando lugar a um "voo do besouro", ainda sem rumo, mas que poderia ir mais além, caso fossem bem aproveitadas oportunidades que estavam sendo criadas a partir das, por ele denominadas, "novas tendências pesadas do capitalismo atual". (Castro, A., 2011, Introdução)[13]

---

[10] CASTRO, A.B. "Padrões comportamentais e estratégicos da indústria brasileira nos anos 1990". *Revista de Economia Política*, volume 21, n.3 (83), julho-setembro 2011. Este relatório, porém, não constava em nenhum dos "Livros", mas nos pareceu que dava continuidade temporal à análise da história recente da economia brasileira.

[11] CASTRO, A.B. "A rica fauna da política industrial e a sua nova fronteira", *Revista Brasileira de Inovação*. vol. 1, n. 2, jul.-dez., 2002. O outro artigo que constava no dito "Livro 03" é: "O segundo *catch-up* brasileiro. Características e limitações", publicado na *Revista da Cepal*. Como esse texto, porém, é bastante conhecido e citado, e se encontra na internet, no sítio da Cepal, não consideramos adequado aqui republicá-lo.

[12] O artigo do "voo dos besouros" também não estava em nenhum dos citados livros, mas desenvolve aspectos levantados em artigos anteriores.

[13] CASTRO, A.C., Introdução, em Castro, A. e Castro, L. (orgs.) *Antonio Barros de Castro, O Inconformista: Homenagem do IPEA ao mestre*. Brasília: IPEA, 2011.

Livros compostos de artigos possuem sempre alguma sobreposição. Como o leitor facilmente perceberá, alguns temas são recorrentes em diversos textos aqui selecionados. Todavia, os textos de Castro apresentam-se sempre de forma diferente, com ênfases distintas e argumentos novos. Como foi dito em uma das homenagens após sua morte: Castro não repetia nem sequer uma aula. Algumas notas foram por nós adicionadas, no intuito de explicar ao leitor alterações realizadas no original, ou prover alguma explicação adicional. Para diferenciá-las das notas do autor as denominamos "Notas das Organizadoras".

Enquanto a primeira parte organiza os artigos de trás para frente, isto é, começa com o artigo mais recente e regride no tempo até 2005, a segunda parte obedece a ordem cronológica. Ela começa por um artigo que foi elaborado essencialmente em 1993 (embora tenha sofrido alterações posteriores) e vai até o artigo dos "voos", que data de 2004. Portanto, as duas partes, em seus extremos, se ligam temporalmente.

A Estrutura do Livro - convite à leitura

Parte I - O Brasil no mundo sinocêntrico

Apresentação: enfrentando rupturas

Este artigo foi o escolhido para ser a apresentação da primeira parte, porque introduz os grandes temas que serão nela tratados e por ser um convite a uma ampla reflexão:

> A ascensão da China, historicamente, só tem paralelo na emergência dos Estados Unidos no final do século XIX. A derrocada financeira recentemente verificada, por sua vez, só encontra paralelo na crise de 1929. E a própria questão ecológica, nas dimensões que vem adquirindo, tampouco tem precedente.
>
> Cada um desses megaeventos seria capaz, isoladamente, de induzir transformações substantivas nas mais diferentes economias. A combinação das três, contudo, leva a uma verdadeira ruptura com o que conhecemos. O mundo que temos pela frente é outro, e os êxitos e fracassos na assimilação ou aproveitamento desses megaeventos dominarão por um bom período a evolução da economia mundial. p. 3.

Para o autor, nesse novo mundo, será necessário aproveitar as possibilidades de realocar recursos; novas questões estruturais emergirão e acordos internacionais terão de ser repensados, de forma a permitir reposicionamentos dos países no jogo internacional. Castro conclui incitando seus leitores a "aproveitar crítica e criativamente possíveis lições da história".

O artigo que abre a primeira parte estava sendo reescrito por ele mesmo, a partir da transcrição de sua participação no XXIII Fórum Nacional, em maio de 2011. As metáforas da corrida e do jogo são aqui criativamente contrastadas: "A primeira é aquela que absolutiza a ideia da competitividade, aqui e agora, na produção do mesmo. É preciso aumentar a competitividade para se posicionar melhor, para ganhar posições na corrida. Implicitamente essa metáfora pressupõe tudo dado e revelado", diria o autor. A metáfora do jogo é a que será proposta para a reflexão sobre a posição do Brasil no novo jogo internacional, pois "O jogo mudou e mudaram também os jogadores. Entrou outro time em campo, um time com características historicamente únicas e que veio para transformar o panorama de forma radical". (p. 7)

A visão de Castro é a um tempo só pessimista e otimista, como afirma. Ainda que o Brasil enfrente sérios problemas ao entrar na órbita da China, o país:

> (...) possui diante de si uma possível e provável grande trégua. Em que consiste esta trégua? Está aflorando no Brasil uma capacidade exportadora enorme, que terá seu coroamento com o pré-sal, e com isso então a partir de 2015 em diante temos por vários anos uma relativa folga assegurada, me parece, no balanço de pagamentos. Esta trégua nos daria talvez 10, 12, 15 anos – ninguém sabe precisar –, para fazer mudanças profundas no aparelho produtivo. p. 14-15

Na sequência, encontra-se: "As Tendências Pesadas do Capitalismo Atual". Nesse artigo, exploram-se mais diretamente as implicações para o mundo e para as empresas de um "mundo sinocêntrico", responsável pela introdução de, pelo menos, três grandes (e novas) tendências ao capitalismo: a) revolução dos mercados de massas; b) mudança na relação de preços relativos entre commodities e manufaturas e c) intensificação da interdependência entre economia e política.

O velho Castro estruturalista aqui, mais uma vez, se evidencia, no reconhecimento de que os grandes movimentos históricos alteram o comportamento dos agentes econômicos. Como colocado muitos anos antes, no capítulo VII do livro *Introdução à economia*[14], a empresa não deve ser tratada como um ator isolado, que meramente reage a preços relativos, com objetivo da maximização de lucros. Na essência da abordagem estruturalista está a valorização da interação entre "a célula produtora e o contexto que a envolve".[15]

Para o autor, porém, além de embeber as decisões da firma no seu contexto histórico, era fundamental ter em conta a dimensão estratégica dos movimentos reativos das firmas. Isso porque os atores econômicos não assistem passivamente às grandes mudanças estruturais, mas reagem, de forma mais acomodatícia ou de forma mais ousada a depender não apenas de seu ímpeto, mas também da "competência político-institucional para tanto":

> As tendências pesadas podem atuar de forma surda e anônima, levando empresas e economias a reações de sentido imediatista e acomodatício. Pode também ocorrer, no entanto, se entendidas as mudanças como inerentes a uma realidade substancialmente modificada – e havendo competência político-institucional para tanto –, surjam novas visões de futuro, bem como iniciativas capazes de organizar e dar rumo às adaptações e reposicionamentos de acordo com prioridades redefinidas.
>
> Em tais casos, as novas tendências pesadas estarão dando ensejo ao surgimento de estratégias, que buscam valer-se do novo contexto (e das tendências neles percebidas) para promover um reaproveitamento dos recursos disponíveis e grandes transformações. p. 31-32

O quarto artigo do livro aproveita uma apresentação (adaptada por nós para texto) feita por Castro em 2008 no BNDES: "O pré-sal como oportunidade e desafio para o Brasil". Trata-se de uma exposição feita tendo por base o estudo conduzido pelo Grupo de Trabalho de Petróleo e Gás, criado pela Presidência do Banco, quando Castro era assessor da Presidência.

A apresentação começa por uma interessante divisão dos países produtores de petróleo em quatro grupos, sendo o último "países cuja exploração ocorre a elevados custos, mas com alternativas econômicas". Neste, a questão crucial se

---

[14] Castro, A.B. e Lessa, C., *Introdução à economia: uma abordagem estruturalista,* Rio de Janeiro: Forense Universitária, 2008. O referido livro vendeu mais de 500 mil exemplares e está na sua 37ª edição, sendo considerado um marco no pensamento estruturalista latino americano.

[15] Essa passagem é ressaltada na já citada entrevista à Leda Paulani (2000), *op. cit.*, p.108.

torna: Em que ritmo se vai explorar o petróleo? Entre as muitas alternativas, quais irão fomentar? Como tratar? Como desenvolver uma estratégia de engenharia? A resposta não é única:

> Basicamente, existem três estratégias possíveis. A mais pobre e inocente é a de passividade. Fazer proteção de um ou de outro setor da economia, sem tratar do futuro. A segunda é fazer proteção residual, apenas nos casos de grande necessidade, e apoiar o reposicionamento das empresas, mas sem projetos alternativos. Por fim, há a estratégia em que também existe proteção residual, mas se busca avidamente o futuro. É a atitude mais agressiva – chamada de "estratégia alfa". Esta assume que a assignação de recursos é o centro da questão. p. 46

O autor conclui nos lembrando, nossa limitações como economistas: "O petróleo é absolutamente politizante – é, sem dúvida, a mais política das commodities. Se a politização é maligna ou benigna, trata-se de outra questão. É preciso se posicionar estrategicamente sobre essa temática."

Por fim, chegamos ao artigo que encerra a primeira parte do livro, intitulado "BRICS, Quando o tamanho é destino" que não chegou a ser concluído – sua última versão data de fevereiro de 2005.

Nele, Castro começa comentando que, ironicamente, até o início dos anos 1980, China e Índia eram consideradas a prova cabal de que economias de grande porte (ditas "baleias" em contraposição aos "tigres" asiáticos) estavam fadadas ao baixo crescimento e dinamismo. Paralelamente, na Rússia, a crença de que a liberalização e a introdução do livre mercado trariam *per se* o crescimento estava completamente desmoralizada, até o final da década de 1990. Quanto ao Brasil, completando o grupo dos BRICS, a percepção, até 2003, era de que o país não teria capacidade de retomar as grandes taxas de crescimento do passado.

> É difícil, pois, exagerar o contraste entre as crenças e as realidades na turbulenta história das economias continentais. As primeiras duas economias continentais tornam-se a referência dominante cujo dinamismo não apenas salta aos olhos, mas, especialmente no primeiro caso, impõe crescentemente acomodações ao resto do mundo, e os dois outros casos (Rússia e Brasil) são hoje crescentemente percebidos como candidatos a se tornar em breve economias líderes. Estes fenômenos nem de longe previstos, não

podem deixar de introduzir novas questões. A mais importante dentre elas poderia ser assim enunciada: teriam ocorrido mudanças no modo de funcionar do capitalismo que converteram tamanho (tomado com uma magnitude composta de população e área) algo fundamental? p. 52

O texto evolui para uma análise do que teria mudado na competição capitalista e como essas mudanças atingem as diversas economias. Infelizmente, a seção anunciada como "o caso brasileiro" não foi escrita.

Parte II: O desenvolvimento renegado e mais além

Em "Brasil: o desenvolvimento renegado", como já enfatizado, Castro se distancia um pouco de seu estruturalismo de origem, valorizando políticas e instituições, assimilando a influência de autores como Veblen, Schumpeter, Keynes, Simon, Penrose, Nelson e Hirschman e, particularmente, Gerchenkron. Essa atitude, porém, não representava uma ruptura a seu pensamento:

> Primeiramente, a importância que passei a atribuir às instituições e convenções não me levou a romper propriamente com o método que priorizava as estruturas. Antes de mais nada, porque tanto as instituições formais quanto as visões compartilhadas de mundo são matrizes de comportamento e, neste sentido, estruturas intangíveis. Há fortes indícios, aliás, de que elas só passam a condicionar comportamentos e, desta forma, a estruturar a vida econômica e social, à medida que sejam efetivamente respaldadas por crenças amplamente compartilhadas. Por outro lado, ainda quando faça sentido admitir que as instituições operam como condicionantes (coordenadores e estabilizadores) do comportamento, estamos aqui a grande distância da abordagem que pretendia explicar funcionamento – e até mesmo evolução –, a partir de tecnoestruturas, como o engenho de açúcar, a moderna indústria, ou a base energética. Quando mais não seja, porque, desmaterializada a determinação, estão abertas as portas para a flexibilização dos comportamentos – e para a admissão de que as respostas de empresas podem diferir substancialmente ante circunstâncias essencialmente semelhantes. Estamos aqui no limitar da aceitação da centralidade do conceito de estratégia – e o artigo de Nelson intitulado "Porque as firmas diferem" (1991) torna-se uma referência obrigatória (Castro, A.B., 2000, *op .cit.*, p. 838).

O cerne do artigo "Brasil: o desenvolvimento renegado" está na identificação de duas convenções que teriam "pautado ou parametrizado a tomada de decisões econômicas (nas esferas pública e privada) durante a fase de rápida expansão liderada pela indústria: a convenção do crescimento e da estabilidade simulada." Essas convenções teriam sido destruídas ao longo dos anos 1980, colocado o modelo brasileiro de desenvolvimento em crise.

O artigo, ao final, alerta os leitores para uma série de transformações que estavam estavam ocorrendo no tecido microeconômico, à grande velocidade. Este é exatamente o gancho para o artigo seguinte "Padrões comportamentais e estratégicos da indústria brasileira nos anos 1990".

A mais importante contribuição do artigo sobre a indústria brasileira é a chamada "curva sorriso", que relaciona o valor adicionado (eixo vertical) em função das várias etapas da produção (eixo horizontal). Essas etapas seriam: pesquisa e desenvolvimento; design; engenharia de produtos e processos; fabricação; montagem; logística e distribuição; e marketing. Por seu formato, fabricação e montagem correspondem às etapas que agregam menos valor, sendo as extremidades (P&D e Marketing)[16] as capazes de gerar maior retorno para a empresa.

Essa curva se tornou uma referência, sendo citada em diversos trabalhos acadêmicos, após sua publicação na *Revista de Economia Política* (*op. cit.*). Além disso, a versão aqui apresentada do artigo inclui diversos "boxes", que detalham experiências de empresas (cujas informações foram obtidas nos arquivos de jornal, colecionados durante anos) e também uma "digressão sobre o duplo loop" bastante interessante, e um anexo, que não constam da versão publicada pela revista.

"A rica fauna da política industrial e a sua nova fronteira", por sua vez, começa pela distinção de três tipos de abordagens da política industrial. Há aqueles que centram seus argumentos relativos à política industrial pela existência de "falhas de mercado", há os que defendem esforços visando a (rápida) superação do atraso acumulado e, por fim, existem os que defendem que as empresas devem ser capazes de competir, via inovações:

[16] Castro, em sala de aula, costumava denominar de "bochechas" as regiões da curva sorriso de maior agregação de valor.

> Se o primeiro enfoque (das falhas de mercado) admite tacitamente a assimetria das posições individuais e privilegia categorias universais como o ótimo, se o segundo põe em destaque os padrões e as regularidades setoriais, com o terceiro ganham relevância as especificidades das empresas. Mais precisamente, salta para o primeiro plano o que lhe é peculiar. É com isto que contam os centros de decisão para, frente à pressão dos competidores, cultivar diferenças, criar e defender posições. E por centros de decisão entendemos aqui, fundamentalmente, as empresas singulares, mas, também, para certos efeitos, associações de empresas, parcerias, redes ou *clusters*. p. 147

O terceiro tipo seria aquele capaz de "mapear aquilo com que se pode contar para continuar avançando". O autor defende então que se abandone a visão tradicional de tratar a indústria através da análise setorial ("que abafa ou anula a sensibilidade para o idiossincrático") em prol de políticas que busquem influenciar a tomada de decisões empresariais.

As políticas devem ajudar a empresa a avançar na produção de variedades, devem "empenhar-se na criação de sistemas nacionais de inovação, cultivar a emergência de novos empreendimentos, bem como apoiar, seletivamente, a (re)definição de estratégias". Contribuiriam para o sucesso dessas políticas, a formulação de "visões".

No que se refere às empresas propriamente ditas, primeiramente, seria necessário descobrir o novo negócio principal (*core business*) de cada uma (que deve ser diferente da mera replicação do similar importado). Na sequência, seria preciso apoiar e tornar sistemática a atividade inovadora.

Já o artigo "O quadro internacional e a evolução recente da economia brasileira"[17] trata das mudanças e implicações para as empresas advindas das tecnologias da informação, da globalização e da intensificação dos fluxos financeiros internacionais. A partir desse contexto, se discute o que seria a "nova empresa e a nova competição", ao mesmo tempo que se critica a ideia da existência de uma "uma nova economia" e se alerta para o aumento da instabilidade macroeconômica.

Mais importante, o autor adverte que as consequências das reformas introduzidas amplamente nos anos 1990 nos países emergentes não teriam sido as

---

[17] Publicado em *A economia mineira no século XXI: diagnóstico e perspectivas*, v.1, cap IV. Minas Gerais: ABDMG.

mesmas nos diferentes países. Existiriam pelo menos quatro grupos de países: os que fizeram "Reforma e Especialização", a exemplo do Chile; os que sofreram "Reforma e Implosão", sendo os exemplos mais notórios o mundo ex-socialista; os que optaram por uma estratégia de "Hibridação", como o Brasil e, finalmente, os que fizeram "Reformas Adaptadas e Novos Setores" – sendo a experiência mais bem-sucedida a da China.

Os elementos que definiriam o sucesso ou o fracasso das reformas, por sua vez, seriam: a herança herdada, o processo de reestruturação conduzido, as restrições ao crescimento (como, por exemplo, a existência de uma baixa demanda doméstica e a consistência do regime macroeconômico) e a capacidade de resposta das empresas.

No caso brasileiro, a reestruturação verificada nos anos 1990 teria resultado da combinação da herança de um parque industrial diversificado e flexível, um mercado doméstico ampliado (pela estabilização e pela adoção de políticas de renda) e uma ampla adoção de "um tipo de resposta estratégica simples e eficaz". Haveria, porém, restrições no "*catch-up* produtivo" realizado. Para ir "mais além" o autor propõe um "esboço de uma agenda de políticas".

Por fim, o último artigo do livro traz a já citada analogia com os voos dos besouros e das galinhas. O autor começa criticando dois tipos de pessimismo muito comuns entre os analistas brasileiros: o pessimismo da escola das reformas e o pessimismo da fragilidade financeira.[18] Castro discordava de ambos. O que teria ocorrido no Brasil contrastava com ambas as previsões, mas para ir além do "crescimento do voo da galinha", seria preciso dar rumo (construir uma nova convenção?) ao crescimento. Ou melhor, seria necessário que o país possuísse uma clara visão estratégica.[19]

---

[18] Em *O Inconformista* há também um artigo que fala de dois pessimismos, mas esses seriam o pessimismo fiscal e o pessimismo externo. Ver "Pessimismos infundados: da desvalorização de 1999 à retomada do crescimento em 2004" em *Antonio Barros de Castro – O inconformista, op. cit.*

[19] Sobre a imagem dos besouros ver Castro, A. e Castro, L. A. "Confraria dos Besouros – contribuições de Antonio Barros de Castro para a economia brasileira". *Rumos, Economia e Desenvolvimento para os Novos Tempos*. Ano 36, n. 260, pag. 6, nov.-dez. 2011. "O Paul Baran tinha dito que o Japão era o análogo do besouro: pelas leis da aerodinâmica não pode voar, mas voa. Essa frase nunca saiu da minha cabeça. Eu acredito que isso é (ou deveria ser) uma espécie de ideal científico, ou seja, descobrir besouros, perceber aquilo que não pode acontecer, mas acontece, para tentar com isso entender o que realmente se passa.", em Paulani L. (2000), *op. cit.*

Infelizmente, esse artigo também não chegou a ser concluído. Mas sua publicação, como a de todos os artigos que compõem o livro *Do desenvolvimento renegado ao desafio sinocêntrico*, era um desejo forte, um compromisso, uma obrigação maior que se impunha.

SUMÁRIO

PARTE I

O BRASIL NO MUNDO SINOCÊNTRICO

ENFRENTANDO RUPTURAS[1]

O período em que vivemos é profundamente marcado pela ascensão da China, pela tomada de consciência de que a nave espacial Terra não comporta a universalização dos padrões modernos de consumo – fenômeno aparentemente em pleno curso, e que tem como símbolo a expansão contemporânea da economia chinesa – e pela crise financeira internacional.

A ascensão da China, historicamente, só tem paralelo na emergência dos Estados Unidos no final do século XIX. A derrocada financeira recentemente verificada, por sua vez, só encontra paralelo na crise de 1929. E a própria questão ecológica, nas dimensões que vem adquirindo, tampouco tem precedente.

Cada um desses megaeventos seria capaz, isoladamente, de induzir transformações substantivas nas mais diferentes economias. A combinação dos três, contudo, leva a uma verdadeira ruptura com o que conhecemos. O mundo que temos pela frente é outro, e os êxitos e fracassos na assimilação ou aproveitamento desses megaeventos dominarão por um bom período a evolução da economia mundial.

Atores internacionais como o Banco Mundial e o FMI tratarão, primordialmente, é de se presumir, questões associadas à crise financeira. Já a ascensão da China, bem como certas manifestações e consequências da crise financeira internacional, introduzem questões que, por sua natureza e extrema diferenciação entre os países, devem ser enfrentadas e respondidas por políticas

---

[1] Nota das organizadoras: A última gravação do artigo pelo autor ocorreu no dia 20 de dezembro de 2009. Parte do texto foi publicada no jornal *O Valor* em 28 de agosto de 2009. Esta é a versão completa retrabalhada por Antonio Barros de Castro.

nacionais – e, claro, num outro plano, pelas empresas, em sua permanente busca da criação de valor, em contextos agora profundamente alterados.

O que acaba de ser dito põe em evidência o que genericamente podemos denominar de desafio do "reposicionamento", com que mais cedo ou mais tarde haverão de se enfrentar países e empresas. Há que se reconhecer, de saída, que esse é um tema vago ou insuficientemente percebido e jamais sistematicamente discutido. Ele comporta extremos: há casos – os países bálticos e a Islândia seriam exemplos – levados à UTI pela crise financeira e que tiveram, a seguir, seus aparelhos simplesmente desligados. A bem dizer, o esquema ao qual essas economias estavam se integrando, inicialmente, aliás, com grande sucesso, não existe mais, e elas teriam de ser "reinventadas", vale dizer, profunda ou radicalmente reposicionadas. No extremo oposto existem economias, sobretudo na África, que emergiram do caos e da marginalidade para uma expansão vertiginosa e que têm chances de retomar um forte crescimento, após o tropeção por que acabam de passar. Muito dependerá, no caso, do desempenho da economia chinesa – vale dizer, do fôlego e intensidade do seu crescimento – e da capacidade possivelmente por elas construída de introduzir reposicionamentos, digamos, marginais na sua trajetória evolutiva.

Alguns traços dominantes do mapa econômico e geopolítico que está se desenhando já podem ser percebidos.

No que toca à China, o desempenho nos próximos anos comporta duas visões antagônicas. Trata-se, para alguns, de uma economia em que o crescimento é puxado pelas exportações e, mais tipicamente, pelas compras norte-americanas. Como os Estados Unidos se encontram, ao que tudo indica, condenados a reduzir substancialmente seu déficit de transações correntes, os que compartilham essa visão veem com ceticismo o prosseguimento do crescimento chinês. Discordam dessa interpretação os que veem no dinamismo chinês uma versão atualizada – e acentuadamente peculiar ou diferenciada – do êxito histórico da Alemanha no fim do século XIX, do Japão e, contemporaneamente, da Coreia e da Irlanda, entre outras experiências de emparelhamento (*catching-up*).

Em cada uma dessas experiências de industrialização retardatária, foi montada uma máquina de crescer que rapidamente absorvia progresso técnico, permitindo ao país queimar etapas na absorção e difusão de novas tecnologias e formas de organização da produção. Vista nessa perspectiva, a função das exportações é, sim, de puxar a demanda, mas também, e decisivamente de facultar o acesso a novas tecnologias.

Esse último objetivo pode, inclusive, tornar-se dominante ali onde – como é o caso da China contemporânea – o esforço de investimento é particularmente intenso e o mercado doméstico vasto e promissor. A razão entre investimento e crescimento na China, da ordem de quatro (40% do PIB de investimento, 10% de crescimento médio), sugere, aliás, numa primeira aproximação, uma considerável eficiência na absorção e no domínio de novas técnicas por parte das empresas e dos trabalhadores em geral. Como, além disso, o país conta com notável blindagem financeira (US$1,2 trilhão de reservas) e um sólido quadro macroeconômico, é bastante plausível supor que a máquina de crescer chinesa poderá prosseguir longamente em operação – beneficiando os mercados de matérias-primas e energia e contribuindo para o crescimento dos fornecedores desses produtos.[2]

Voltemo-nos momentaneamente para as economias desenvolvidas, a propósito das quais um verdadeiro consenso aponta no sentido de um difícil e modesto crescimento nos próximos anos. O problema com esse tipo de visão é que ela atribui excessivo destaque às sequelas deixadas pelo endividamento (de empresas, famílias e, não raro, dos poderes públicos), uma vez iniciada a atual crise financeira. Há que se ter em conta, além disso, que em diversos casos o crescimento pré-crise dependeu, em grande medida, das finanças e da construção civil – o Reino Unido e a Espanha são aqui as referencias óbvias. Em outras palavras, esse tipo de argumento deixa de lado o fato de que, para alcançar o crescimento sustentável, tais economias têm que fazer muito mais do que lamber as feridas deixadas pela crise do crédito. É preciso, minimamente, descobrir algo que entre no lugar dos setores ou segmentos que puxavam anteriormente o crescimento. Em outras palavras, além de (penosamente) liquidar as travas deixadas pelo elevado grau de endividamento, há que se reposicionar, cavando espaços próprios, frente a mercados severamente disputados, seja no exterior, seja no âmbito doméstico. Entram aqui em cena o megaevento China e seus efeitos. Vejamos o porquê.

Existem substanciais diferenças entre os desenvolvidos, havendo casos em que a especialização na fase pré-crise se mostra, digamos, projetável. A Alemanha, por exemplo, exportava em massa equipamentos para a Ásia, e não tem porque abandonar essa fértil divisão internacional do trabalho. Que

---

[2] Nota das organizadoras: Os dados apresentados nesse artigo, assim como nos demais que compõem esse livro, não foram atualizados para preservar a coerência lógica do texto.

dizer, porém, daqueles países cujo crescimento dependeu, em boa medida, das finanças e da construção civil? É claro que, inicialmente pelo menos, seus problemas não provêm da China e sim da *débacle* financeira contemporânea. Na medida, contudo, em que essas economias não cresçam nos próximos anos, a superioridade tecnológica frente à China, ali onde porventura ainda exista, rapidamente desaparecerá – tornando mais estreitas ou limitadas as possibilidades de realocar recursos e visando renovar e ampliar a geração de valor. Mais que isso, podem vir a ser seriamente colocados em questão estruturas e acordos internacionais que presentemente não apenas impedem que o câmbio reflita as dificuldades enfrentadas por essas economias como dificultam o emprego de políticas públicas para apoiar seu reposicionamento.

O tamanho e a natureza das dificuldades que acabam de ser apontadas são intimidadores. Mas há que se ter em conta que reposicionamentos, compreensivos e profundos, foram levados a efeito no passado pelos países que puseram exitosamente em marcha seu processo de *catching-up* (embora tenham ocorrido, certamente, alguns fracassos). Há, aqui, que se aproveitar, crítica e criativamente, possíveis lições da história. Além disso, é fundamental destacar que há países mais e menos aptos ou bem dotados para ingressar num mundo em que a implosão financeira deixou profundas marcas; em que a Ásia terá um papel de grande destaque; e em que o aproveitamento da natureza será feito de forma mais amigável e sobretudo – aqui, também – mais criativa.

CAPÍTULO 1

POR UMA ESTRATÉGIA DE TRANSFORMAÇÃO PRODUTIVA (2011)[1]

Existem duas metáforas importantes para discutir as condições atuais da concorrência capitalística, a da corrida e a do jogo. A primeira absolutiza a ideia da competitividade, aqui e agora, na produção do mesmo. É preciso aumentar a competitividade para se posicionar melhor, para ganhar posições na corrida. Implicitamente, essa metáfora pressupõe tudo dado e revelado. A metáfora da corrida, em tempos normais, tem sua utilidade, mas não é a melhor para tratar períodos onde ocorrem grandes transformações. A corrida é apenas um preparo da criatividade para crescer.

Há, porém, outra metáfora, a do jogo, que julgo mais interessante. Minha reflexão é nela centrada, porque nesse espetáculo mundial, o jogo mudou, e mudaram também os jogadores. Entrou outro time em campo, um time com características historicamente únicas e que veio para transformar o panorama de forma radical. Uma nação disputa jogos e/ou corridas e pode, inclusive, disputar muitos mais.

[1] Nota das organizadoras: Antonio Barros de Castro participou do XXIII Fórum Nacional organizado pelo Ministro Reis Velloso onde proferiu uma palestra que foi gravada, posteriormente editada por Lavinia Barros de Castro, e publicada no livro *O desenvolvimento brasileiro. Da era Geisel ao nosso tempo*, Rio de Janeiro: INAE, 2011. Esta mesma palestra estava sendo revista pelo autor para posterior publicação no livro o qual se dedicava a preparar e que abrangeria grande parte do conteúdo que agora publicamos neste volume. O presente artigo consolida três distintas versões do mesmo texto, as notas do autor e observações escritas à mão nas páginas impressas da última versão gravada (em 24 de junho de 2011), sendo, portanto, uma versão ampliada do que foi anteriormente publicado.

Premissas do mundo sinocêntrico

A mídia e o público em geral já veem a China como uma referência central na atualidade. Mas a emergência da economia chinesa ainda não é entendida como uma transformação fundamental que alterou o quadro internacional, mudando o ambiente e as chances com que se defrontam as economias – bem como as empresas, os sindicatos, os poderes públicos e os próprios consumidores. A conveniência e/ou necessidade de mudanças requeridas para a convivência com a China foi, no entanto, evidenciada há pelo menos duas décadas no Leste Asiático – e vem sendo mais recentemente sentida na América Latina, sendo o Brasil, seguramente, um retardatário nessa questão.

Buscando caracterizar implicações e significados do que acaba de ser dito, vou explorar, no que se segue, implicações da conversão da economia chinesa, em não mais de trinta anos, na segunda economia do mundo, responsável pelo maior fluxo de trocas comerciais da atualidade. Isso não será, contudo, feito por meio de referências ao tamanho, à velocidade de crescimento ou a outros indicadores típicos da métrica com que usualmente se busca retratar o desempenho das economias. Primeiro, porque estão por toda parte e não levam a um entendimento; segundo, porque a métrica é variável. Interessa-nos aqui, centralmente, o fato de que o agigantamento da economia chinesa, ao projetar-se sobre o desempenho das economias, direta ou indiretamente, altera trajetórias demandando, ou mesmo exigindo, acomodações, reposicionamentos e reinvenção. O Brasil escapou da crise financeira – mas não escapa da mudança teutônica que significa a emergência da Ásia encabeçada pela China.

A mudança dos preços relativos

Primeiramente referimo-nos à notória limitação de recursos naturais que tanto marca a história chinesa e sua consequência mais imediata: a brutal expansão de demanda externa por commodities. Trata-se de uma economia que passa a crescer 10% ao ano, abriga um quinto da população mundial, se urbaniza rapidamente e passa a exportar, em quantidades explosivamente crescentes, manufaturas para o mundo.[2] Quanto à centralidade do governo na

---

[2] Nota das organizadoras: No original consta uma observação a margem: "Há uma mudança, ruptura, que passa a ser resultado de dois fenômenos que se movem em direção contrária. Se um contrabalança, o outro não."

vida econômica que, no mundo contemporâneo, mais uma vez distingue a experiência chinesa, permanecerá neste texto como pano de fundo, vez por outra evocado.[3]

Tendo por base as novas condições de oferta e demanda globais (do mundo como um todo), diversos analistas foram levados à conclusão de que teria ocorrido um significativo deslocamento para cima do canal em que passam a flutuar os preços de importantes matérias-primas e energéticos. O deslocamento, em si, reflete o fato fundamental de que efetivamente se ingressou num quadro de escassez, sustentado por fatores de natureza estrutural. Já a flutuação – bem como a solidariedade exibida pelos movimentos de preços – seria o resultado de diversos fatores, entre o quais caberia mencionar a especulação financeira, em regra presente nos mercados de commodities.

Certamente, os mercados singulares (de commodities) tendem a ter dinâmicas próprias e individualizadas, enquanto a especulação financeira se encarrega de solidarizar e acentuar movimentos para cima. O fato de que, no novo quadro, efetivamente predomina a escassez encarece a produção e retarda a superação do colapso financeiro internacional.

No que toca aos preços das manufaturas, os baixos preços chineses começaram a se evidenciar, modestamente, no campo das quinquilharias: botões, isqueiros, guarda-chuvas, brinquedos (pré-eletrônicos) e outros. Os mercados de confecções e os pequenos aparelhos domésticos (estendendo-se aos eletroportáteis, por exemplo) foram logo, se não dominados, invadidos por produtos de baixo preço procedentes da China. Seguiram-se os duráveis, inicialmente considerados de maior valor e dotados de média ou alta tecnologia – digamos, do DVD ao computador, bem como equipamentos para numerosos ramos da indústria e dos serviços. Já a essas alturas, convém assinalar, a República Popular da China frequentemente operava como montadora, sendo algumas peças ou partes de maior valor procedentes: de Taiwan, do Japão, da Coreia

[3] Nota das organizadoras: Estava escrito à mão na página que antecede o novo subtítulo: "Mesmo um quadro adverso para boas empresas pode trazer bons resultados, especialmente se a economia estiver crescendo. Mas ao não ter em conta o que vem pela frente – o aumento do arco de possibilidades, as decisões privadas e públicas e o conflito de interesses – surgem divergências e conflitos de interpretação, o que amplia a dispersão das conjecturas sobre o futuro. Por diferentes razões, é tão tolo achar que a oferta cria sua própria demanda como que a demanda cria a oferta mais adequada. Em meio à perplexidade pós-choque, o acerto micro pós-ruptura pode ser destoante ou em conflito com o interesse geral, com o bem comum (bom para si, mas não para o país e por si mesmo, ou bom no curto prazo, mas não no longo prazo)."

ou mesmo do Ocidente. Nos anos mais recentes, o incessante aumento das escalas de produção, mudanças organizacionais e um crescente ativismo e cooperação por parte do governo, de instituições científicas e ainda de universidades públicas têm ajudado a China a produzir com eficiência produtos de elevado teor tecnológico – mantendo, usualmente, o diferencial dos baixos preços, mesmo em produtos mais sofisticados.[4] Voltaremos a essa questão mais adiante.

Há, porém, implicações da derrubada do preço dos produtos industriais e da explosão dos preços primários que merecem reflexão. É isso que vou tentar fazer aqui, porque no meu entender a mudança veio de onde não se esperava. A transformação veio de uma economia que se desviou do processo de *catching-up* para jogar outro jogo.

A implicação desse leilão de recursos naturais, que o sistema encabeçado pela China engendrou e levou para o mundo, é o surgimento de alguns países com uma trajetória em certos casos meteórica, frequentemente tão imprevista quanto vigorosa. Angola, Peru e Argentina poderiam ser aqui sumariamente evocados:[5] o primeiro, emergindo de uma longa e devastadora guerra civil; o segundo, a partir de uma incessante sequência de governos; o terceiro, emergindo de uma síncope financeira e política que levava os analistas, em regra, a uma total descrença na sua capacidade de recuperação.

Todos disparam a partir de posições péssimas: estão inteiramente à margem do jogo anterior e, subitamente, crescem de forma explosiva. Não chegam a ser "milagres", porque ninguém ousa apostar no futuro gerado pelos mercados. Em todos os casos, aliás, o retorno do crescimento nessas economias não se deu a partir da colocação da casa em ordem, sendo os chamados "deveres de casa", quando feitos, realizados em meio à festa (ou farra) do próprio crescimento.

Uma segunda implicação menos óbvia ou vistosa (mas de consequências mais amplas) da forte mudança de preços relativos promovida pelas massivas compras e vendas pela China foi a (correspondente) valorização e desvalorização

---

[4] Nota das organizadoras: Nesse ponto há uma observação escrita à mão: "No Brasil, os termos de troca mais o ingresso de capitais provocam uma poderosa valorização do câmbio. Há que absorver os choques determinados pela variação dos preços que atingem empresas, setores e regiões de forma completamente diferente. A resposta será apenas macroeconômica? O pós-ruptura não pode ser tratado pela macroeconomia se o país está numa situação frágil. A macroeconomia merece atenção redobrada, mas a verdade é que em todos os casos há muito mais a ser tratado."

[5] Outros países adaptaram-se, como os Estados Unidos e a Alemanha.

de ativos ao largo da economia mundial. O importante aqui é o impacto desse tipo de mudança sobre os investimentos e, claro, as expectativas. Isso tem implicações que dificilmente podem ser avaliadas ou mesmo precisadas.

Basta lembrar que, genericamente, só faz sentido investir quando o valor esperado do ativo a ser construído for significativamente superior ao seu custo de reprodução. Se a avaliação dos ativos integrantes de um determinado setor (ou mesmo, por extensão, área) dispara, os investimentos tendem a polarizar-se nessa direção. Contrariamente, se o valor dos ativos for derrubado ou posto em questão, foge-se, em princípio, desse campo. As decisões de oferta adquirem, com isso, novas tendências e, na ausência de informações confiáveis, ingressam numa zona de forte indeterminação.

O mundo como um todo está diante de questões desse gênero. E, claro, com a reavaliação dos ativos em curso, decisões tomadas no passado podem revelar-se equivocadas: possivelmente não teriam sido tomadas se fossem conhecidos de antemão os preços (relativos) com os quais se teria posteriormente de conviver.

Os preços relativos dos bens primários *versus* secundários sofreram uma drástica modificação e isso orienta – mas também, há que se admitir, desorienta – um grande número de decisões. Afinal, não se sabe ao certo a trajetória próxima futura dos preços – tampouco as reações por parte das políticas nacionais.

Isso possui enormes implicações, afinal o mundo, até recentemente, havia delegado aos preços a função alocativa. Agora, o mundo se defronta com um quadro em que, sim, há ainda de se ouvir os preços (seus movimentos talvez nunca tenham sido tão fortes e relevantes), mas eles também revelam estrutura e aspectos políticos.

Mas não são apenas as economias nacionais e os setores que se deparam com um quadro desse tipo. Regiões inteiras perdem a coesão. Se as empresas têm dificuldade para realocar, imagine a experiência de tudo mudar a um só tempo, como o caso terrível e emblemático da Nigéria.

A partir do que já foi dito, entende-se que há um conjunto de bens que barateou enormemente, e, entre esses bens, estão alguns que caracterizavam aquilo que nós chamávamos de classe média até pouco tempo atrás.[6] Em algumas classificações, aliás, ainda se usa esse conceito. A classe média é definida

---

[6] No dizer de Raul Prebish, este seria um “pacto social”.

por consumir certo pacote de bens. Pois bem, essa mudança drástica fez saltar a classe média por toda parte. No continente africano, a classe média já é um terço da população. Há, portanto, uma explosão generalizada da classe média que no caso brasileiro é muito mais forte, muito mais comentada e muito mais flagrante, chegando a 52% da população.[7]

Valorização das economias nacionais

Outra implicação derivada imediatamente do mesmo ponto é: pela primeira vez, o mundo agora tem um país líder que vem de baixo, a China. Historicamente, países líderes sempre estavam acima, sempre tinham sua produtividade e sua curva logística já no ápice, como numa curva logística em S, inclinada para a direita. Agora não! A China está em plena expansão, então isso tem terríveis consequências, porque, entre outras coisas, inviabiliza os processos de *catching-up*. Se sua produtividade está crescendo rápido e você tem esperança de que com isso diminua o hiato para com os mais desenvolvidos, está enganado.[8] O novo líder desenvolvido corre mais do que você. Na realidade, você está aumentando – e não está conseguindo eliminar de maneira nenhuma a diferença. Não ter mais a alternativa do *catching-up* como estratégia para o mundo atrasado – isso é uma mutação espetacular.

Duas perguntas aqui se impõem. Primeira pergunta: até onde vão os chineses? Os chineses entraram derrubando os preços de manufaturas. Isso começou com quinquilharias, e até hoje eles dominam certos integrantes dessa categoria (guarda-chuva, isqueiro – 70% dos isqueiros no mundo se produzem em uma região da China –, roda de bicicleta, pequenos portáteis e uma série de outras coisas pequenas). Em eletroportáteis, inclusive, a China arrasou criativamente – e praticamente acabou com a produção em outros lugares. Depois, ela evoluiu para eletrodomésticos e tem tido êxitos notáveis.

---

[7] As previsões do Banco Mundial são de que até 2030 mais de 110 bilhões de pessoas irão para a classe média, sendo que eram apenas 400 milhões em 2005.

[8] Nota das organizadoras: Em entrevista ao *Valor Econômico*, em dezembro de 2010, Castro citou o personagem de Lewis Carroll, a Rainha de Copas, do livro *Alice no País das Maravilhas* (domínio público): "É preciso correr, mas correr mais rápido do que os outros" – esse fenômeno é conhecido por "Efeito Rainha de Copas".

Será que a China irá para a produção de automóveis? Essa é uma questão fundamental.[9] Um dos temas de reflexão é justamente se algo semelhante vai se repetir no plano automobilístico ou não! Temos a impressão de que não, mas isso é objeto de debate. Até onde irá a eficiência derivada da forte competitividade, dos baixos salários, dos custos de capital reduzidos, da infraestrutura eficiente, da elevada competição, do câmbio favorável e da consequente derrubada de preços de manufaturas? Esses fatores mudam o quadro de investimento e as possibilidades de crescimento de todos os países.

Ataque de baixo efeito "Rainha de Copas"[10]

Como fica a política econômica? A primeira resposta é óbvia: só faz sentido definir a política econômica a partir de um diagnóstico adequado. Não adianta olhar para o passado – nem substituir importações. Aqui entra o efeito Rainha de Copas já assinalado. Pela primeira vez, não é para preencher vazios percebidos a partir dos mais adiantados.

A essa altura seria possível pensar: "Bom, então a posição é bastante pessimista." Não, não é pessimista! Por que motivos não é pessimista?

Em primeiro lugar, porque, enquanto Peru, Angola e muitos outros países entraram, comercialmente, sobretudo, em órbita chinesa, o Brasil apresenta um quadro complexo. Sua economia está, sem dúvida, sendo fortemente atraída por uma que lhe permite vender produtos (primários) a preços excelentes historicamente e comprar manufaturas a preços sedutores. Essa é sem dúvida a mensagem primeira do mercado, e os números, do comércio bem como dos investimentos, até agora indicam que estamos caminhando nessa direção. Mas acontece que, enquanto o preço a pagar pelo crescimento fácil em que embarcaram a Angola e o Peru só surgirá a longo prazo, no caso do Brasil o ingresso na órbita chinesa (que não nos enganemos, está em curso) exige desde já reposicionamentos e reestruturações difíceis, não raro custosas.

O que se pode fazer com os primários que se exportam? O petróleo, a cana-de-açúcar, a madeira, entre outros produtos agrícolas, estão entre as matérias-primas mais industrializáveis que existem. Esses produtos primários, ao

---

[9] Esta questão está sendo por nós estudada no Conselho Empresarial Brasil-China.

[10] Nota das organizadoras: Ver nota 8.

contrário de outras matérias-primas, são altamente industrializantes, e o Brasil possui a capacitação para absorver os insumos tecnológicos que reorientam os empreendimentos e que provêm dos institutos de pesquisa, das universidades, que precocemente entraram "em campo". Há uma cruzada nacional a esse respeito. Assim, nós temos essa grande chance e temos também outras grandes vantagens fundamentais derivadas do próprio atraso.

Saímos de uma estagnação que deixou uma herança de grandes atrasos, e paradoxalmente alguns desses atrasos estão aumentando, apesar da grande eficácia do BNDES, apesar dos grandes avanços que significam a constituição do PAC, dessa nova institucionalidade. Na realidade, os desequilíbrios, os desalinhamentos, estão aumentando. Isso significa, porém, oportunidades de investimento extraordinárias. Elas estão aí e estão até se ampliando pelas próprias crises do desenvolvimento desequilibrado. O problema é que o Brasil não sabe crescer, ele desaprendeu completamente a crescer! Ao crescer, ele se desalinha muito mais. Entretanto, o Brasil possui enorme potencial no novo contexto, mas necessita se reinventar. Haverá tempo? Essa é a questão.[11]

Eu poderia ir mais longe, aprofundando essa questão, mas vou fazer um final abrupto: vejo grandes oportunidades e vejo graves problemas pela frente. Em suma, o Brasil nunca fez o que de agora em diante terá de fazer. O Brasil soube por muito tempo cobrir espaços vazios. Nos anos heroicos, a industrialização gerava um buraco e se preenchia o vazio. Na segunda metade dos anos 1990 e no início dos anos 2000, o Brasil também soube crescer, aumentando sua competitividade. Agora, ele precisa ter um crescimento de outro tipo, que eu chamaria, sumariamente, de "abrir e explorar novas brechas e posições inéditas". Isso ele não sabe fazer, apesar de ter um aparelho de inovação nada desprezível, que, aliás, não tem tido bons resultados, em parte, a meu ver, por razões desse diagnóstico que aqui está.

Mas o Brasil tem, sobretudo, algo que a Espanha, por exemplo, não tem: o Brasil possui diante de si uma possível e provável grande trégua. Está aflorando no Brasil uma capacidade exportadora enorme, que terá seu coroamento com o pré-sal, e com isso então de 2015 em diante teremos por vários anos uma relativa folga assegurada, me parece, no balanço de pagamentos. Essa

[11] Angola também não sabe crescer, mas as multinacionais sabem. Esse é o foco das atenções, o que se pode fazer com os ativos valorizados.

trégua nos daria talvez 10, 12, 15 anos – ninguém sabe precisar – para fazer mudanças profundas no aparelho produtivo.

No campo industrial, mas também na infraestrutura, muitos investimentos revelam-se hoje modestos e/ou mal direcionados. Não refletem as oportunidades, as ameaças e, claro, os preços relativos que passaram a ser referência a partir da ascensão chinesa. A estrutura dos nossos ativos tem que ser redesenhada. Os modelos de negócio, os investimentos, estão errados em relação aos preços relativos que vivemos hoje. Nós temos um aparelho produtivo que foi construído corretamente, mas, diante da mudança radical de preços relativos impostos pela China, ficou errado em numerosos campos – e a recuperação disso, a correção desses erros, é um processo penoso, lento, que não sabemos fazer, mas que o empresariado vai tateando. Em certos momentos, em certos casos, ele obteve vitórias e em outros não, mas o relevante é que o jogo mudou. Mudou a ponto de não ser reconhecido. Nós temos dificuldade de entendê-lo.

Os novos preços relativos não são fenômenos de mercado: refletem a nova estrutura da economia mundial. Descontadas as oscilações, tidos em conta os desvios introduzidos ou corrigidos pela especulação, vieram para ficar – por um número desconhecido de anos, mas que permite correções.

Termino citando um evento. O filho do Bernardinho, técnico de vôlei, foi assistir a um jogo antigo do pai. Olhou, olhou aquele filme e perguntou: "Pai, isso que vocês jogavam era vôlei mesmo?" A metáfora é forte: o jogo mudou, a velocidade é outra, os atores são outros. São esses condicionantes estruturais, acredito, que devem ser o enunciado do debate que está florescendo no Brasil.

CAPÍTULO 2

RUMOS DA ECONOMIA – A QUESTÃO REABERTA[1]

Primeiramente, quero deixar claro que parto da suposição de que a economia brasileira se encontra diante de uma situação inesperada, fora da tela, digamos, em termos do debate e dos prognósticos acerca da sua evolução. Isso decorre, por um lado, das recentes descobertas de novas e grandes oportunidades, especialmente no campo do petróleo, e por outro, de profundas mudanças em curso na economia mundial. Combinadas, essas mudanças tendem a alterar as possibilidades e até mesmo os rumos, daqui por diante, do crescimento econômico deste país. Devo sublinhar que as reflexões a seguir apresentadas estão muito longe de concluídas, podendo ser encontradas mais incógnitas do que equações. Gostaria ainda de registrar, que ao término da exposição serão apresentadas informações e projeções geradas por um grupo de estudos que coordeno junto à presidência do BNDES. Vamos ao trabalho.

Até um ano atrás, do ponto de vista do petróleo, a economia aspirava apenas suprir suas próprias necessidades: uma luta histórica, que estava, enfim, por ser ganha, após meio século de esforços. Contra esse pano de fundo, o pré-sal, que supostamente acrescenta às reservas brasileiras, algo como cinco vezes seu valor total, antes da descoberta, introduz uma possível guinada, ou descontinuidade, na evolução da economia. Mais que isso, evoca lembranças de um tipo de economia e de uma problemática há décadas superada no país.

[1] Nota das organizadoras: Palestra apresentada em 10 de setembro de 2009, no seminário em comemoração aos 200 anos do Ministério da Fazenda. O autor reviu a transcrição da palestra, sem introduzir considerações e argumentos relativos à crise financeira internacional. Na época, Castro era assessor da presidência do BNDES. No capítulo 4 deste livro o tema é retomado, utilizando-se palestra proferida no BNDES.

Refiro-me à possibilidade, ao que parece reencontrada, de que o crescimento da economia brasileira volte a ser puxado pela exportação de produtos primários – fenômeno mais que recorrente, dominante, na América Latina. Mas refiro-me também, e sobretudo, a uma questão praticamente ausente, até ontem, nessa economia: a enorme discrepância entre o custo e o valor de mercado da produção, em atividades líderes, que marcam ou mesmo plasmam o padrão de crescimento vigente na economia. Essa é, no entanto, uma questão muito antiga, que volta a adquirir, na atualidade, uma enorme importância. Quem a enfrentou pela primeira vez foi, possivelmente, a Espanha, no século XVI, com o ouro e a prata chegados da América. Diversos observadores notaram que a súbita abundância de metais preciosos provocou transtornos e mudanças fundamentais na economia e na sociedade espanholas. Cervantes comenta isso no *Dom Quixote* (domínio público), e Keynes usa a inflação promovida pela chegada do ouro à Espanha como uma referência fundamental em alguns de seus escritos.

Por que razão a súbita descoberta de abundante riqueza natural tende a acarretar profundas consequências econômicas e sociais? Não é apenas pelo acréscimo imediato de riqueza e renda que daí decorre. Ocorre que a diferença, que pode ser brutal, entre os custos de produção ou extração e o preço a que são vendidos os produtos coloca no centro da vida econômica, social e política da nação a "renda da terra". Resumidamente, daí por diante, a apropriação e os usos dados à renda da terra passam a condicionar profundamente a economia e a sociedade – que tornam-se também sujeitas às grandes flutuações de preços típicas dos mercados internacionais de commodities. Visto a partir dessa complexa temática, o capitalismo parece haver completado dois ciclos – e está ingressando num terceiro.

O primeiro ciclo foi centrado na Inglaterra. Ali, sem dúvida, questões como a pressão sobre os recursos naturais e a renda da terra daí derivada constituíam um tema de grande importância. Durante o bloqueio continental imposto por Napoleão, a expansão desenfreada da renda da terra, em decorrência do intenso aproveitamento da limitada disponibilidade de solos agricultáveis de que dispunha a Inglaterra, tornou-se uma questão verdadeiramente crítica. Não foi por acaso que David Ricardo produziu sua teoria da renda, dita diferencial, nesse contexto. Assim também, posteriormente, a ousada abertura inglesa às importações de alimentos e matérias-primas visava liberar a industrialização britânica da carência de terras – e da expansão da renda da terra dela decorrente. Em resumo, o capitalismo moderno nasceu e se desenvolveu marcado por problemas colocados, e soluções dadas, a questões derivadas dos limites impostos pela disponibilidade de recursos naturais.

O segundo grande ciclo surge com a transferência do centro do capitalismo para os Estados Unidos. Em contraposição ao caso inglês, os Estados Unidos se caracterizam pela notória abundância de recursos naturais. Mais que isso, algumas das instituições mais importantes ou mesmo fundadoras da experiência norte-americana permitiam o livre acesso a esses recursos – basicamente terra – a milhões de emigrantes. Além disso, o progresso técnico alcançado na agricultura norte-americana reforçou e estendeu o império da abundância, reduzindo a importância da renda da terra e limitando a demanda externa de alimentos e matérias-primas por parte do centro dinâmico do capitalismo.

O petróleo, convertido nos Estados Unidos em principal fonte de energia primária, base de uma nova química, e ingrediente fundamental de um pacote tecnológico que aumentou substancialmente a produtividade agrícola, reforçou e espalhou pelo mundo traços característicos da abundância norte-americana. Além disso, a integração do sobredotado Oriente Médio ao circuito produtor de óleo no pós-Segunda Grande Guerra foi decisiva para a efetiva mundialização de traços marcantes da experiência norte-americana. Durante a vigência desse segundo grande ciclo, os preços do petróleo se mantiveram estáveis e contidos – até 1974 – enquanto os preços dos produtos agrícolas se mostravam menos estáveis, mas também fortemente contidos. Consequentemente, a renda da terra e seus destinos não tinham a importância adquirida ao tempo da ascendência inglesa – nem tampouco no ciclo subsequente. Além dos três choques do petróleo, que se sucedem de 1974 a 2008, outras grandes transformações anunciam, na atualidade, a chegada de um novo grande ciclo.

Na perspectiva aqui adotada, o terceiro ciclo tem início quando a China, tomando a dianteira da Ásia, começa a efetivamente restaurar a escassez de matérias-primas e petróleo. Daí decorre o surgimento de um mercado internacional favorável aos bem-dotados em recursos naturais. De início, são apenas as quantidades vendidas que crescem mais rápido. Posteriormente, digamos, a partir de 2003, também os preços. Admitimos, a esse propósito e como grande premissa nas reflexões que se seguem, que o dinamismo industrial chinês veio para ficar. Vigoroso e resiliente, tal dinamismo vem sendo estendido a novos e novos setores – e tendo pela frente um mercado doméstico quase inexaurível deverá manter sob pressão, duradouramente, os mercados mundiais de determinadas matérias-primas e energéticos.

Tendo por fundamento a pressão comandada pela China, a alta dos preços, uma vez percebida como tendência, passou a ser reforçada pela especulação financeira. Em consequência, "bilhetes premiados" passavam a ser concedidos a regiões privilegiadas pela natureza. Que seriam esses bilhetes premiados? Situações em que o retorno obtido na exploração de determinados recursos se mostra não apenas muito maior do que os custos como também muito superior ao alcançado nas demais atividades preexistentes na região. Voltemos ao caso brasileiro.

O pré-sal está longe de ser o único bilhete premiado recebido pelo Brasil no novo ciclo. Mas, pelo seu gigantismo e em decorrência de marcantes características do petróleo, é, sem dúvida, o que mais chama a atenção. Na realidade estamos convencidos de que a expansão petroleira e suas implicações para a economia e a sociedade deverão assumir, daqui por diante, grande importância no debate sobre padrões de crescimento e políticas públicas a eles associadas. O ciclo que se anuncia traz, sem dúvida, possibilidades atraentes, mas também ameaças para a evolução, a longo prazo, dessa economia. Para percebê-lo, cabe chamar a atenção para umas poucas grandes questões, evidenciadas em outras experiências de súbita descoberta de significantivas quantidades de petróleo.

A primeira delas é que a nova riqueza dá margem ao surgimento de toda uma pauta de questões de natureza distributiva que, ao contrário do ocorrido em outros campos de atividades, não tende, ou mesmo não pode, ser implícita ou endogenamente equacionada por meio dos mecanismos usuais de mercado. Em outras palavras, políticas públicas, bem como instituições peculiares, são aqui indispensáveis. Refiro-me, a esse propósito, não apenas à partição das rendas derivadas do óleo entre recolhimentos de toda ordem aos cofres públicos e apropriação privada, mas também à distribuição dos papéis e responsabilidades confiados a diferentes atores, públicos e privados, na pesquisa, exploração, processamento e distribuição do óleo. Nos últimos 30 a 40 anos tem prevalecido, nas novas grandes descobertas, a atribuição de importantes funções a empresas públicas nacionais, as chamadas *National Oil Companies*, ou NOCs. No caso do Brasil, contudo, dadas a forte presença da Petrobras, dotada de notória competência técnica, poder financeiro e experiência no convívio e competição com empresas estrangeiras, e a existência, há 10 anos, da Agência Nacional do Petróleo, boa parte das questões e dilemas colocados pela descoberta, em grande escala, de óleo e gás encontra-se, em alguma medida, equacionada.

Contudo a problemática distributiva trazida por um novo e grande surto petroleiro está longe de se esgotar nos temas apropriação das rendas e papéis atribuídos aos grandes atores. Há também que se posicionar sobre a complexa questão da assignação setorial dos recursos do país: que segmentos da moderna cadeia do petróleo faz sentido, ou não, promover e implantar no país? E mais: que volume de recursos domésticos será dedicado ao desenvolvimento de soluções tecnológicas próprias? Além disso, no caso de uma economia continental como a brasileira, e sendo o pré-sal localizado numa franja em alto-mar, como ventilar os benefícios advindos da sua exploração pelas várias regiões do país, privilegiando, no entanto, em alguma medida, as áreas a ele mais próximas ou naturalmente associadas? Em suma, e insistindo, questões de natureza repartitiva, de alta densidade política, têm de ser enfrentadas – tanto quanto possível, por meio de uma visão de conjunto e a partir de uma perspectiva de longo prazo.

Mas, no que concerne aos impactos sobre nossa economia de um grande surto petroleiro, há outro tipo de problema, que opera como uma espécie de preliminar de várias novas questões. Refiro-me ao conhecido fato de que a chegada de recursos financeiros relacionados aos novos investimentos, bem como à presumível expansão das exportações, tende a pressionar o mercado de câmbio, traduzindo-se em valorização da moeda nacional. Decorre daí um desestímulo genérico a atividades produtoras de bens que possam ser importados ou destinados a mercados externos. Escapam, evidentemente, desse problema, desde que efetivamente ofereçam ou prometam elevados retornos, as atividades integrantes ou fortemente relacionadas com o novo surto.

O corolário fundamental disso é nada menos que o questionamento da estrutura preexistente de assignação de recursos. Em outras palavras, frente às novas condições, o perfil produtivo que caracteriza a economia dificilmente poderá ser sustentado. Na sua face moderna, em particular, ele cristaliza decisões que não teriam sido tomadas se fossem conhecidos de antemão os preços relativos que teriam vigência no futuro. Essa é uma questão que envolve a conduta de numerosos atores e que historicamente se coloca das mais diferentes maneiras. Vejamos alguns exemplos.

Na Holanda, a descoberta do gás parecia ameaçar seriamente – via câmbio – as atividades industriais, mas o desafio foi contornado sem maiores perdas. Já na Nigéria, as atividades agrícolas tradicionais foram desorganizadas e sofreram notória involução. No México, a trajetória da indústria parece haver sido "truncada", na expressão de um conhecido analista, e involuíram. Já na própria Noruega (experiência repetida e justamente referida e citada como um bom exemplo de assimilação do auge petroleiro) pondera-se que o desenvolvimento de indústrias high-tech foi prejudicado pelos altos custos derivados da ascendência alcançada pelo petróleo.

Duas considerações devem ainda ser acrescentadas nesta sumária caracterização do quadro que acompanha o inesperado surgimento de enormes oportunidades, baseadas na exploração de recursos naturais.

Primeiramente, o fácil endividamento externo de uma economia onde acaba de ser encontrado petróleo em abundância traz consigo sérios perigos. Vou evocar, a esse propósito, um episódio ocorrido no México. Ao assumir em 1980 a presidência do país – então em plena euforia petroleira –, declarou Lopes Portillo: "De agora em diante, trata-se de administrar a riqueza." Dois anos depois o México quebrou, não obstante a exportação de 1,6 milhão de barris por dia – e 12 anos mais tarde, o país voltou ao colapso, na chamada "Crise Tequila". Essa última quebra, sobretudo, está claramente associada a distúrbios de natureza financeira ligados ao *boom* petroleiro mexicano. Quanto às consequências danosas sobre a evolução industrial e tecnológica do país, tanto da valorização da moeda local como da brutal instabilidade trazida pelo surto exportador petroleiro, perduram, possivelmente, até hoje.

E que terapia tem sido indicada para o tipo de problema que acaba de ser mencionado? Existe, hoje, uma recomendação-padrão para países que se defrontam com a súbita riqueza: "esterilizar" uma boa parte da receita, mantendo-a em fundos soberanos, em moeda estrangeira, e no exterior. A proposta tem seus atrativos. Desde logo, o derretimento cambial ao qual nos referimos é, em princípio, amortecido ou talvez mesmo – ainda que dificilmente – eliminado. Além disso, é constituída uma reserva, que poderá ser usada contra ciclicamente, bem como em benefício das próximas gerações. A Noruega sabidamente acumulou reservas, que lhe permitirão conceder polpudas aposentadorias nas próximas décadas. Mas esse tipo de solução está longe de ser a panaceia apresentada por muitos.

Comecemos pelo óbvio: o êxito da experiência depende da qualidade da carteira de aplicações do fundo e, genericamente, do seu gerenciamento. A Noruega, por sua enraizada tradição democrática e pela qualidade dos técnicos encarregados da gestão pública, passa muito bem por esses testes. Mas há de se reconhecer: trata-se de um caso excepcional. Já em outras experiências, admite-se a existência de graves problemas, que não se limitam, com certeza, a questões de natureza administrativa: há casos em que, com ou sem fundo, a súbita riqueza é ostensivamente usada para consolidar no poder os que aí se encontram, por meio de iniciativas das mais variadas naturezas.

O anterior recomenda que, independentemente dos supostos méritos e dificuldades associados aos fundos, se tenha em conta a precedência de questões de outra natureza. Na perspectiva adotada nesta exposição, nos limitamos a uma única ponderação: afinal, para que acelerar o avanço da oferta, gerando recursos que não devem e possivelmente não serão proximamente usados? Melhor seria controlar, na medida do possível, seu ritmo de expansão, de maneira a conciliá-lo com a progressão de outras mudanças – e a realização de outros objetivos. No México, incrivelmente, o surto petroleiro acarretou um salto de 5% para 80% do peso do petróleo nas exportações do país no curto período de 11 anos (entre 1973 e 1984)! Isso seguramente implica dizer que o avassalador avanço do petróleo subtraiu oportunidades e quebrou expectativas, em prejuízo de segmentos e negócios cuja evolução, como já foi sugerido, teria sido truncada, ou mesmo anulada. Com mais razão se pode ainda afirmar que o moderno salto petroleiro mexicano inviabilizou a implantação de novas atividades que exigem seu tempo de maturação – e cuja ausência, no atropelo da expansão, não teria sido sequer percebida. É claro, por outro lado, que do ponto de vista do bloco de países consumidores o salto mexicano foi algo altamente benéfico. Estamos, pois, diante de um conflito de interesses. E há inclusive que se reconhecer que o conflito encontrará ressonâncias no plano interno. Assim, alguns pretenderão aumentar os gastos aqui e agora, enquanto outros defenderão o uso da nova riqueza para reciclar posições dotadas de elevado potencial, bem como para introduzir novas e promissoras transformações. E não há que se impressionar com o duvidoso argumento segundo o qual o petróleo está por ser substituído, havendo, portanto, pressa em explorá-lo. Final, quanto mais verdadeira a ameaça de substituição do petróleo, mais perigosa se torna reduzir a diversidade do tecido econômico e empresarial para concentrar e enterrar recursos num setor com perspectivas de longo prazo que estariam sendo questionadas.

Ainda a propósito da diversidade da economia e do seu destino a partir do surto petroleiro, quero chamar a atenção para o fato de que algumas questões que o pré-sal deverá colocar em evidência já poderiam ser percebidas em 2005. Vou citar um pequeno incidente ocorrido na equipe que coordeno no BNDES. Estávamos examinando as importações e exportações de 2005 quando um de nós notou algo estranho. Os dados sugeriam uma repentina mudança na composição das exportações. Concretamente, podia ser observada com facilidade, na comparação com os resultados obtidos em 2004, uma queda da importância de certos tipos de manufaturas – e a ascensão de vários produtos primários.

Na realidade, hoje me parece que desde que a China assumiu a liderança do crescimento asiático, tendo início a grande mudança no funcionamento da economia mundial descrita no início da palestra, a economia brasileira passou a ser empurrada numa direção imprevista. E isso não foi logo percebido, primeiramente, porque se combinavam, no começo da presente década, a conclusão, no plano microeconômico, da reestruturação levada a efeito por numerosas empresas industriais, e os efeitos estimulantes da bem-sucedida desvalorização de 1999. Ao que parece, as próprias adversidades no plano macro ajudaram no forte avanço das exportações – inclusive industriais. A seguir, o atual governo, especialmente em seu segundo mandato, soube dar início à mobilização de demandas reprimidas, herdadas do longo período de semi-estagnação. As ativas políticas de expansão do crédito tiveram aqui um papel decisivo. Combinados o destravamento do crédito e a vigorosa e múltipla política de apoio ao poder de compra das classes de mais baixa renda, o mercado doméstico passou a exibir um dinamismo insuspeitado, que, especialmente no tocante a manufaturas, compensava, ou mais que compensava, o brutal crescimento das importações de produtos industrializados e a perda relativa de espaço em mercados externos das manufaturas brasileiras. A tardia revolução brasileira do consumo de massas e os investimentos direta ou indiretamente (via infraestrutura) por ela justificados começavam, pois, a promover uma redefinição, endogenamente determinada, do padrão de desenvolvimento da economia brasileira.

Esse conjunto de transformações, inegavelmente exitoso, como se pode constatar pelos dados disponíveis para 2007 e para o corrente ano, dificultava mais uma vez o entendimento de que a economia brasileira estava, também, e em simultâneo, iniciando um processo – não pensado, não decidido – de adaptação ao terceiro grande ciclo posto em destaque nessa palestra. Passava assim, na prática, desapercebido o fato de que somos parte integrante de um mundo que vem sendo, comercialmente pelo menos, convertido num sistema sinocêntrico.

Evidentemente, se uma economia apresenta – em oposição ao observado no tardio surto petroleiro que se anuncia neste país – um tecido econômico pouco diversificado, como a Noruega ao tempo das descobertas do mar do norte, e/ou pré-moderno, como a Nigéria dos anos 1960, o potencial de desenvolvimento ameaçado pelo petróleo será, por definição, pouco relevante. Esse, porém, não era o caso do México por ocasião das grandes descobertas do Golfo. E muito menos é o caso do Brasil hoje – sobretudo porque, cabe insistir, esta economia, após um longuíssimo e atribulado inverno, vem exibindo sólidos e invejáveis resultados.

As mudanças incitadas pelo terceiro grande ciclo deverão ser aqui, como, em regra, por toda parte, muito profundas. A cada economia cabe adaptar-se – e, em maior ou menor medida, proativamente explorar – ao novo contexto. Que espaços a economia brasileira tem chances de ocupar? Como administrar da melhor forma para os brasileiros a inserção desta singular economia no mundo que emerge neste início de século XXI? A mera acomodação dificilmente implicaria um bom aproveitamento das novas circunstâncias, numa economia recentemente despertada para o crescimento e com muitas oportunidades apenas afloradas. Valer-se, em proveito de objetivos próprios, dos impulsos que podem ser derivados da escassez de certos recursos naturais – e das novas tecnologias disponíveis nos respectivos campos – é uma das mais importantes dimensões do novo jogo.

Fomos surpreendidos pela valorização dos recursos naturais, e diversos ramos da indústria estão sendo apanhados desprevenidos pelos preços e, não raro, pela modernidade de um crescente número de produtos chineses. É necessário, realisticamente trabalhar este quadro, buscando os pontos altos do extenso e variado potencial produtivo subjacente ao tecido econômico do país. Isso requer uma administração pública competente, preparada para conceber futuros desejáveis e apoiar, de maneira seletiva, avanços singulares. Mas depende também, substantiva e decisivamente, da motivação e do engajamento empresarial – o que por sua vez demanda bons diagnósticos e argumentos convincentes.

Há, em suma, mais uma vez, que se encarar uma guinada. Nos anos 1990, parecia ter sido histórica e definitivamente superada – no Ocidente, pelo menos – a época em que a administração pública participava de escolhas substantivas.

Os poderes públicos seriam protagonistas na definição de regras e normas – mediante o processamento de demandas procedentes da sociedade – bem como na cobrança do seu cumprimento.

O mundo que está emergindo neste terceiro ciclo é diferente. Nele, se dá a mundialização da chamada revolução do consumo de massas, iniciada há quase 100 anos nos Estados Unidos e em vias de conclusão, na atualidade, sob liderança chinesa. Como diversos autores advertiram, esse fenômeno traz imensos desafios no campo energético e acarreta enorme pressão sobre o meio ambiente. Além disso, a redistribuição e intensificação das competências competitivas no plano mundial exigem autêntico reposicionamento de numerosas economias. Nele, traçar, tentativamente, rumos é fundamental: numa economia como a brasileira, que reconhecidamente se encontra diante de uma pletora de opções, nos Estados Unidos, economia em mais de um sentido posta em xeque, na Noruega, onde o ciclo petroleiro está se esgotando, ou, a rigor, na própria China.

Novas escolhas, ao que parece, já eram necessárias antes do pré-sal. Com ele, a pauta congestionou-se. Possivelmente, algumas das atividades que se exercem no Brasil não têm futuro; outras, pelo potencial nelas contido, talvez venham a ter um futuro brilhante. Evidentemente, à luz de tudo o que aqui foi dito, não há que julgá-las, unicamente, pelo seu desempenho recente. Lembremos que a retomada do crescimento verificada a partir de 2004 combinou a bem-sucedida e, a partir de certo ponto, politicamente deliberada distensão de molas comprimidas durante a longa semiestagnação com a incipiente entrada em ação do que poderíamos denominar de "efeitos-China".

No meu entender, a economia brasileira ainda tem muito a ganhar explorando o que, escrevendo sobre a possível transição para o crescimento rápido no Brasil, denominei de "vantagens da estagnação". Vista a questão por esse prisma, o Brasil é um país paradoxalmente privilegiado. Basta ver o que há de demanda contida por habitação popular, que apenas começa a ser explorada, mediante uma fértil combinação de políticas públicas e iniciativas várias procedentes das empresas. Continuará, pois, vigoroso, o acerto de contas com o passado.

A história parece haver feito duas gentilezas com este país. Por um lado, encontramo-nos na fronteira das técnicas, em etanol e exploração de petróleo em águas profundas, no momento em que a crise mundial de combustíveis atinge um ponto de grande estresse. Por outro, a chegada do terceiro grande ciclo nos encontra não apenas encostando-nos em algumas fronteiras tecnológicas como dotados de um incipiente porém diversificado e, em mais de um sentido, robusto sistema nacional de ciência e tecnologia. Mais precisamente, o país conta, no presente, com mais de 100 mil pesquisadores doutores engajados em pesquisa científica. Dificilmente essa não virá a ser uma substantiva vantagem para efeitos da extensa e profunda reciclagem que o aparelho produtivo do país requer.

Na realidade, o mero prosseguimento da revolução do consumo de massas deveria passar a incluir deliberado esforço tecnológico próprio, para que a ampliação dos mercados populares incorpore respostas à pressão competitiva chinesa – inclusive mediante a incorporação de soluções adequadas aos mercados locais e, em determinados casos, a outros destinos no hemisfério sul. Passando aos alimentos e matérias-primas de origem agrícola, cabe chamar a atenção para o fato de que as máquinas brasileiras no campo não foram concebidas para as nossas condições, devendo ser revistas. Existe, a esse propósito, uma *joint-venture* da Universidade Federal de São Carlos com a Unicamp e algumas empresas brasileiras, visando passar a limpo a concepção e o desenho de diversas máquinas. Isso é importante, inclusive, para atender a novas demandas. Cerca de 40 mil tratores estão sendo demandados, esse ano, pela agricultura familiar, o que era impensável há pouco tempo. Eles poderiam ser concebidos e desenvolvidos aqui, inclusive para cavar novos espaços e contribuir para o aumento da produtividade no resto da América Latina e na África.

Quando falo de atividades que no passado eram consideradas primárias, estou também me referindo ao retrabalho do nosso diversificado patrimônio industrial e tecnológico com muita high-tech, software, uso de satélites etc. Quando me refiro ao etanol, por sua vez, não estou me referindo à mera produção de álcool. Esta é, em si, a vários títulos, meritória, mas a economia da cana-de-açúcar deve ser entendida como fonte de múltiplos produtos e uma via privilegiada de acesso, mediante novas tecnologias, à energia solar. Assim também a exploração de águas profundas deveria ser vista como base para a consolidação da indústria naval e canteiro para o desenvolvimento de uma vasta pauta de novos produtos, aí incluídos, com destaque, novos materiais e recursos/soluções para automação. Trata-se, em suma, de combinar, ali onde o potencial venha a ser confirmado por diagnósticos atualizados, continuidade e mudança. Continuidade é importante, e mudança é importante.

Alguns dos avanços aqui apontados já se encontram espontânea e topicamente em curso, a partir de iniciativas autônomas, empresariais ou públicas. O que talvez não esteja claro é que o que vem sendo feito em resposta a dificuldades e tropeços poderia ganhar maior fôlego e eficácia caso fosse concebido e tratado como aquilo que é, ou, talvez, virá a ser quando o presente se tornar história. Afinal, essas respostas em última análise constituem uma busca, sob condições típicas do terceiro grande ciclo, de meios e soluções para a transição, à brasileira, para a economia do conhecimento.

Na medida em que seja correto o que acaba de ser dito, diversos procedimentos deveriam ser reavaliados e eventualmente revistos. Exemplificando: o ponto de partida para o exame e avaliação de empresas e/ou regiões em dificuldade deveria ser o potencial por eles apresentado no novo contexto, e não suas qualidades e problemas no passado recente; num outro plano, órgãos públicos, empresas e universidades deveriam conceder grande importância ao acompanhamento das soluções que vêm sendo encontradas em outros países para problemas típicos do novo contexto. Além disso, uma atenção muitíssimo maior deveria ser concedida ao que ocorre presentemente na China e às tendências evolutivas que ali podem ser percebidas.

Aproveitarei o espaço de que ainda disponho para apresentar certos resultados de exercícios feitos pela nossa equipe no BNDES. O objetivo das projeções é chegar a estimativas dos resultados esperados com a exploração do pré-sal.

Com o respaldo de informações procedentes de diferentes fontes – inclusive Petrobras e ANP – supusemos que 70 bilhões de barris constituem uma estimativa plausível para as reservas recuperáveis do pré-sal. A partir desse dado e de hipóteses várias sobre o ritmo de introdução de plataformas, sua capacidade etc., o economista Sander Lacerda, com informações disponíveis até julho de 2008, chegou às projeções que constam do Gráfico I a seguir. Através delas se vê que a produção total ultrapassaria 5 bilhões de barris diários durante mais de 20 anos (entre 2030 e 2050). Ali também consta a informação, obtida mediante dados divulgados pela Petrobras, que a produção procedente de áreas em produção antes do pré-sal decairia rapidamente a partir de 2015.

A equipe tentou também desenvolver estimativas para diferentes cenários no tocante a políticas públicas de produção e consumo de petróleo no país. Foram, para esses fins, definidos três cenários. O primeiro se caracteriza pelo

GRÁFICO I Produção do pré-sal e das reservas provadas

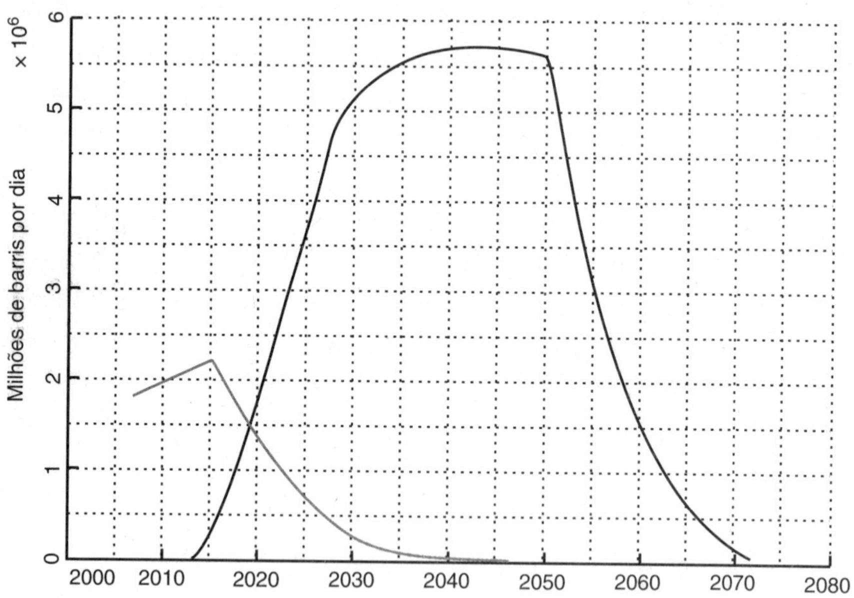

Fonte: BNDES[2]

fato de que a produção cresce ao ritmo decidido, unicamente, pelas empresas: trata-se do "cenário de mercado". No segundo, a política energética nacional entraria em cena, buscando moderar o crescimento da produção de óleo e gás. Trata-se do "cenário com política de oferta". No terceiro, finalmente, a política energética nacional regularia tanto a oferta como a demanda, visando, em ambos os casos, certo grau de contenção.

Dado o que precede, e introduzidas diversas hipóteses adicionais, foram obtidos pelo professor Francisco Eduardo Pires de Souza os resultados que constam da Tabela I. Como se vê, de 2025 a 2035 o país estaria exportando no cenário de mercado – onde não existem políticas de controle da oferta, tampouco se tenta moderar a demanda – mais de três milhões de barris. Em seguida, as exportações cairiam abruptamente, já ocorrendo um pequeno montante de importações em 2045.

Já no segundo cenário foram introduzidas hipotéticas limitações à expansão da produção, com o que se impede o enorme salto das exportações verificado,

[2] Agradecemos a Sander Lacerda pelo envio gráfico original para o livro.

no primeiro cenário, entre 2020 e 2025. Obtém-se com isso uma forte redução da progressão das exportações, bem como, supostamente, o alinhamento do avanço da oferta de petróleo e gás, com a progressão desejada em outros ramos de atividade. É fácil imaginar, além disso, que com o crescimento da produção diluído ao longo do tempo são reduzidos os picos de investimento, aumentando, em consequência, a capacidade de autofinanciamento, em particular da Petrobras.

Finalmente, no terceiro cenário, encontram-se combinadas políticas ativas de controle, tanto da oferta como da demanda doméstica de petróleo. Esta última atuaria sobretudo através do estabelecimento de regras e penalidades relativas à eficiência energética mínima. Nesse cenário o volume exportado excede o do cenário anterior e poderia sustentar grande estabilidade por um longo período.

TABELA I Exportações: com e sem políticas de oferta e demanda (milhões de barris por dia)

	2015	2020	2025	2030	2035	2045
Cenário de mercado	0,4	1,4	3,3	3,5	3,2	–0,5
Com política ativa de oferta	0,1	0,5	1,3	2,0	1,7	0,3
Com políticas ativas de oferta e de demanda	0,2	0,6	1,6	2,4	2,2	1,4

Fonte: BNDES, elaboração própria

No quadro a seguir são introduzidas hipóteses relativas aos preços do petróleo, obtendo-se com isso informações sobre o peso das vendas líquidas de petróleo face ao valor total estimado para as exportações. A referência é aqui, unicamente, ao cenário de mercado. Nele, e usando os preços "de referência" projetados pelo Departamento de Energia dos Estados Unidos, chegamos a resultados bastante fortes. Com efeito, as exportações de petróleo alcançariam 27% e 28% das exportações brasileiras, respectivamente, em 2025 e 2030. E, se, por acaso, os preços futuros acompanhassem a hipótese dita alta do DOE, alcançaríamos 43% e 47%, valores entre surpreendentes e chocantes, que parecem incompatíveis com uma economia superdotada do ponto de vista agropecuário e herdeira de um vasto e promissor patrimônio na esfera industrial.

QUADRO I Exportações de petróleo e exportações totais, a preços de 2008

Exportações de petróleo e exportações totais para cenário de preços de referências do DOE

ANO	EXPORTAÇÕES DE PETRÓLEO Milhões b/d	Preço US$/barril	em US$ bilhões*	Exportações totais em US$ bilhões	Exportações não petróleo US$ bilhões	Exportações petróleo/total
2007			16	161	145	10,0
2015	0,4	72	11	214	203	4,9
2020	1,4	72	37	261	224	14,1
2025	3,3	78	93	341	248	27,4
2030	3,5	85	108	382	274	28,4

* A queda em 2015, relativamente a 2007, supõe a entrada em operação de novas refinariais.

Exportações de petróleo e exportações totais a preços altos DOE

ANO	EXPORTAÇÕES DE PETRÓLEO Milhões b/d	Preço US$/barril	em US$ bilhões*	Exportações totais em US$ bilhões	Exportações não petróleo US$ bilhões	Exportações petróleo/total
2007			16	161	145	10,0
2015	0,4	109	16	219	203	7,2
2020	1,4	123	63	266	203	23,6
2025	3,3	131	158	362	203	43,8
2030	3,5	143	182	386	203	47,3

* O valor de 2015 não supera o de 2007 devido à entrada em operação de novas refinariais.
Nota das organizadoras: Foram retiradas as colunas referentes a valores de PIB em US$ estimados, não citadas no texto.

CAPÍTULO 3

AS TENDÊNCIAS PESADAS DO CAPITALISMO ATUAL[1]

Ao longo da história do capitalismo, enormes mudanças se verificaram nas tecnologias disponíveis, no perfil e nos padrões de conduta das empresas – aí incluídas as formas como elas se financiam e geram progresso técnico. Mudaram, também, profundamente, as relações entre o Estado e o mercado (e, por consequência, as agendas de política econômica), e ocorreram deslocamentos no que toca ao próprio centro do sistema; por exemplo, na já citada passagem da Inglaterra para os Estados Unidos da condição de economia líder e centro hegemônico do capitalismo.

Mudanças de natureza e magnitude – que, por vezes, custam a ser percebidas – criam desajustes, novas oportunidades, desequilíbrios estruturais e inumeráveis reações. Em certos casos, é possível perceber – como resultado das mudanças – a emergência de novas inclinações ou tendências. Reservamos o termo "tendências pesadas" para movimentos detonados por grandes mudanças, que guardam certa consistência e que se mostram capazes de, direta ou indiretamente, promover alterações na maneira de funcionar de empresas, regiões e economias.

As tendências pesadas podem atuar de forma surda e anônima, levando empresas e economias a reações de sentido imediatista e acomodatício. Pode também ocorrer, no entanto, que, entendidas as mudanças como inerentes a uma realidade substancialmente modificada – e havendo competência político-

[1] Nota das organizadoras. A última versão do artigo foi gravada pelo autor em 05/05/2008. Ver também "As novas tendências pesadas que estão moldando a economia mundial", capítulo II.1.3 em Castro, A.C. e Castro, L.B. *Antonio Barros de Castro, o inconformista*, Brasília: IPEA, 2011.

institucional para tanto –, surjam novas visões de futuro, bem como iniciativas capazes de organizar e dar rumo às adaptações e aos reposicionamentos de acordo com prioridades redefinidas.

Em tais casos, as novas tendências pesadas estarão dando ensejo ao surgimento de estratégias que buscam valer-se do novo contexto (e das tendências neles percebidas) para promover um reaproveitamento dos recursos disponíveis e grandes transformações. É difícil escapar da imagem segundo a qual essa atitude equivale a saltar sobre as oportunidades que estão passando – sendo que o êxito da empreitada requer, além de um bom diagnóstico, ousadia, consistência e, por último, mas não menos importante, sorte. Contrariamente, pode-se também ser levado pela correnteza dos fatos, como um pau na enchente.

A decisão de valer-se e de conduzir, em certa medida, o processo supõe, como acaba de ser sugerido, vontade e capacidade de exercê-la. É importante insistir, no entanto, que o desejo de mudar implica a recusa do imobilismo e da adaptação tópica, mas *per se* não origina as mudanças. Pretende, sim, até certo ponto, cooperar com a nova realidade, mas também possivelmente negá-la – ainda que parcialmente – e, em certa medida, reorientá-la. Aqui parece residir a diferença fundamental entre utopia e pensamento estratégico.

Na partida de uma estratégia a ser levada a sério, encontra-se um bom diagnóstico de como estão dispostas – e se alterando – as forças (impulsos) que movem a realidade. Não é fácil, todavia, perceber, avaliar e entender grandes mudanças. Dificilmente, porém, um fenômeno portador de enormes mudanças foi tão incompreendido como a erupção contemporânea da China. Primeiramente se disse que, enquanto a Rússia estava, rápida e acertadamente, tomando o caminho do mercado (início dos anos 1990), a China continuava truculenta (como em Tian'anmen) e vulnerável (dotada de um sistema bancário podre). Dez anos depois, com a economia chinesa alcançando resultados econômicos espetaculares e indicadores sociais pífios, a moda passou a ser tomar a China como um caso de capitalismo selvagem. Recentemente, a contribuição da China para o crescimento do mundo – da ordem de 29% no período – passa a ser um dado amplamente citado.

A evolução verificada na China e na Rússia nega frontalmente os clichês do início dos anos 1990. As reformas russas são hoje lembradas mais como patologia do que como exemplo. Cada vez mais fica claro que, em vez de capitalismo selvagem, a China introduz um sistema híbrido, desconhecido, com grande espaço para o mercado e amplo comando pela política. Nele, a educação constitui uma inequívoca prioridade, certas deficiências flagrantes no campo social (ainda quando em ritmo chinês) começam apenas a ser enfrentadas, e pouco ou nada se avançou no campo das liberdades democráticas. Quanto à vulnerabilidade, digamos apenas que o sistema bancário do país parece encontrar-se em situação melhor do que temiam no passado – o que não pode ser dito acerca do Ocidente. Por fim (e voltando ao leito deste artigo), acrescentemos que, após tantos equívocos, talvez haja agora espaço para admitir que a economia chinesa não é apenas grande, mas dinâmica – contribuindo inegavelmente, portanto, para o crescimento mundial –, e para amortecer a crise de outras economias.

A hipótese central deste artigo consiste em afirmar que, a partir de certo ponto – digamos, no entorno de 2003 –, a erupção chinesa deixou de ser um caso a mais exitoso, e fortemente diferenciado, de emparelhamento (ou *catching-up*). Deixou, inclusive, de ser um mero exemplo, dada sua contribuição para o crescimento mundial, da ordem de 30% (e, em particular, para a sorte de diversos setores, como equipamentos pesados e mesmo eletrônica). As novas necessidades chinesas, e as novas soluções ali encontradas, estão viabilizando ou inviabilizando outras soluções mundo afora – vale dizer, estão operando como tendências pesadas. Mais concretamente, introduzindo (novas) tendências frente às quais cabe às diferentes economias posicionar-se. A hipótese do artigo que se segue é, em suma, que a China não é apenas um grande fenômeno; ela traz novidades e introduz novas tendências pesadas com características próprias, inéditas, e das quais resultam ondas de mudança mundo afora.

A importância da China não decorre apenas do tamanho que essa economia está assumindo. Tão ou mais importantes são as soluções profundamente inovadoras que estão sendo dadas a questões como a busca das empresas pela expansão de seus mercados, o padrão dominante de progresso técnico e as relações entre a política e a economia. Esses fenômenos serão a seguir sumariamente caracterizados – e, mais adiante, serão feitas algumas observações sobre como usá-las.

Soluções inovadoras

No passado recente, a evolução das técnicas esteve cada vez mais baseada em inovações que introduzem novas propriedades, funções e design em produtos e processos. Fundamentalmente, a inovação deveria ser entendida como um "mecanismo de isolamento" através do qual as empresas buscavam alcançar "preços prêmios" para os seus produtos. Era de comum conhecimento, porém, que o período de elevado retorno não tendia a durar muito (ainda quando se pretendesse proteger as inovações com patentes e licenças), dado que a pressão competitiva não tardaria a derreter os preços prêmios, levando-os para algo próximo à normalidade dos retornos.

O primeiro mecanismo consistia na busca, liderada pelas grandes corporações, de inovações, fossem elas de produtos ou processos. O segundo mecanismo consistia em deslocar para regiões ou países de baixo custo a fabricação e a montagem de produtos. Os países receptores desses investimentos começaram a ser referidos como "NICs" (países recentemente industrializados). O Brasil fez um belo papel nos anos 1970 como um NIC de grande destaque. A China custou a ingressar e, a rigor, somente nos anos 1980 afirmou-se como receptor de investimentos e exportador de manufaturas.

Durante essa época, é fácil perceber que empresas dos Estados Unidos, da Europa e, em menor medida, do Japão estavam transferindo ou terceirizando as funções (fabricação e montagem) que agregam relativamente menos valor, guardando para si funções corporativas como P&D, design e gerenciamento de marcas capazes de gerar maior valor por unidade de trabalho ou de capital. Além disso, tais empresas vendiam produtos padronizados para a massa da população nos países da chamada tríade – e chegavam a vender, uma pequena fração de seus produtos, para as classes médias e altas em países emergentes.

A transferência de plantas e tecnologias ocidentais para a China, todavia, levou a um acirramento enorme de uma questão várias vezes já percebida em outros países subdesenvolvidos. Referimo-nos ao fato de que os custos de produção e os preços de venda dos artigos eram nitidamente incompatíveis com o poder aquisitivo da massa dos trabalhadores. O que se pode dizer que singulariza a China no tocante a essa questão é que a capacidade de comprar das massas trabalhadoras era extremamente modesta e, por outro lado, o tamanho do mercado era verdadeiramente oceânico. Isso colocava as empresas nativas – nas quais estava presente o Estado – diante de um dilema. Disputar o mercado das elites locais com as multinacionais não seria fácil. Além disso, acessar o mercado de massas a partir dos custos e preços da produção em condições normais era simplesmente impossível. Em resumo, as empresas domésticas estavam diante de um monumental fosso entre preços e capacidade aquisitiva de seus clientes naturais.

Todavia, a produção com custos salariais chineses permitia talvez um tombo nos preços capaz de conquistar fortemente mercados nos países centrais. Assim, nas duas últimas décadas do século XX, a economia chinesa emergiu como um super-NIC. A produção procedente desse país tomava crescentemente mercados das economias centrais, e este já era em si um fato importante. A verdadeira mudança procedente da China estava, no entanto, por vir. Ela começa a se concretizar quando as empresas domésticas chinesas iniciam um processo de aprendizado que vai levá-las a crescentes conquistas em matérias de custo. Sem pretender oferecer explicações sistemáticas acerca do fenômeno novo que estaria por emergir na China, assinalemos que pelo menos três mudanças profundas estavam por ocorrer.

Antes de apontar as mudanças, convém advertir que o baixo custo da mão de obra que tanto favorecia as multinacionais também beneficiaria as empresas locais. A esse fator viriam se somar os seguintes elementos propícios a novos rebaixamentos de custos:

Primeiramente, o intenso uso do recurso à formação de distritos industriais, onde se concentram, em escala desconhecida no Ocidente, a produção de determinados bens, como, por exemplo, bicicletas em Leilu ou DVDs em Huizu, no delta do rio das Pérolas. As vantagens da produção em distritos industriais foram percebidas (e anunciadas) já no final do século XIX, por Marshall, e envolvem o compartilhamento de tecnologias, a compra de insumos em condições favorecidas (pelo volume das aquisições), o compartilhamento de conhecimentos tecnológicos etc. Todavia, jamais isso havia sido explorado em escala chinesa.

Um segundo conjunto de vantagens refere-se ao desinibido uso de combinações de tecnologias atualizadas, parcialmente ultrapassadas e mesmo primitivas, facilitado pelo custo ínfimo da mão de obra. Essa combinação deu grande versatilidade à produção, permitindo a obtenção de uma grande variedade de modelos e tipos.

Finalmente, cabe referir-se ao nada simples relacionamento implícito e explícito com o Estado. A esse propósito, cabe destacar inicialmente o fato de que a China continha embriões de indústria em numerosas regiões – fenômeno inegavelmente favorecido por preocupações militares, extremamente importantes até o final dos anos 1970. Soma-se a isso o fato de que o governo central define metas para o crescimento da produção, no que é secundado pelas províncias, e até mesmo prefeituras, sendo cada uma dessas entidades frequentemente participantes do capital das empresas. De tudo isso resulta um relacionamento com o Estado que favorece a ousadia e o crescimento.

Soma-se ainda o fato de que institutos de ciência e tecnologia e a própria Academia Chinesa de Ciências, em muitos casos, beneficiaram o progresso técnico, permitindo o uso de instalações, fornecendo informações e facilitando, de diferentes maneiras, a assimilação de novas técnicas. Uma boa ilustração disso consiste na empresa Legend, que veio a ser conhecida como Lenovo, que recentemente comprou a divisão de computadores da IBM.

A consequência maior desse fato vem sendo percebida por alguns, mas certamente não teve suas implicações ainda elaboradas. Em síntese, como consequência das vantagens derivadas desse conjunto de fatores, o custo de produção veio a ser drasticamente reduzido, dando margem ao surgimento do fenômeno "preço chinês".

Ninguém negaria que a mão de obra barata, a pirataria (em certos casos) e o câmbio desvalorizado beneficiam a competitividade chinesa. O que estamos aqui assinalando, no entanto, vai muito além disso; o DVD a US$30 a unidade é um produto criado na China.

A implicação maior do surgimento de "preços chineses" é o drástico aumento dos mercados de base. Trata-se, literalmente, de uma nova revolução no consumo de massas, que guarda semelhança com o fenômeno pioneiro levado a efeito na América.[2] O fato de que, se as massas chinesas podem comprar, os trabalhadores de outros países – América Latina, Ásia e África – também o podem, replica magnificada a segunda revolução do consumo de massas, ocorrida após a Segunda Guerra Mundial, com a extensão das massas para os europeus e japoneses do consumo de produtos modernos.

Mas agora, porém esta terceira explosão do consumo, estendendo-se pela Ásia, América Latina e África, ganha proporções descomunalmente maiores.

É difícil imaginar hoje as consequências dessa mudança. Comecemos por assinalar que na própria China ela tem muito espaço a percorrer, pois lá existem, como população flutuante, que está apenas começando a ser integrada no consumo moderno, entre 100 e 200 milhões de habitantes. A esse autêntico

---

[2] Nota das organizadoras: Em sala de aula, o professor Castro frequentemente aludia à imagem de Schumpeter, segundo o qual a revolução industrial não se caracteriza pela capacidade de levar o consumo das meias de seda das princesas a todos, mas antes pela criação das meias de nylon, que podiam ser adquiridas por qualquer um. Essa passagem é uma das epígrafes do livro.

exército industrial de reserva, soma-se um outro, de cerca de milhões de trabalhadores que poderão sair do campo nas próximas duas ou três décadas (por comparação, as forças de trabalho dos Estados Unidos e da Europa, somados, não atingem sequer os potenciais consumidores do campo chinês).

Da gigantesca mudança em curso, que acaba de ser assinalada, pode ser derivada uma segunda, cuja importância é fundamental na definição de fenômenos que estão por toda a parte na atualidade. Para entendê-lo, deve-se começar por admitir que a explosão de consumo que decorre dos preços chineses leva a uma busca desenfreada de insumos para produção, bem como para infraestrutura, que excede a capacidade de oferta, levando os preços desses para níveis insuspeitados, impensáveis até muito recentemente – mudança que podemos, com alguma arbitrariedade, datar em torno de 2003. Dito de outra forma, o consumo a preços chineses, dadas as tecnologias vigentes, colide com a capacidade de gerar energia e metais, sendo a disparada dos preços desses produtos a medida do desequilíbrio daí resultante. Não se está com isso dizendo que tal alta tende a prosseguir, mas sim que os preços drasticamente elevados vieram a configurar novos patamares muito acima daqueles observados nos três primeiros anos do século XXI.

Nada ilustra melhor a magnitude dos efeitos derivados dessa segunda tendência do que o crescimento exponencial de diversas economias africanas, até muito recentemente engolfadas em guerras e estagnadas. A bem dizer, podemos afirmar que a África surge neste novo quadro como a cara-metade da China, restando acrescentar que a duração do fenômeno de ascensão africana dificilmente deixará de ser duradouro, pois, como já foi dito, ainda quando uma parcela dos exorbitantes preços atuais de certas commodities seja devido à especulação, boa parte do seu elevado valor vem mesmo do desequilíbrio já anteriormente caracterizado entre oferta e demanda de commodities em escala mundial.

Sem desenvolver as implicações de toda ordem que resultam dessa tendência pesada, lembremos apenas o contraste enorme entre o comportamento dos preços na atualidade e o que se supunha que seriam os preços baseados na evolução histórica entre 1950 e 2003. Nesse último longo espaço de tempo, os preços das commodities frente às manufaturas (embora de forma irregular e comportando ciclos) declinaram. Dessa feita, porém, ainda quando se retire a espuma especulativa que se acrescentou ao preço das commodities, eles deverão manter-se altos. A consequência maior dessa tendência pesada consiste num decisivo reforço do crescimento de boa parte das economias emergentes. Em última análise, isso resulta do surgimento de uma máquina chamada China, que é capaz de crescer rápido, comprando caro e vendendo barato e contracenando com outras economias que tenham o enorme privilégio de vender caro e comprar barato.

O quadro, porém, é muito mais complexo do que isso, cabendo, desde logo, chamar atenção para o fato de que, como consequência da primeira e da segunda tendências pesadas aqui assinaladas, o peso econômico das nações (e, naturalmente, a influência política) passa a ser decisivamente influenciado pelo tamanho de sua população e de seu território. Não por acaso, o conceito de BRICS surgido de forma despretensiosa e recebido com pouco entusiasmo vai ganhando importância e se tornando referência obrigatória.

Da primeira e da segunda tendências decorre ainda uma terceira tendência pesada. Ela pode ser percebida a partir do fato de que recursos naturais associam-se obviamente com território – e território é uma categoria irredutivelmente carregada de política. Na realidade, população também é, ainda mais obviamente, uma categoria permeada de política. Em resumo, ao colocar no primeiro plano a dependência de recursos naturais por parte das nações ricas e a importância das reservas de recursos naturais, bem como das próprias populações nos demais países, surge um outro mundo em que economia e política são muito mais próximos e ativamente interdependentes do que, digamos, o mundo pré-2003.

As tendências pesadas e a economia brasileira

A emergência da China e as grandes tendências daí derivadas estão redefinindo forças e fraquezas, vantagens e desvantagens na economia mundial. É a partir dessa premissa e de uma visão por ela condicionada que serão feitas, no que segue, diversas considerações acerca de economia brasileira. Isso implica dizer que aspectos de grande importância para determinados efeitos serão omitidos. Implica também afirmar que questões que ainda se encontram fora do debate poderão, proximamente, adquirir grande importância. Ou seja, exploraremos no que segue apenas consequências, possibilidades de desafios com que se defronta a economia brasileira, a partir de uma perspectiva construída pelas considerações até aqui feitas.

Antes de iniciar, lembremos que a avaliação das condições e perspectivas das diversas economias à luz das mutações em curso na economia mundial já vem sendo feita há anos em diversos países. Neste sentido, a economia brasileira deve ser considerada "retardatária".[3] Trata-se, no entanto, de um caso em que enormes mudanças tendem a verificar-se. Mais que isso, já estão em pleno curso – e, inclusive, marginalmente, já vem ingressando pelas bordas no debate acerca das perspectivas da economia brasileira.

Antes de iniciar o tratamento do caso Brasil, impõe-se realizar uma única transgressão de nossa própria proposta. Ou seja, é preciso começar com uma questão que nada tem a ver com a mutação liderada pela China. Trata-se de uma sumária referência ao período de um quarto de século que se estende de 1980 a 2005. Nele, a economia atravessou incessantes turbulências e apresentou resultados bastante medíocres em vários planos. Presentemente, e daqui por diante, parte das frustrações verificadas durante esse longo período estão sendo reencontradas na forma de óbvias (ou, digamos, flagrantes) oportunidades não aproveitadas. Refiro-me às oportunidades que têm em comum o fato de, percebidas ou não à época, não terem sido exploradas, dadas as penúrias e, sobretudo, a completa imprevisibilidade a que estavam submetidos, naquele contexto, atores privados e públicos. Muitas dessas oportunidades são ainda mais interessantes hoje do que no passado – e, em alguns casos, podem ser (hoje) exploradas com menores custos. Os possíveis exemplos estendem-se do plano das empresas a megaprojetos de infraestrutura indefinidamente adiados nos últimos 20 ou até 30 anos. Ou seja, concretamente, empresas vislumbraram inovações interessantes, grandes aproveitamentos hidrelétricos (alguns inclusive foram bem estudados) e necessidades gritantes no plano habitacional que permaneceram não atendidos. Estamos vivendo um momento em que tudo isso vem à tona. Aqui reside uma marcante diferença, uma marcante peculiaridade da economia brasileira – a existência de oportunidades latentes, prontas a serem exploradas.

Dando agora início ao exame de como fica a economia brasileira face às novas tendências pesadas, cabe começar dizendo que o Brasil, mais do que qualquer outra economia, combina recursos naturais abundantes, diversificados e, em regra, ainda pouco explorados com um sistema industrial (também)

---

[3] Nota das organizadoras: Retardatária é uma alusão aos termos *latecomers* ou *late latecomers,* comuns em análises de experiências tardias de industrialização. O Brasil seria também retardatário na assimilação das consequências de um mundo sinocêntrico.

bastante diversificado e que foi amplamente reciclado nos últimos 15 anos. A face recursos naturais significa todo um manancial de produtos que estão sendo vendidos a preços que, em relação ao passado, são, sem dúvida, excepcionais, mas que, no futuro, em muitos anos (não é possível generalizar), deverão manter-se em níveis altamente estimulantes. Já a face industrial reúne os resultados do grande esforço feito neste país para, inicialmente, montar e mais adiante (nos anos 1990 e primeiros anos deste século) consolidar um sistema industrial tecnologicamente modesto, porém razoavelmente eficiente e atualizado. O problema, no referente a essa face, é que a China "*mutatis mutandis*" fez e continua a fazer um esforço brutal nesse campo.

A já longa lista de produtos em que a China veio a tomar amplas parcelas do mercado mundial permite pensar que o Brasil tem grandes problemas pela frente no tocante à preservação de seu sistema manufatureiro. Torna-se assim difícil escapar a uma visão relativamente pessimista que encontra, aliás, fácil embasamento na evolução explosiva das importações de manufaturas brasileiras, bem como das dificuldades encontradas pelas exportações, muitas vezes obrigadas a disputar, palmo a palmo, e com óbvias desvantagens frente aos produtos chineses, espaço nos mercados externos.

Esse poderia ser o grande enunciado da política industrial que vem sendo preparada. Através dela, o Brasil corrigiria o atraso que o caracteriza face a países como os Estados Unidos, a França ou a Coreia no que se refere a diversos mecanismos de apoio à indústria, como isenção de impostos para investimentos e exportações, apoio à inovação, depreciação acelerada de equipamentos em determinadas condições e extensionismo industrial. Esse é um esforço que, exercido de forma criteriosa, poderá ajudar intensamente o reposicionamento de empresas e indústrias. Seu objetivo seria o aumento da eficiência e da competitividade.

A questão que estamos querendo aqui levantar é outra. Para apontá-la, cabe ter em conta que as grandes oportunidades recentemente surgidas no tocante a recursos naturais podem ter, em determinados casos, amplos requisitos industriais e tecnológicos, e aqui entra uma nova especificidade brasileira de importância verdadeiramente crucial. A primeira delas é que, entre as muitas grandes oportunidades com que a economia brasileira pode contar, encontra-se o pré-sal.[4]

---

[4] Nota das organizadoras: O artigo se encerra nesse ponto. Nos capítulos que o precedem e sucedem, o tema das oportunidades do pré-sal é tratado.

O PRÉ-SAL COMO OPORTUNIDADE E DESAFIO PARA O BRASIL[1]

Ao longo do século XX, ocorreram várias vezes situações em que os preços do petróleo dispararam, para depois se reverter. Se por um lado a demanda mundial se retraía imediatamente, por outro a oferta se expandia, ainda que com certa defasagem. Os movimentos de demanda e oferta, em suma, acabavam derrubando os preços. A situação de hoje, contudo, parece ser completamente distinta. O aumento da demanda proveniente da Ásia (especialmente China e Índia) produziu um *decoupling*, um descolamento na demanda de energia.

Ainda que a crise internacional esteja se aprofundando nos EUA e na Europa e mesmo com a China diminuindo seu crescimento de 10% para (digamos) algo em torno de 8% e a Índia o reduzindo de 8% para 6%, haverá uma sustentação da demanda mundial por petróleo. Isto é, do ponto de visa da demanda, não irá se repetir o que ocorreu em 1975-6. Por outro lado, a oferta internacional de óleo pode aumentar, mas, diferentemente do ocorrido no passado, não existem hoje (o Brasil entrará na análise a seguir) ofertantes preparados, prontos para suprir a nova demanda. Nas experiências passadas, o México e o Mar do Norte, em particular, estavam preparados para entrar no

[1] Nota das organizadoras: O artigo que se segue aproveita notas do autor para uma exposição feita em julho de 2008, quando era Assessor do Presidente. Algumas das ideias aqui presentes foram divulgadas na entrevista ao jornal *O Estado de São Paulo*, em 24 de maio de 2009, para o jornalista Fernando Dantas, da qual um parágrafo, devidamente citado, foi incluso neste artigo. A referida apresentação no BNDES baseia-se em pesquisa realizada pelo Grupo de Trabalho de Petróleo e Gás, criado pela presidência do banco, que contou com a participação de Aluysio Asti, Francisco Eduardo Pires de Souza, Manoel Fernandes dos Reis, Sander Lacerda, entre outros. O material foi editado para ser transformado em texto.

mercado de petróleo – e o fizeram, na sucessão dos dois choques, em 1974 e em 1980. Agora, porém, parece não existir tal possibilidade. Em contrapartida, pela primeira vez na história recente, o mundo tem um polo alternativo de produção de petróleo procedente da área emergente.

Vejamos o mapa da produção mundial de óleo. Considerando apenas a produção *offshore*, existem movimentos de exploração de petróleos mais caros, como nas areias em Alberta e as explorações em águas ultraprofundas, inclusive na Flórida e da Califórnia.[2] De acordo com o mapa recente do Departamento de Energia dos EUA (DOE), para um cenário de 2005 a 2030, a produção no Mar do Norte está em pleno declínio. Paralelamente, há um crescimento não desprezível, mas modesto, da oferta proveniente da Ásia e um crescimento de 19% do Golfo. A grande novidade reside, pois, no papel que se espera do Atlântico Sul, sendo a maior parte proveniente da África, mas boa parte do Brasil.[3]

Esse quadro reforça nossa premissa de que estamos diante de uma mudança duradoura de preços de commodities, particularmente no tocante a óleo. Mais do que isso, há uma mudança fundamental de preços relativos, que coloca em questão a assignação de recursos no mundo. A geoeconomia mudou, a geopolítica mudou – e as implicações estão transparecendo, vindo à tona, aos poucos.

Para compreender a problemática com a qual se defronta o Brasil é fundamental antes fazer uma reconstituição de como se distinguem os países dotados de óleo. Podemos dividi-los em quatro grupos.

O primeiro grupo abrange os países de baixo custo de extração de petróleo e que praticamente não possuem atividades alternativas. Salvo uma franja de serviços gravitada pelo petróleo, há poucas escadas para o desenvolvimento econômico. Em outras palavras, há poucas maneiras de ascender tecnologicamente. Trata-se da clássica economia dual ou o que se costuma denominar *economia de enclave*. É como se o petróleo não pertencesse àquelas economias,

---

[2] Estas últimas, porém, demorarão a trazer seus frutos (cerca de 20 anos), e a expectativa é de que cubram apenas uma pequena parte do consumo americano (a expectativa é de que a oferta da Flórida e da Califórnia seja capaz de suprir 5% do consumo do país).

[3] Vale ressaltar que o estudo, embora sugira estar ciente das possibilidades do pré-sal brasileiro, data de 2005; portanto, pode não avaliar o potencial brasileiro em sua devida dimensão, embora seja evidente que não o ignore.

mas sim à economia mundial, estando instalado ali, geograficamente, por, digamos, um acidente.

Essas economias, pertencentes ao primeiro grupo, sofrem, mais do que os outros grupos a seguir apresentados (embora todos o sintam em maior ou menor medida), das ditas "maldições do petróleo". Em primeiro lugar, como dito, são economias duais; em segundo possuem um total descolamento das funções clássicas do governo. De fato, o governo desses países não precisa tributar a população para poder gastar. Ele possui a estatal, que explora o petróleo, ou o negocia com empresas estrangeiras. A gigantesca renda do óleo é apropriada, em maior ou menor grau, pelo governo, que luta para aumentar sua fatia de renda e a ventila, através de seus gastos, para o restante da economia. Parte significativa dos gastos do governo tipicamente destina-se a armamentos. Entre os 20 casos pertencentes a esse primeiro grupo de países, 16 são ditaduras ou regimes fortemente autoritários.

Outra característica (terceira) desse grupo é a extrema vulnerabilidade e volatilidade resultante da dependência do preço do óleo, bastante conhecida. Por fim, a quarta característica é a consciência de que os recursos são esgotáveis, isto é, de que, mais cedo ou mais tarde, o óleo termina. Como disse o Rei Faissal: "Numa geração fomos do camelo ao Cadillac. Com uma ou duas voltaremos do Cadillac para o camelo."[4]

O esgotamento das reservas não é, porém, a única fonte de preocupação. Há ainda o temor de mudanças na matriz energética mundial. Como colocado pelo Sheik Yamani: "A idade da pedra não terminou por falta de pedra."[5] De fato, o peso relativo do petróleo na matriz já está baixando internacionalmente. Embora as perspectivas a esse respeito tenham mudado a favor do óleo nos últimos anos, existe, pelo menos, uma perspectiva de mudança na dependência do petróleo para transportes. Alguns países, inclusive, estão buscando alternativas. Dubai, por exemplo, é conhecida por estar batalhando seriamente pelo incremento do turismo e para se tornar um centro financeiro. A Nigéria também está se esforçando para buscar alternativas, embora com menores

[4] Nota das organizadoras: "In one generation we've gone from riding camels to riding Cadillacs. The way we are wasting money, I fear the next generation will be riding camels again." Essa frase, atribuída ao Rei Faisal da Arábia Saudita, teria sido dita nos anos 1970, quando o preço do petróleo atingiu US$35 o barril.

[5] Nota das organizadoras: "The Stone Age did not end for lack of stone and the Oil Age will end long before the world runs out of oil." Frase atribuída ao Sheik Zaki Yamani da Arábia Saudita, também nos anos 1970.

resultados. Malgrados os esforços, trata-se praticamente de uma (inútil) luta contra a lei da gravidade, onde não há quase espaço para políticas e existe mesmo certo determinismo quanto ao futuro. Mais grave, nesses países a nação produz o mesmo com ou sem o povo e muitas vezes aceita ou demanda separatismos, tornando o quadro mais dramático.

Por fim, cabe ressaltar a não linearidade da exploração do petróleo. Com frequência, quando se inicia a extração do óleo, esta sobe a taxas geométricas, mas, a partir de certo momento, a produção do poço também cai a taxas elevadíssimas. Veremos a importância disso para o Brasil mais adiante.

Passemos ao segundo grupo. Refiro-me a um conjunto de países que possuem baixo custo de exploração, mas que apresentam alternativas. São economias onde se descobre petróleo, a exploração é abundante e eficiente, mas existem diversas outras atividades econômicas possíveis. Refiro-me a países capazes de gerar um grande excedente, que exportam muito – e isso gera valorização cambial. Ocorre então uma disparada na capacidade de importar, mas as vantagens absolutas do petróleo conflitam com as vantagens construídas em outras atividades. É nesse contexto que surge a chamada doença holandesa, hoje bastante discutida no Brasil.

Como o nome indica, essa doença surgiu, pela primeira vez na Holanda, embora este país não tenha chegado a sofrer efetivamente dela. De fato, a Holanda sofreu uma ameaça, mas conseguiu curar-se a tempo. Outros países, porém, não tiveram a mesma sorte, como o México. Esse é um caso muito relevante para nós, porque o país possuía, nos anos 1970, uma estrutura industrial não muito distante da brasileira, quase tão diversificada quanto a nossa, após um processo de substituição de importações exitoso.[6] Porém, praticamente toda a indústria do vale central mexicano se complicou, definhou e se transformou num outro tipo de indústria, que nada tinha a ver com a que havia sido construída nos anos 1970. O México foi certamente uma vítima da doença holandesa.

A Rússia, nos anos 1990, também era uma economia muito diversificada. O caso russo, porém, é complexo. De toda forma, a verdade é que o país também tinha uma estrutura bastante diversificada quando explodiu o fenômeno

---

[6] Nota das organizadoras: Nesta parte da transcrição aparece um comentário que esclarece que Brasil, México e Coreia eram os três NICs (*newly industrialized countries*) considerados exitosos nos anos 1970 – tema sobre o qual existe ampla literatura.

do petróleo (no caso, a produção de petróleo e gás, mais gás do que óleo) – e a indústria definhou. Embora existam várias razões para a regressão industrial russa, estamos basicamente diante do mesmo fenômeno. A essência é a mesma: vantagens absolutas do óleo (do óleo e gás ou do cobre, como na experiência chilena), fazendo as demais alternativas produtivas perder sua economicidade.

A questão é que a China é um agravante desse quadro, porque acentua a variação dos preços relativos. Sinteticamente, ela puxa mais para cima o preço do óleo (e outras commodities), ao mesmo tempo que joga mais para baixo o preço das manufaturas, alavancando as diferenças de preços relativos. Entretanto, para esse segundo grupo de países, ao contrário do primeiro, existe espaço para políticas, reestruração e exploração de outras atividades. Há a possibilidade de saltar para a fronteira tecnológica – sendo esse o caminha que a Rússia parece estar buscando. No lugar da indústria tradicional, ela está tentando desenvolver indústrias intensivas em tecnologia, aproveitando seus ativos de conhecimento (sobretudo em matemática, física e expertise tecnológica militar).

O terceiro grupo de países aqui caracterizados são aqueles que produzem petróleo, porém a altos custos e sem alternativas. Na realidade, esse é um caso muito excepcional historicamente, sobre o qual não me estenderei. A província de Alberta, no Canadá, tem como única chance produzir óleo através de areias, cujo custo é elevadíssimo, mas com frete viável ao atual patamar dos preços do petróleo. Não se pode aqui falar propriamente de dualismo, porque não há o outro lado da economia, nem sequer uma população significativa.

Por fim, chegamos ao quarto caso, que é o que nos interessa: países cuja exploração ocorre a elevados custos, mas com alternativas econômicas. É, evidentemente, o caso brasileiro. A problemática atual do Brasil é a assignação de recursos, em grande medida por conta da China, que opera diretamente em nossas manufaturas e, indiretamente, via commodities.

A questão crucial quando se possuem altos custos e alternativas é: em que ritmo vai mudar? A precipitação é nociva para a hipótese do desenvolvimento de alternativas. É radicalmente distinto mudar a um ritmo baixo ou a um ritmo alto. Um dos fatores que mataram as chances do México foi sua velocidade. Isso ocorreu também na Indonésia. No extremo oposto, temos o exemplo da Noruega, que, como um bravo guerreiro, enfrentou como ninguém a ameaça da doença holandesa e criou soluções.

Em contraposição ao primeiro grupo, o principal traço dessa quarta vertente é o vasto espaço para a ação de políticas e estratégias. Primeiro, porque há muitas alternativas. Quais se irão fomentar? Como tratar? Como desenvolver? Há problemáticas de custos, de tecnologia, de políticas tecnológicas e de inovação etc. a serem equacionadas.

Basicamente, existem três estratégias possíveis. A mais pobre e inocente é a de passividade – fazer proteção de um ou de outro setor da economia sem tratar do futuro. A segunda é fazer proteção residual, apenas nos casos de grande necessidade, e apoiar o reposicionamento das empresas, mas sem projetos alternativos. Por fim, há a estratégia em que também existe proteção residual, mas se busca avidamente o futuro. É a atitude mais agressiva – chamada de "estratégia alfa".[7] Esta considera a assignação de recursos o centro da questão.

Todavia, essa caracterização omite a questão da velocidade, que é crítica e será a seguir explorada. Omite também outro problema absolutamente crucial: a necessidade da construção de consensos estratégicos, de visões compartilhadas.

Se por um lado a terceira estratégia é bastante heterodoxa no sentido de supor que a assignação dos recursos é o cerne da questão, por outro lado existe um aspecto ortodoxo que reside na compreensão de que o sucesso da estratégia repousa na capacidade de o mercado de aceitar, compartilhar e agir em consonância com ela. É preciso transmitir uma grande segurança às empresas; é necessário criar uma *convenção da estabilidade*.[8]

O que é a convenção da estabilidade? É uma propriedade que foi discutida pela primeira vez na Alemanha, há muitos anos. Após vários traumas e uma evolução complexa dos fatos históricos, os alemães se convenceram de que, acontecesse o que fosse, o Estado alemão não iria mais permitir a inflação. Isso, em certa medida, substituiu a política monetária, porque, se todos sabem que a inflação vai ser controlada, todos tomam decisões acuradas do ponto de vista da estabilidade. Em consequência, a economia converge para a estabilidade dos preços almejada, com menos ativismo monetário. Esse tipo de lição é inteiramente aceito pela ortodoxia, mas não se opõe,

---

[7] Nota das organizadoras: As estratégias acima aludidas encontram-se desenvolvidas no artigo "No espelho da China", disponível na internet, no endereço <http://www.gr.unicamp.br/ceav/content/pdf/pdf_textobrasilnoespelhodachina.pdf>.

[8] Sobre convenções ver o artigo "Brasil: o desenvolvimento renegado", na Parte II (Capítulo 6) deste livro.

ao contrário combina com uma estratégia ousada. É impossível ser ousado sem o mercado ser também, sem ele participar. A Noruega fez isso, praticou isso e foi, ao mesmo tempo, de uma heterodoxia espetacular em termos de assignação de recursos, criação de estatal, negociação caso a caso, de empresa a empresa. Simultaneamente, porém, a Noruega foi bastante severa do ponto de vista das políticas macroeconômicas, criando um clima muito propício ao investimento e ao desenvolvimento de tecnologias. Em suma, essa combinação ortodoxa heterodoxa é muito importante para o sucesso da estratégia.

Voltemos à questão da velocidade. Existem vários casos de uso precipitado do petróleo. Os exemplos clássicos são México e Indonésia. A Indonésia esgotou rapidamente suas reservas e agora, na bonança atual dos preços, quase não dispõe de petróleo. O México, por sua vez, também precipitou a exploração de seus recursos. O Campo de Cantarell, que é a grande descoberta mexicana, está se esgotando, e o país se encontra com perspectivas problemáticas. Chegou a ter 80% de suas exportações em petróleo, em 1984, tendo reduzido bastante essa participação nos anos mais recentes. O caso da Indonésia é, todavia, muito mais extremo. Mesmo o Mar do Norte, parece ser uma experiência onde a Inglaterra esgotou mais rápido do que deveria seus recursos. Historicamente, a sabedoria coube à Noruega, que nunca deixou as exportações passarem de 50%, apesar de ser uma pequena economia. Portanto, ela poderia ter optado por chegar a 80%, 90%, mas não o fez.

Como já observado, a exploração de petróleo sobe geometricamente, mas também desce geometricamente a partir de certo ponto. Uma plataforma, nas condições tecnológicas de hoje, dura potencialmente 25 anos, mas na prática dura menos. A partir de certo momento, ela não gera excedente, o custo de operação se eleva em demasia e a exploração deixa de gerar retorno.

Além disso, outro problema decorrente da velocidade de exploração são, evidentemente, suas consequências para a taxa de câmbio. Se a expansão do Brasil se der a taxas muito elevadas, corremos o risco de acentuar seriamente o problema da taxa de câmbio brasileira. Portanto, uma das grandes decisões que o Brasil vai ter que tomar é: qual a velocidade que se quer? A partir de certo ponto, com o pré-sal, o Brasil ultrapassará a autossuficiência e passará a exportar – e o problema do câmbio saltará aos olhos.

Mas há outras questões em jogo. Quanto mais problemática e difícil é a exploração do óleo, mais sofisticada é a aparelhagem necessária, mais complexas são as questões de sísmica, mais sofisticados os softwares necessários e tudo mais. Por conseguinte, é preciso dar tempo ao país para se aparelhar para o pré-sal, sobretudo, se se deseja ter uma dosagem nacional de desenvolvimento tecnológico, como a Noruega conseguiu.

No entorno do pré-sal há mil possibilidades. É preciso buscar os avanços que geram mais futuro, mais conectividade, no sentido de que vão espraiar efeitos positivos – como, por exemplo, com programa de novos materiais, incluindo aços especiais de que vamos necessitar enormemente no pré-sal, que podem servir para a indústria de armas, a aeronáutica etc. E há várias áreas desse tipo como automação, software, motores, helicópteros, projetos de engenharia. Mas tudo isso tem aprendizado, toma tempo. Uma coisa é produzir 70 bilhões de barris suavemente distribuídos ao longo de 30 anos, outra coisa é ter um pico, uma explosão a partir de 2020 e depois um abrupto declínio a partir de 2025. O rimo tem de ser encontrado em função de todas as oportunidades, acertando-se o passo com o conjunto de outras transformações simultâneas na economia.[9]

Não cabem dúvidas de que é no Atlântico Sul que irão acontecer as respostas aos altos preços do petróleo. O Brasil é um candidato natural à liderança, ou a uma posição muito forte em *offshore*. Além disso, tem relações especiais com a África e desenvolveu capacitações consideráveis e respeitadas internacionalmente. Existem, porém, diversos desafios a serem enfrentados. Há problemáticas de escala, de consolidação de tecnologias etc., que ainda não estão sobre a mesa – e que precisam ser trabalhadas.

O Brasil possui ainda outros trunfos: nem toda receita do pré-sal será traduzida em dólares. Mesmo que se torne um grande exportador, o Brasil consumirá cerca da metade de sua produção. Ou seja, a receita de parte significativa das receitas do petróleo se dará em moeda local. Além disso, o Brasil tem alternativas energéticas importantes – o caso mais clássico é o etanol, mas existem outras. Neste sentido, o Brasil está um pouco blindado e possui, em alguma medida, um escudo antidoença holandesa; há muito espaço para políticas, serão elas que darão corpo à estratégia.

Outra questão relevante se refere à construção de uma estratégia de engenharia. A engenharia brasileira definhou enormemente após os longos anos

[9] Nota das organizadoras: Este parágrafo foi introduzido no texto e consta da já referida entrevista a *O Estado de São Paulo*, em 24 de maio de 2009, para o jornalista Fernando Dantas. Devido a sua complementaridade foi aqui introduzido.

de estagnação econômica. Agora, porém, ela é mais necessária do que nunca porque há grandes especificidades no pré-sal brasileiro. A engenharia é também fundamental para a especificação, seja pelo conhecimento dos ofertantes locais, seja pela possibilidade de desenvolver fornecedores etc. A capacidade de reação do país depende muito da capacidade de ganharmos tempo, acionando, por exemplo, empresas que já foram consideradas "joias do Brasil", herdadas do II PND, mas que hoje se encontram extremamente defasadas e/ou sem recursos.

O Brasil possui uma anomalia tecnológica muito interessante: as operadoras, que são as produtoras propriamente do petróleo, fazem muito menos P&D do que seus rivais internacionais. No Brasil elas fazem menos de 1% do faturamento, enquanto as internacionais líderes investem 5%. É preciso diminuir essa diferença.Os desafios tecnológicos do Brasil são muitos. Estão na sísmica, mas também certamente na perfuração, além dos desafios dos setores de petróleo. Nesses casos, a pesquisa é praticamente nula. Isso sem mencionar os desafios do financiamento, que não irei desdobrar.

Concluindo, só faz sentido construir uma estratégia quando estamos diante de uma mutação, quando o quadro muda, quando se alteram os parâmetros. Estamos exatamente diante desse quadro. Alguns países já estão se posicionando, outros estão sendo meramente empurrados pela corrente, sobretudo no primeiro bloco aqui caracterizado.

Nós somos um caso extraordinário de assignação de recursos, de estratégias – e a própria população brasileira tem a percepção de que existe uma temática nova a ser explorada. O petróleo é absolutamente politizante – é, sem dúvida, a mais política das commodities. Se a politização é maligna ou benigna, trata-se de outra questão. É preciso se posicionar estrategicamente sobre essa temática.

CAPÍTULO 5

BRICS: QUANDO O TAMANHO É DESTINO[1]

Introdução

Após as malogradas experiências do "grande salto para adiante" e da Revolução Cultural, a sociedade chinesa encontrava-se exausta e a economia flagrantemente não tinha rumo. As reformas iniciadas em 1981 se revelaram, no entanto, excepcionalmente exitosas, dando partida ao rápido crescimento contemporâneo. Ainda em 1988-9, contudo, a grande crise política que culminou com o massacre de Tian'anmen parecia comprovar para muitos que o colosso chinês continuava incapaz de encontrar um caminho sustentável.

A Índia, de sua parte, pelo menos até 1985, não demonstrava qualquer vocação para o crescimento vigoroso. O medíocre crescimento do país era entendido como algo profundamente enraizado, tanto na marcante heterogeneidade (sob vários ângulos) do país quanto no regime de políticas públicas, altamente centralizado, pesadamente burocrático e inibidor das decisões privadas. Falava-se então em *Hindu growth*, termo assumidamente pejorativo, não raro acompanhado de referências à "baleia hindu" – por contraposição aos tigres do Leste Asiático.

Retornando ao caso chinês, acrescentemos que, para surpresa dos analistas, a virada que teve início dos anos 1980 não foi interrompida pela turbulência

[1] Nota das organizadoras: A última gravação deste arquivo pelo autor data de 19/02/2005. Pelo título do arquivo – FOR05 II – tratava-se de artigo destinado à reunião do Fórum Nacional de 2005. Entretanto, o artigo não foi entregue ao Ministro Reis Velloso, coordenador do fórum, pois se destinava ao livro que estava sendo escrito nos últimos anos e que Antonio Barros de Castro não teve tempo de publicar.

política atravessada em 1989/90. Mais que isso, presentemente, e tendo mais que dobrado de tamanho a cada oito anos, nos últimos 24 anos, a economia chinesa começa a ser vista como um dos motores do crescimento mundial.

No caso da Índia o início da aceleração remonta à segunda metade dos anos 1980, mas é na última década do século XX que o firme e (cada vez mais) rápido crescimento da economia hindu se faz, por fim, notar. De forma possivelmente ainda mais acentuada que no caso chinês, o desenvolvimento hindu é notoriamente desigual, setorial, bem como regionalmente – sendo esta, aliás, uma das razões pelas quais o desempenho daquela economia tardou a ser percebido como vigoroso e sustentado. Hoje, contudo, poucos ainda duvidam que tenha encontrado um caminho próprio – flagrantemente diferenciado – para o crescimento rápido.

A Rússia nos anos 1990 veio a ser, possivelmente, a mais frustrada das promessas de crescimento. Basta lembrar que, se ao terem início em 1990 as grandes reformas, supostamente destinadas a liberar as forças expansivas do país, o PIB russo era aproximadamente o dobro do chinês, já em 1998 a economia chinesa exibia um PIB cerca de duas vezes maior que o russo! A lição por muitos retirada do espetacular fracasso da experiência russa de liberalização foi de que o livre mercado supõe "instituições corretas" – e não apenas "preços corretos", como rezava a onda neoliberal dos anos 1980. Para efeitos das hipóteses aqui exploradas, e como se verá mais adiante, a "mania institucional" que daí decorre é também bastante simplista.

Dos integrantes do grupo de países crescentemente reconhecidos como BRICS, falta mencionar o Brasil. E a primeira observação a ser feita a esse respeito é que historicamente este caso surge como uma grande exceção: um gigante, extremamente desbalanceado e heterogêneo, que conseguiu – do imediato pós-guerra até 1980 – manter uma média de crescimento de 7% ao ano! E não se trata apenas de que a economia crescia a uma velocidade excepcional. Caberia frisar que, sob mais de um ângulo, e ainda que paradoxalmente, o desempenho da economia brasileira guardava fortes semelhanças com o dos tigres asiáticos, o que certamente não será percebido por aqueles que não centram sua análise no esforço – e resultados obtidos – no tocante à evolução da estrutura econômica local. Adotada essa perspectiva, no entanto, é fácil constatar que o II PND brasileiro e o III e IV planos de desenvolvimento da Coreia guardam impressionantes semelhanças: no conteúdo setorial (atividades escolhidas como prioridades), nos instrumentos (crédito subsidiado, controle das importações) e, em certa medida, nos grandes atores (no Brasil, empresas públicas; na Coreia, grandes grupos privados, intimamente relacionados com o governo).

De 1980 para 1981, porém, como é bem sabido, cessa a expansão brasileira, tendo início uma longa quase estagnação, que se estende, pelo menos, até 2003. O tema será mais adiante retomado, ficando aqui unicamente registrado que, para um certo grupo de analistas, a medíocre trajetória em que ingressava a economia brasileira não deveria surpreender. Afinal, o Brasil não poderia escapar ao "destino das baleias"! A proposição era sem dúvida altamente equivocada: a China inaugurava, sabemos hoje, à mesma época, o crescimento rápido, no que seria acompanhada pouco depois pela Índia. Havia nela, contudo, e paradoxalmente, algo de valioso. Refiro-me à intuição de que tamanho e heterogeneidade contam – hipótese central deste texto.

Em suma, o quadro de hoje mostra a China e a Índia como referências obrigatórias no debate econômico (e para efeitos da definição dos rumos do crescimento de qualquer economia). Já a Rússia e o Brasil seguramente não encontraram seus caminhos para um crescimento vigoroso e sustentado. Não há, entretanto, em relação a esses dois gigantes, o pessimismo que caracterizava a visão sobre China e Índia.

É difícil, pois, exagerar o contraste entre as crenças e as realidades na turbulenta história das economias continentais. As primeiras duas economias continentais tornam-se a referência dominante cujo dinamismo não apenas salta aos olhos, mas, especialmente no primeiro caso, impõe crescentemente acomodações ao resto do mundo, e os dois outros casos (Rússia e Brasil) são hoje crescentemente percebidos como candidatos a se tornar em breve economias líderes. Esses fenômenos nem de longe previstos não podem deixar de introduzir novas questões. A mais importante dentre elas poderia ser assim enunciada: teriam ocorrido mudanças no modo de funcionar do capitalismo que converteram tamanho (tomado com uma magnitude composta de população e área) em algo fundamental?

Não é demais lembrar que a percepção do tamanho como uma vantagem e não como um problema existia no passado. Atribui-se a Napoleão a crença de que quem dominasse a China dominaria o mundo. De igual maneira, as nações de grandes dimensões territoriais eram vistas (no passado mais longínquo) como dotadas de grande potencial: "gigantes pela própria natureza".

Mas, para os críticos, essa postura era associada ao simplismo das visões que não tinham por base a ciência econômica, frequentemente acusada de determinismo geográfico. É bom ainda insistir que, até muito recentemente, se havia alguma relação entre tamanho e desempenho supunha-se que fosse no sentido do pequeno tamanho (e alta coesão) ser uma vantagem. Afinal Coreia, Taiwan e, mais recentemente de forma espetacular, Cingapura são não apenas pequenas como, rigorosamente, frações de países.

Hoje, é difícil não suspeitar que as baleias são animais não apenas muito mais poderosos do que se supunha, mas capazes de se lançar com surpreendente êxito na corrida do emparelhamento (*catching-up*) com os centros mais desenvolvidos – guardando, contudo, algumas de suas características originais e historicamente diferenciadoras.

Nas páginas que se seguem refletiremos sobre essa questão, mas o esforço aqui realizado é meramente exploratório. Mais do que isso, não pretendemos (nem poderíamos pretender) reunir evidências empíricas em volume remotamente suficiente para fundamentar as hipóteses aqui levantadas, nem sequer apontar a bibliografia pertinente. A importância do tema ajuda também a desculpar esta improvisação. Mais que isso, há suspeita de que a incrível mistura de aspectos negativos e positivos que caracteriza a economia brasileira na atualidade nos dá ânimo para seguir adiante em nossa análise.[2]

A nova competição

Há muito tempo se tem estabelecido que a mudança é própria do capitalismo. Ela se distribui desigualmente, se concentra, inicialmente, em algum segmento e daí se irradia para o restante da economia. Não cabe dúvida, contudo, que em certas fases as mudanças a tal ponto se avolumam e se precipitam que os observadores e analistas passam a falar em revolução ou mudança de paradigma.

A década de 1980 parece ser um desses períodos em que mudanças, especialmente na esfera a produção – mas também nos transportes e a seguir crescentemente nas comunicações –, se multiplicaram, irradiaram. Há toda uma

[2] Nota das organizadoras: Este trabalho foi escrito quando o professor Castro era membro da equipe do BNDES.

biblioteca a esse respeito, mas nos limitaremos aqui a assinalar que a maioria dos analistas concordaria que as mudanças se concentraram em dois planos: nos métodos de gerenciamento e organização do trabalho; e na introdução (e rápida difusão) da eletrônica.

É difícil exagerar as consequências dessa dupla revolução, que começou com a mutação dos métodos de gerenciamento e organização (no Japão) e prosseguiu sob a impulsão dos efeitos diretos e indiretos da microeletrônica. Porém, algumas das mais importantes decorrências da dupla revolução (aqui muito sumariamente apontada) partem do reconhecimento de que, na medida em que as empresas a adotavam, tornava-se possível para elas produzir mais barato, obter produtos de melhor qualidade, com uma variedade crescente de modelos.

Já nos anos 1980, as empresas japonesas conseguiam colocar no mercado produtos baratos e de alta qualidade; enquanto a Inglaterra, no polo oposto, colocava no mercado produtos caros e de má qualidade. É bem verdade que os EUA, por diversas vantagens ali desenvolvidas, conseguiam vender produtos baratos, ainda que de baixa qualidade, enquanto a Alemanha, dadas mais uma vez as características do seu sistema de produção, obtinha produtos de alta qualidade, porém caros.

O ponto a ressaltar aqui é: as armas da competição variavam enormemente entre os países – e com eficácia distinta. A Inglaterra, por exemplo, não teria condições de manter de pé um sistema industrial, conseguindo salvar apenas a indústria farmacêutica e algumas poucas outras, extremamente dependentes do conhecimento.

Paralelamente, as mudanças verificadas no Japão, no tocante ao gerenciamento e organização da produção, permitiram enormes avanços na microeletrônica, o que, por sua vez, abria as portas da indústria para a física moderna.

A primeira leva de consequências da dupla revolução

Vejamos agora algumas consequências mais relevantes para o estudo aqui desenvolvido.

Em primeiro lugar, após a década de 1980, como já foi aqui sugerido, a competição tornou-se ainda muito mais intensa. Parafraseando o Manifesto Comunista, poderíamos dizer que, assim como os canhões da competição inglesa, através das suas mercadorias, arrasariam a muralha da China no passado remoto, a lentidão inglesa de adotar os novos métodos (no passado recente) faria com que seu sistema industrial fosse praticamente varrido do mapa, tornando evidente a virulência dos efeitos da dupla revolução.

Uma segunda consequência consiste na observação de que as empresas, tornadas muito mais flexíveis e versáteis, passariam a ser guiadas (e teriam que ser avaliadas) por suas estratégias. Ou seja, o velho conceito de "otimização" não mais poderia se aplicar a esses seres muito mais complexos e mutáveis, dando lugar ao primado das estratégias.

A terceira seria a necessidade, por parte da empresa, de concentrar todos os seus esforços naquilo que melhor sabe fazer, encomendando a terceiros o suprimento de serviços e outros insumos. Dentro dos espaços nacionais, isso daria margem ao surgimento de tecidos industriais e redes de grande densidade, enquanto no plano internacional daria margem à transferência de funções entre nações.

As revoluções verificadas no sistema de transporte e de comunicações se combinaram de forma inexplicável ao quadro aqui descrito. Desta forma, como última grande consequência, assinalo o fato de que, algumas atividades, sobretudo aquelas vinculadas à própria revolução (informática, computação e telecomunicações), seriam totalmente dominadas por esses novos princípios. No entanto, mesmo em outras indústrias haveria uma invasão de dispositivos e componentes procedentes da nova revolução de forma que – nelas também – a produtividade passa a dar saltos, a diferenciação de produtos se torna muito mais fácil, enquanto se multiplica a capacidade de reagir a desafios, por meio de soluções superiores. Refiro-me ao fato de que máquinas e equipamentos, dotados de mais e melhores propriedades, combinados com insumos e materiais (igualmente superiores), permitem que a produção em novas plantas comece a se dar num nível bastante alto de eficiência.[3]

O que estou neste momento assinalando poderia ser sinteticamente referido como situações em que a importância da curva de aprendizado (ou curva de experiência) é muito menor. Insistindo, é como se cada nova planta já começasse a operar próxima à produtividade alcançada nas plantas prévias (que já se

[3] Nota das organizadoras: Em "A rica fauna da política industrial e a sua nova fronteira" (ver Capítulo 8 deste livro), Castro define soluções superiores como aquelas que: "... poupam capital, trabalho, bem como, possivelmente, tempo e energia!"

encontravam em operação), e isso dependerá relativamente pouco, inclusive, do treinamento da mão de obra. Evidentemente, tal situação não pode ser absolutizada, e não cabem dúvidas de que há diferenças entre setores, mas o ponto nos parece de primordial importância.

Como são atingidas as diversas economias?

Primeiramente convém assinalar que nenhuma economia singular, desenvolvida ou não, central ou periférica, poderia deter as mudanças. De fato, a eficiência das novas soluções é de tal ordem que há poucas maneiras de impedir seu avanço avassalador – o que não significa que não seja possível assimilar ou digerir as mudanças de diferentes maneiras. A China e a Rússia dos anos 1990, por exemplo, embarcaram de forma radicalmente distinta nos movimentos a que nos referimos. Finalmente coube registrar que um subconjunto de regiões e nações permanece flagrantemente à margem das mudanças. Os elementos que prosseguem nos dão condições para formular uma tipologia das economias que resultam da influência das mudanças e da respectiva reação a essas.

Deixando de lado as áreas que permanecem fora do esquema, são três os tipos aqui reconhecidos: (1) economias complementares; (2) economias continentais; e (3) economias de alta competência.

Começaremos a caracterização pelas economias mais simples, aqui denominadas de "complementares". Estas são economias cujas atividades estão amplamente concentradas na extração e no processamento de recursos naturais e/ou em atividades altamente empregadoras de mão de obra. O primeiro conjunto (das economias centradas em recursos naturais) não requer aqui nenhuma qualificação. Já no tocante às economias onde predominam os processos altamente empregadores de mão de obra, como é fácil imaginar, receberão atividades procedentes da terceirização (nesse sentido complementares) imposta pela hipercompetição. Evidentemente, esse é um processo através do qual as soluções convertem-se em novos problemas.

Essas economias complementares englobam, em resumo, tanto os enclaves clássicos explicados pela exportação de produtos naturais quanto o que poderíamos chamar de "enclaves contemporâneos", caracterizados pela alta intensidade do uso da mão de obra. A grande novidade aqui consiste em que essa mão de obra pode ser utilizada para a produção (no mínimo finalização) de artigos manufatureiros. É importante frisar que essas atividades manufatureiras se justificam nesse esquema pelas exportações que geram, muitas vezes favorecidas pela chegada de multinacionais na periferia – ou seja, estamos falando de atividades em grande medida voltadas para o mercado externo. No passado, como bem se sabe, a mão de obra abundante servia apenas para economias de plantação (*plantation*), enquanto os produtos manufatureiros obtidos com equipamentos dificilmente se combinavam com o uso intensivo de trabalhadores.

Como no passado, as economias complementares são altamente sujeitas às oscilações dos preços dos seus produtos e, portanto, têm uma tendência forte à instabilidade. Seu crescimento, por algum tempo, pode ser muito rápido e a especialização pode ser de altos resultados (vinhos, frutas etc). Sua sorte, como no passado, depende fundamentalmente da posição do centro.

Se existissem apenas as economias complementares e as centrais, estaríamos muito próximos ao esquema centro-periferia de Prebish e Furtado. A grande diferença no quadro atual nasce do segundo grupo aqui caracterizado: as economias continentais – sobretudo da sua conversão de pachorrentas e instáveis baleias em economias de extraordinária velocidade de crescimento. A caracterização das economias continentais pode ter início com a observação do que elas têm em comum com as economias complementares: a elevada dotação de mão de obra abundante e barata. A rigor, a continentalidade aqui significa oferta literalmente ilimitada de mão de obra barata. A segunda propriedade consiste em que, além de poder produzir artigos baratos para o comércio externo, elas têm um potencial de mercado interno gigantesco implícito no oceano de trabalhadores aí existente. Tanto a primeira quanto a segunda propriedade só vieram a ter pleno significado na atualidade.[4]

Por fim, chegamos ao nosso terceiro tipo: as economias de alta competência,[5] que integram os centros desenvolvidos. Convém primeiramente assinalar que sua adaptação à dupla revolução começou fundamentalmente como uma

[4] Nota das organizadoras: Neste ponto havia uma anotação do autor: "Discutir a questão das instituições, da heterogeneidade e do próprio uso da heterogeneidade (exemplo da China com suas zonas de livre comércio)."

[5] Nota das organizadoras: Não está claro no texto original se a caracterização que se segue corresponde ao terceiro tipo apontado. O trecho "Por fim, chegamos ao nosso terceiro tipo: as economias de alta competência" foi por nós acrescentado, correspondendo, portanto, a uma interpretação de que os parágrafos que se seguem se refeririam às ditas "economias de alta competência".

resposta à alta competitividade (preço e qualidade) dos produtos japoneses nos anos 1980.[6] Ocorre que novas adaptações terão que ser feitas à medida que suas próprias empresas estão transferindo atividades manufatureiras para economias complementares, com isso rebaixando custos, praticamente sem prejuízo da qualidade. Finalmente, com o ingresso das economias continentais na produção e exportação em massa de manufaturas, a adaptação se torna, em muitos casos, bem mais penosa, quase impossível.

Aparentemente a resposta consiste, no tocante a produtos manufatureiros, em desenvolver plantas de alto desempenho, em que trabalhadores altamente treinados atingem excepcional produtividade, comandando processos complexos. Todavia, naquelas atividades em que não se consegue atingir a alta performance – o que é frequente em atividades primárias tradicionais, mas também se dá com frequência, por exemplo, no campo da siderurgia – a solução que se esboça parece se encontrar em apelar, nua e cruamente, para o protecionismo.[7]

---

[6] Vale lembrar que, no caso dos produtos japoneses, houve uma fase em que a produção ainda não era regida pelos novos princípios e os produtos eram baratos, porém de baixa qualidade. Já nos casos dos discos rígidos de Cingapura, ou de produtos Sony procedentes da China, praticamente desde o início a qualidade é ótima.

[7] Nota das organizadoras: O texto continua com o início de uma seção denominada "O caso brasileiro", que, infelizmente, não foi continuada.

PARTE II

O DESENVOLVIMENTO RENEGADO E MAIS ALÉM

CAPÍTULO 6

BRASIL: O DESENVOLVIMENTO RENEGADO[1]

Introdução

Concepções divergem entre si, não tanto pela discrepância das respostas apresentadas diante das mesmas indagações quanto pela formulação de diferentes questões. Em economia, frente a qualquer país, a Síntese Neoliberal (SNL) aciona as perguntas que lhe são próprias, buscando saber se os mercados ali funcionam livre e desembaraçadamente, de modo a permitir que os preços reflitam fielmente as escassezes. Alertado de que não se trata de uma economia desenvolvida, o adepto da SNL torna mais definido o foco de suas atenções. Quer agora muito particularmente verificar se tem permitido às vantagens comparativas guiar as decisões dos agentes econômicos e, através delas, a assignação de recursos; ou se, contrariamente, tem pretendido *conduzir* a evolução econômica – muito provavelmente no sentido de uma industrialização forçada e protegida.

À luz das perguntas típicas da SNL, a economia brasileira apresentaria poucas características próprias. Melhor, talvez, seria dizer que ela se distingue pela afronta aos cânones neoliberais – ou seja, pelo elevado grau de ingerência

[1] Nota das organizadoras: Este artigo é uma tradução revista e ampliada pelo próprio autor do artigo em inglês, inédito no Brasil: Castro, A. B., "Renegate Development: Rise and Demise of State-Led Development in Brazil", *in* Smith, W., Acuña, C. (Eds.) *Democracy, Markets, and Structural Reforms in Latin America*: Argentina, Bolívia, Brazil, Chile and México. Transaction Publishers, 1994. No plano do livro que o autor publicaria, o artigo destinava-se a ser o coração da obra, ou seu centro de gravidade. A última gravação do arquivo pelo autor data de 11 de janeiro de 2003. Os negritos e sublinhados encontram-se no original.

direta e indireta do Estado na economia, pelo acentuado fechamento (baixo coeficiente importações/PIB) e, até recentemente pelo menos, por uma obsessão com a industrialização mais pronunciada do que em qualquer outro país latino-americano. Em tais condições, restaria acrescentar, a longa e profunda crise em que a economia há muitos anos se debate não chega a despertar maior interesse. O desfecho, supostamente, não poderia ser outro.

Em contraposição à SNL, e de acordo com trabalhos que vêm criticando e revendo ideias amplamente aceitas até o início dos anos 1980,[2] admitamos, no entanto, que o desenvolvimento *pode* ser impulsionado, e em certa medida conduzido, pelos poderes públicos. Os *late comers* de Gerschenkron, bem como, contemporaneamente, os estados telocráticos do Leste Asiático[3] ilustram e comprovam essa possibilidade.

O principal traço em comum entre as experiências acima referidas consiste na importância do Estado como entidade que pode tomar e induzir decisões supostamente capazes de levar a economia em direção aos grandes objetivos formulados pelo governo. Nelas, o Estado desfruta de um considerável grau de autonomia. Não é, aliás, por outra razão que expressões tais como *State-led*, *Developmental States* e *Governing the market* vêm sendo crescentemente utilizadas por estudiosos dessas experiências.

Na tentativa de entender como ou por que o Estado teria adquirido o que poderíamos denominar de precedência decisória nessas experiências, certas explicações têm sido sugeridas. Como veremos, faz sentido evocá-las para efeitos do enquadramento, mais adiante, do caso brasileiro.

Nos clássicos *late comers*, grande importância é dada ao desafio externo (particularmente importantes tanto no Japão como na Rússia) e à transfusão de energia política latente nos antigos regimes (os *junkers* e os samurais são, a esse propósito, frequentemente referidos). No caso dos Estados telocráticos contemporâneos, realça-se em regra a brutal pressão externa a que foram submetidos. Já se disse mesmo, acerca dos tigres asiáticos, que a excepcionalidade do seu desempenho se deve a serem "meias-nações", cuja sobrevivência esteve,

---

[2] Para uma ampla e aprofundada discussão da revisão acima apontada, ver Wade, R. *Governing the Market – Economic Theory and the Role of Government in East Asian Industrialization*, Princeton, N.J.: Princeton Univ. Press, 1990.

[3] A distinção entre estados governados por normas (nomos) ou, alternativamente, por objetivos (telos) é de Kelly, G.A. citado em Johnson, C. *MITI and the Japanese Miracle. The Growth of Industrial Policy 1925-1975*, Stanford: Stanford University Press, 1981, p. 18.

por muito tempo, flagrantemente ameaçada.[4] Além disso, a aniquilação das antigas classes dominantes durante a fase de dominação colonial e/ou as reformas agrárias do imediato pós-guerra são consensualmente apontadas como preparatórias do quadro que criou as experiências *State-led.*

Por contraste com tais experiências, as condições imperantes no Brasil contemporâneo não seriam favoráveis à autonomização do Estado. Não obstante o brutal choque adverso representado pela depressão dos anos 1930, a soberania nacional jamais foi seriamente questionada pelas forças externas.[5] Além disso, não haveria energias políticas latentes na estrutura tradicional de poder a serem mobilizadas em favor da industrialização. O imobilismo dominante nas elites agrário-exportadoras pode ser avaliado pela afirmativa do presidente eleito em 1930: "A laranja salvará o café."[6] Pior que isso, elas se mostrariam em certos casos abertamente hostis à transferência e à concentração de recursos requeridas pela industrialização.[7]

Apesar da existência de razões e fatores que permitem explicar a associação entre estados fortes e autônomos e industrialização promovida, o Estado se distinguiu no Brasil pela singular capacidade de promover sustentadamente o avanço industrial. Mas que isso, um dos traços mais característicos das experiências *late-comers* e teocráticas reproduz-se neste país de forma surpreendente: de 1934 a 1980 a economia não mudou de rumo. Advirta-se a esse propósito que a preservação da rota deve ser entendida num duplo sentido: não se ensaiou em qualquer momento o retorno às vantagens comparativas tradicionais, nem mesmo se admitiu, frente a ameaças de ruptura do equilíbrio macroeconômico, a paralisação da economia para "arranjar a casa". Aliás, os

---

[4] A observação é do cientista político Giuseppe Sacco referido em Colin, I. e Bradford Jr., "Experiences from the Asian and Pacific Region", Simpósio sobre High Growth Performance Experiences of Dynamic Developing Economies, Paris, novembro de 1991.

[5] A importância dos desafios provenientes do exterior como fator de entrosamento e mobilização é implicitamente reconhecida pela relevância atribuída aos choques adversos nos trabalhos sobre a industrialização brasileira. Ver Suzigan, W. *Indústria brasileira, origem e desenvolvimento.* São Paulo: Brasiliense, 1986.

[6] Prado Junior, C. *História econômica do Brasil.* São Paulo: Brasiliense, 22ª ed. 1979. p. 296.

[7] Sobre a crise do estado oligopólico e os atores emergentes nos anos 30, veja Martins, L. *Pouvoir et Development Economique. Formation et Evolution dês Structures Politiques au Brésil.* Paris: Editions Anthropos, cap. I e II.

ministros que tentaram detê-la em 1955, 1958 e, de forma menos óbvia, em 1967 e 1979 foram ejetados do poder.[8]

No curso da longa trajetória do desenvolvimento promovido – e em flagrante contraste com as interrupções e guinadas típicas da Argentina[9] –, capitais privados de origem doméstica ou internacional foram persuadidos a investir, colaborando com isso para a concretização de planos e programas que, em certos casos, tinham período de maturação *superior* à vida prevista dos governos que os propunham. Ao fazê-lo, comportavam-se *como se* existisse algo capaz de garantir o prosseguimento ininterrupto da expansão. Como se verá, daqui serão derivadas questões centrais para este trabalho.

Como resultado da radical transformação verificada entre 1940 e 1980, a economia brasileira passou a contar com uma estrutura industrial completa e atualizada seguindo os padrões vigentes no início da década passada. Refletindo essa mudança, as exportações de produtos manufaturados, que ultrapassaram 10% do total de vendas ao exterior em 1967, superaram 50% desse total, a cada ano, a partir de 1991.[10]

Este e diversos outros indicadores poderiam ser, em suma, usados para assinalar o vigor com que esta economia cresceu e se transformou ao longo do período encerrado em 1980. Até mesmo no que concerne a distribuição de renda, aspecto em que a economia brasileira se notabiliza pelos péssimos resultados, o ocorrido na fase de crescimento vigoroso pode ser considerado bastante positivo – desde que se tenha em conta a *evolução* dos rendimentos das camadas de baixa renda ao longo do tempo. De fato, conforme indica o Quadro I – que ordena a população a partir dos 10% de menores rendimentos e avança progressivamente

---

[8] Quanto a 1967, refiro-me ao fato de que Roberto Campos pretendia estender por mais tempo os rigores da política monetária e fiscal alcançados no primeiro semestre de 1967 – mas isso não se mostrou politicamente possível. Quanto a 1979, refiro-me à tentativa de Mário Henrique Simonsen, então ministro, de, numa conjuntura terrivelmente batida por adversidades, deter a economia para aliviar o balanço de pagamentos e arrefecer a inflação.

[9] A propensão argentina a guinadas de rota foi modelada no seminal trabalho de Adolfo Canitrot intitulado "A experiência populista de restituição de renda" (1975), reproduzido em Pereira, L.C. *Populismo econômico. Ortodoxia, desenvolvimentismo e populismo na America Latina*, São Paulo: Nobel, 1991.

[10] O *momentum* pelo qual os manufaturados brasileiros chegaram à arena internacional pode ser apreciado pelo seguinte fato: indagadas sobre de onde viria a mais séria ameaça competitiva para a indústria norte-americana nos próximos cinco anos, mais de dois terços entre 250 executivos entrevistados responderam "dos países emergentes como Brasil, Coreia do Sul e Taiwan". Somente 29% apontaram o Japão e 5% a Europa. *Business Week*, 12 de janeiro de 1987.

em direção aos de maiores rendimentos –, as camadas (decis) mais pobres conquistaram melhorias *absolutas* substanciais. Mais precisamente, os 10% mais pobres tiveram seus rendimentos acrescidos de 92%, enquanto o decil imediatamente superior teve seus rendimentos majorados em 79%.

QUADRO I Variação percentual dos rendimentos auferidos pela população economicamente ativa

Decis	1960-70	1970-80	Variação (1960-80)
10–	28	50	92
10	21	47	79
10	18	46	72
10	15	39	60
10	9	30	42
10	6	34	42
10	8	48	60
10	21	47	79
10	35	51	104
10+	67	53	155

Dados obtidos por Langoni[11] para o período 1960-70 e Denslow e Tyler para 1970-80[12]

De uma história de sucesso, amplamente reconhecida como tal, a economia brasileira passou, no entanto, subitamente – a linha divisória situa-se no biênio 1979-80 – a uma sucessão interminável de crises. Diante disso, vem ganhando corpo nos mais recentes anos a tendência a considerá-la como mais um caso de industrialização tentada e fracassada. Munidos de régua e compasso, os adeptos da SNL nela enxergam, em resumo, uma coleção de desvios.

O artigo que se segue, pelo contrário, é escrito com a convicção de que o caso brasileiro deve ser estudado por comparação com as experiências exitosas de crescimento *State-led*, sendo, no entanto, importante ter como *contraponto* as experiências de industrialização tentadas e fracassadas.

---

[11] Langoni, C.G. *Distribuição da renda e desenvolvimento econômico do Brasil.* 3ª Ed. Rio de Janeiro: Editora FGV, 280 p. 2005.

[12] Denslow Jr, D. e Tyler, W.G. *in* "Perspective on Poverty and Income Inequality in Brazil: an analysis of the change during the 1970's". Washington, World Bank, *Staff Working Papers*, n. 61, 1983.

Frente aos casos autênticos e bem-sucedidos de industrialização *State-led*, a pergunta fundamental é: como foi possível manter a opção fundamental pela indústria – de aproximadamente 1934 a 1980 – sem contar com os recursos políticos que permitem, nas experiências exitosas, manter o Estado como arquiteto e guia das transformações? Por outro lado, e frente à America Latina, as principais questões seriam: como se conseguiu no caso brasileiro ir muito além da fase de industrialização dita fácil? E, além disso, como se tornou possível conter e/ou responder às demandas daqueles que não eram ou não se julgavam beneficiados pelas transformações? Finalmente, por que meios, ou substitutos históricos, logrou-se poupar o comando político que, de fato, não se teria condições de exercer?

Sinopse do período de crescimento rápido

Os agentes econômicos vieram a ter um relacionamento muito peculiar com o crescimento econômico neste país. Para percebê-lo, uma sinopse do período de intensa expansão com transformação (de meados dos anos 1930 a 1980) parece-me indispensável.

Como mostrou Furtado em páginas clássicas, o esforço empreendido pelo governo brasileiro visando à defesa da renda interna, após o colapso do valor das exportações que se segue a 1929, veio a ser um primeiro – e não intencional – passo em direção a um novo tipo de crescimento.[13] Já em 1934 e, com maior nitidez, a partir de 1937/38, contudo, o comprometimento do governo com a promoção de transformações da estrutura produtiva do país começa a ser de fato assumido. Neste sentido, instituições são criadas visando acompanhar e, em alguma medida, orientar o comércio exterior e fomentar o crescimento de novas atividades. A principal referência é, aqui, o CFCE (Conselho Federal de Comércio Exterior),[14] mas convém ainda destacar a preocupação com a formação de quadros para a administração pública (DASP) e a produção de informações (IBGE) que possibilitassem a elaboração de diagnósticos, bem como o acompanhamento da situação econômica e social.

---

[13] Furtado, Celso. *Formação econômica do Brasil.* 34ª Ed. São Paulo: Companhia das Letras, 351 p. 2007.

[14] Monteiro, J. e Azevedo, L.R. "Alguns aspectos da evolução do planejamento econômico no Brasil (1934-1963)" *in Pesquisa e planejamento econômico*, v. 4, fev. 74, n. 1.

O Estado encontra-se, pois, nessa fase, equipando-se para, em alguma medida, controlar e eventualmente moldar a evolução dos fatos econômicos. Certos pronunciamentos do chefe de Estado revelam, aliás, de forma muito concreta, a não conformidade do governo com a situação – e sua intenção de alterá-la. Nessa linha, declara Vargas, em discurso pronunciado em 1940, que: "O Brasil só poderá entrar no rol das grandes potências pela estruturação de suas forças orgânicas e sob a base permanente de suas indústrias fundamentais."[15] Advirta-se que, ao caminhar nessa direção, o governo brasileiro estava, em grande medida, reagindo à crítica conjuntura internacional (depressão, iminência de guerra). Ao fazê-lo, no entanto, criava instituições, adquiria instrumentos e, em maior ou menor medida, escapava ao domínio tradicionalmente exercido no país pelas oligarquias regionais.

Como já foi mais de uma vez assinalado, as instituições e, muito particularmente, os quadros burocráticos constituídos entre 1934 e o fim do regime Vargas passaram quase intactos para a democracia do pós-guerra.[16] Na medida, porém, em que a nova ordem mundial, que começava a ser plasmada em Bretton Woods, requeria a liberação do comércio internacional e apontava em direção à liberdade dos mercados, o credenciamento para o "governo da economia" ensaiado na década anterior era posto em questão. O conflito expressa-se com notável vigor na polêmica Simonsen *versus* Gudin[17] acerca do futuro da economia – e se traduz, concretamente, na ambiguidade do período Dutra.

Com o retorno de Vargas em 1950, o compromisso governamental com o desenvolvimento ganharia um novo alento.[18] À motivação do presidente e ao militante empenho de sua assessoria soma-se, naquele momento, um quadro

---

[15] Fonseca, P. *Vargas: o capitalismo em construção* (1906-1954). São Paulo: Brasiliense, 1989, p. 262.

[16] Souza, M., *Estado e partidos políticos no Brasil.* São Paulo, Alfa-Ômega, 1976. O ocorrido assemelha-se a esse propósito com o que se passou na Itália. Ver Holland, S. (ed.). *The State as Entrepreneur. New Dimensions for Public Enterprise: the IRI State Shareholding Formula.* Nova York: White Plains International Arts and Sciences Press, Inc., 1972.

[17] Simonsen R. e Gudin E. *A controvérsia do planejamento na economia brasileira.* Brasília: Ipea, 1977.

[18] Não caberia aqui ingressar na discussão acerca do que predomina no governo Vargas, se o conservadorismo ou o desenvolvimentismo. A discussão parece, aliás, ignorar o fato, evidente à luz de experiências do Leste Asiático, de que se pode ser intensamente herético no que toca à assignação de recursos e, ao mesmo tempo, ter grande zelo e cautela no que se refere às finanças públicas. Ver Vianna, S. *A política econômica no segundo governo Vargas* (1951-1954) Rio de Janeiro: BNDES, 1987 e Fonseca, P., *op. cit.*, cap. 6.

bastante favorável no que concerne à cooperação internacional. Como é bem sabido, nesse contexto é criado o BNDES, quartel-general do desenvolvimento econômico do país por cerca de três décadas. A seu propósito, registre-se apenas, nesse momento, a manifesta intenção de seus idealizadores de racionalizar o uso de recursos públicos – isso tanto no sentido de submetê-lo a roteiros tecnicamente justificados como, muito particularmente, no de "resistir a pressões às quais estão sujeitos geralmente os órgãos estatais".[19]

Para efeitos da argumentação aqui desenvolvida, o episódio J.K. é fundamental. Primeiramente porque nesse período surgem metas que, em nenhum sentido, poderiam ser referidas ou concebidas como destinadas a remover pontos de estrangulamento.[20] A indústria automobilística é, possivelmente, a melhor ilustração disso. Na complexa operação destinada a implantá-la, os próprios *mercados* (no interior da estrutura em montagem, bem como de consumo final) eram, em maior ou menor medida, formatados e dimensionados mediante políticas: de comércio exterior, crédito, incentivos etc. Assim, de acordo com um observador: "Foi, de fato, devido à regulamentação produzida pelos *técnicos* da administração Kubitschek que os elos para trás (*backward linkages*) foram deliberadamente introduzidos na indústria automobilística no final dos anos 50."[21] Desde então, parece correto afirmar que o horizonte de crescimento passava a ser a implantação no país de uma estrutura industrial moderna e completa, conforme o paradigma eletromecânico então vigente.

Tão ou mais importante que o anterior é, contudo, o fato de que o compromisso com o crescimento com transformação da economia parece nessa época haver deixado de ser concebido como um objetivo de governo. Na impossibilidade de demonstrar essa hipótese (que, no entanto, não surpreendera aqueles familiarizados com o período), valho-me aqui de duas testemunhas que viveram intensamente essa fase da economia brasileira. A primeira, Lucas Lopes, em vivas palavras, assim retratou a contaminação do público em geral pela crença no desenvolvimento: "O choque que Juscelino trouxe não está apenas nas metas cumpridas. Está no espírito que ele criou no

[19] A frase é do ministro Lafer *in* "Exposição de Motivos", *Revista do BNDES,* n. 3, citada em Martins, L. 1976, *op. cit.*, 472.

[20] Sobre a importância dos chamados pontos de estrangulamento na fase precedente, de incipiente política de desenvolvimento, ver Malan, P. *et. al. Política econômica externa e industrialização no Brasil (1939/52),* cap. II, item 2ª ed. Rio de Janeiro: IPEA/INPES, 1977.

[21] Hirschman, A. "The political Economy of import-substituting industrialization in Latin America". *Quaterley Jornal of Economics*, 82(1), fevereiro de 1968.

Brasil. Todo mundo queria ter a sua meta própria, a sua própria indústria. Uma pequena indústria do interior logo procurava saber o que fazer para progredir. Juscelino criou no país um clima de desenvolvimento econômico global."[22] A segunda testemunha, Eugênio Gudin, ferrenho opositor de J.K., assim ressume o que denomina de "industrialização às caneladas" característica do período: "Não havia quem resistisse; não houve indústria que não se montasse."[23]

Em resumo e tomando os anos 1950 em seu conjunto (que nada tem de homogêneo), creio ser possível afirmar, acompanhando mais uma vez Hirschman, "que pelo menos uma experiência na America Latina, a do Brasil durante os anos 1950, aproxima-se bastante do quadro traçado por Gerschenkron". As razões seriam "o progresso rápido e sustentado das indústrias do aço, química e de bens de capital", a existência de instituições especiais "destinadas a aumentar a oferta de capital" (o autor menciona a inflação e certamente poderia acrescentar o BNDES) e o "florescimento de uma ideologia desenvolvimentista".[24]

Sem mais acrescentar sobre esse período, lembremos apenas que a influência do governo norte-americano, reforçada por agências internacionais, já então provocava (seja pela restauração das regras do jogo em nível internacional, pelo menos quanto a câmbio e comércio exterior, seja mediante planos ortodoxos de estabilização) o arrefecimento ou mesmo o abandono do esforço de industrialização em diversos países da América Latina. Quanto ao Brasil, no entanto, parece-me válido afirmar que embarcou nessa (primeira) onda liberalizante unicamente através de uma ativa política de captação de investimentos estrangeiros.

O Programa de Ação Econômica do Governo (PAEG) para 1964-66 assinala como primeiro objetivo "acelerar o ritmo de crescimento econômico", sendo o segundo objetivo conter progressivamente o processo inflacionário. A ordem e os termos empregados chamam a atenção. Eis-nos diante de um programa que, enunciado num crítico momento, de patente descontrole dos preços – a inflação dos três primeiros meses de 1964, anualizada, era da ordem de 140% numa economia totalmente despreparada para tal –, põe em destaque

---

[22] Lopes, L., *Memórias do desenvolvimento*. Rio de Janeiro: CPDOC/FGV, 1991, p. 295.
[23] Gudin, E. *Análise de problemas brasileiros (1958-1964)*. Rio de Janeiro: Agir, 1965, p. 202.
[24] Hirschman, A. *op. cit.*, p. 245.

a aceleração do crescimento e promete "conter" a inflação, "progressivamente". Aliás, pretende-se, em meio à fase aguda de combate à inflação, durante 1965 e 1966, sustentar um crescimento de 6% ao ano.[25]

Diversas vezes já se disse que a cabal adesão ao desenvolvimento econômico como proposta revelava a busca ou mesmo a "necessidade" de legitimação por parte do regime militar. Sem ser propriamente falso, o argumento deixa sem resposta uma indagação: por que um governo militar deveria buscar no desenvolvimento econômico sua justificativa? Esta, seguramente, não foi *antes* nem muito menos *depois* a tradição latino-americana. Estou, em suma, sugerindo a hipótese de que, a essas alturas históricas, a convicção de que o país podia e devia incessantemente desenvolver-se havia se tornado uma crença ampla e firmemente compartilhada. Só assim se explica que o todo-poderoso ministro do Planejamento, meses após o golpe e posto aparentemente na defensiva, tivesse de esclarecer à opinião pública que não estava tomando "medidas precipitadas que possam debilitar a capacidade de investir do país...".[26] Registre-se por outro lado que os interesses agrário-regionais – em princípio vitoriosos com o movimento de 1964 – não encontravam guarida para suas demandas (a dura política do café imposta por Campos serve aqui de exemplo), nem muito menos conseguiam traduzir suas aspirações em *proposta alternativa*.

A preocupação com o desenvolvimento seria reafirmada de forma ostensiva e mesmo beligerante no PED (Programa Estratégico de Desenvolvimento de 1968-70). Logo a seguir, no documento intitulado "Metas e bases para a ação do governo" de setembro de 1970, o objetivo síntese da política do governo é apresentado sem timidez: "Ingresso do Brasil no mundo desenvolvido até o final do século."[27] Mais importante, talvez, que essa sucessão de planos e programas era o *clima* que passara a tomar conta da economia, à medida que seu crescimento atingia e ultrapassava 10% ao ano. Para evocá-lo, nada melhor,

---

[25] Brasil. "Programa de Ação Econômica do Governo", 1964-66. Ministério do Planejamento, nov., 1964, p. 15 e 23.

[26] "Conferência do Ministro Roberto Campos em Ciclo de Debates sobre a Inflação", in *Mensagem Econômica*, Associação Comercial de Minas, n. 139, setembro-outubro,1964, p. 87. A intensa crítica despertada pelo novo programa econômico adquiriu, talvez, sua expressão mais forte nos documentos da CNI (Confederação Nacional da Indústria) e no debate trazido a público pela *Revista Desenvolvimento e Conjuntura* de março e abril de 1965.

[27] Brasil, "Metas e bases para a ação do governo. Síntese." Presidência da República, set. 1970, p. 15.

segundo creio, que a frase diversas vezes repetida do superministro Delfim Neto "é preciso correr para ficar no mesmo lugar".

Uma observação apenas será aqui acrescentada a propósito do período identificado como "milagre brasileiro". É que, além da pujança revelada pelas taxas de crescimento do mercado interno (que no período são de mais de 23% para bens duráveis de consumo), o equivalente a uma pista de alta velocidade estava sendo aberto para as empresas aqui sediadas: refiro-me à exportação de manufaturas. Através dela, a jovem estrutura industrial brasileira faria sua estreia no mercado internacional, buscando naturalmente inserir-se nos espaços mais acessíveis. Em última análise, isso significava lançar na competição internacional o que havia de mais novo, ágil – e ainda *fortemente protegido* – no tocante ao mercado doméstico: uma estrutura produtiva emergente.[28] Não é preciso sublinhar que havia aqui um radical contraste com relação à inserção externa via vantagens absolutas, tradicional no continente – e que, por meio do regime de Pinochet, a América Latina começava a redescobrir.

A consciência de que o crescimento econômico ininterrupto e veloz havia se incorporado à percepção dos agentes econômicos está seguramente por trás da resposta brasileira à crise detonada pela quadruplicação do preço do petróleo. Assim, e de acordo com o Ministro Reis Velloso: "Se, em agosto de 1974, se tivesse estabelecido para 1975 uma meta de expansão do PIB de, digamos, 4 a 6%, o desânimo teria sido total."[29]

Não creio ser necessário frisar o quanto a condução da economia foi assumida pelo governo na fase Geisel. Convêm apenas advertir que, nesse caso, a diversificação e a reestruturação da economia ganharam ostensiva precedência face à promoção do crescimento. Tornava-se, assim, mais evidente do que nunca o esforço no sentido do direcionamento da economia, a partir de objetivos estabelecidos, mais além dos sinais do mercado. O fenômeno aparece descarnado nas palavras do ministro do Planejamento numa entrevista: "Para fazer funcionar setores pesados de rentabilidade direta baixa e de prazo de maturação longo, você precisa de incentivos governamentais." E mais: "[...] se

---

28 Sobre as mudanças que acompanham a expansão das exportações de manufaturas – e seu relacionamento com a evolução do mercado interno – ver Neves, R. "Industrial Exporting and Growth in Brazil", tese de doutoramento em Filosofia, Universidade de Oxford, 1982.

29 Acerca da estratégia adotada pelo Brasil através do II PND e de sua racionalidade econômica ver Castro, A. Rio de Janeiro *in* Castro, A. e B. Souza, F. *A economia brasileira em marcha forçada*, Paz e Terra, 1985, p. 35-40. A declaração acima reproduzida de Velloso, J.P. provém de "Atualidade do II PND", citado na mesma obra, p. 39.

você quiser atuar inteiramente através do sistema de mercado, nas condições atuais da economia brasileira [...] não vai ter o setor privado atuando em siderurgia, em fertilizantes, em petroquímica, em metais não ferrosos etc."[30]

Convenção do crescimento garantido

O que precede mostra que o compromisso precocemente assumido pelo governo brasileiro com o desenvolvimento passara a moldar a visão dos agentes econômicos. Ao contaminar a população, convertendo-se numa crença compartilhada pelos responsáveis pela tomada de decisões, transformara-se num pacto implícito, ou melhor, numa "convenção do crescimento garantido".[31] Vejamos essa questão mais de perto.

Se cada um crê que os demais tendem a seguir em frente, em direção às metas estabelecidas, o melhor a fazer – mesmo diante de dificuldades e embaraços imprevistos – é, na medida do possível, seguir adiante para não perder o passo. Opera aqui algo semelhante ao observado por Keynes em relação aos banqueiros que, supostamente, preferem errar junto com os demais a acertar isoladamente. A mais evidente consequência do surgimento de uma convenção desse tipo consiste em que as metas e, dentro de certos limites, o próprio desenvolvimento passam a operar como profecias autocumpridas. É difícil exagerar a importância do fenômeno. Para efeitos deste texto, cabe apenas assinalar o surgimento de uma "autocoordenação" que torna mais leve a tarefa dos indutores de decisões empresariais e, nesse sentido, *poupa comando político*.

O anterior sugere que a adoção da convenção do crescimento garantido enseja a adoção de novos padrões de conduta, que podem ser assim sumariados.

Primeiramente, a importância adquirida pelo movimento geral da economia tem como contrapartida uma redução do peso relativo das avaliações individuais e de curto prazo. Disso resultam tanto uma maior receptividade às metas estabelecidas pelas autoridades quanto uma convicção, implícita ou

---

[30] Entrevista do ministro do Planejamento à *Revista Visão* em 19 de abril de 1976.

[31] A noção de convenção ou crença compartilhada foi utilizada no *Tract on monetary reform*, de Keynes (1923). Nele o autor observa que a estabilidade dos preços constitui antes um pressuposto – e, neste sentido, uma *convenção* – do que uma experiência historicamente comprovada. A noção me chegou por meio do uso que dela é feito por Carvalho, F. em "Alta inflação e hiperinflação: Uma visão pós-Keynesiana", *Revista de Economia Política*, vol. 10, n. 4, out.-dez. de 1990.

subjacente, de que o êxito de cada um é até certo ponto decidido pela sua sincronização com o *movimento do todo*. Isso contribui para alterar a própria maneira de as empresas olharem o mercado – e os sinais de mercado para elas relevantes. Numa palavra, cada firma terá de ocupar uma posição em uma estrutura maior, cuja existência futura supõe-se ser garantida. Além disso, e na medida em que os agentes econômicos efetivamente se comprometam com o futuro presumido, ele passa a ser uma *reivindicação* dos próprios agentes, e as experiências subsequentes justificam e reforçam a decisão original. No curso do processo, a separação entre empresas bem e malsucedidas não se dará pela "filtragem" usual dos mercados. O princípio é mais dinâmico; a separação se faz em movimento, digamos, por centrifugação, em cujo epicentro se encontra o aparato do Estado.

Uma segunda característica, intimamente relacionada com a precedente, diz ainda respeito ao balizamento das decisões. Já sabemos que no Brasil essas tendem a se distanciar, em certa medida, dos sinais presentes do mercado. Isso posto, adquirem importância como referenciais as estruturas estáveis em que consistem os complexos industriais em operação nas economias desenvolvidas.

Trata-se de armar quebra-cabeças que já foram montados em contextos mais avançados e podem ser observados.[32] Concretamente, se está sendo implantada uma indústria automobilística, o agente econômico deverá privilegiar informações acerca do tamanho do mercado e das prováveis técnicas que deverão prevalecer dentro de um determinado horizonte de tempo. Mais uma vez, os mercados que orientarão as decisões empresariais em nenhum sentido se encontram dados. Muito pelo contrário, quantitativamente e *qualitativamente* estão sendo definidos e conformados pelo crescimento com transformação e pela adoção de regras relativas à proteção frente ao exterior (coeficiente de nacionalização etc.), ao financiamento do consumo etc. Isso certamente não anula, mas relativiza, a importância dos custos e preços correntes.

Depreende-se de tudo que precede que, como sugere Delfim, é preciso empenhar-se para não ficar para trás. Duas observações devem ser acrescentadas a esse respeito. Primeiro e como já ficou claro, as decisões, ainda quando rigorosamente individuais, não devem ser tomadas como reações *de* e *ao* mercado.

---

[32] Castro, A.B. "O Brasil e as economias de crescimento rápido" *in Estratégia industrial e retomada do desenvolvimento*. Fórum Nacional. Rio de Janeiro: José Olympio, 1992.

Vale dizer, as decisões que se sabe ou presume que estão sendo conjuntamente tomadas estão criando um novo meio ambiente, no qual a capacidade produtiva que está sendo presentemente criada ou ampliada irá operar. Nesse sentido, não há refúgio diante das mudanças. Mas é evidentemente possível avaliá-las errado – cabendo acrescentar, a esse propósito, que o comprometimento dos poderes públicos com as transformações e as próprias taxas geométricas de crescimento asseguram uma margem de tolerância bastante generosa para os erros por *sobreavaliação*.

Essas observações poderiam talvez ser condensadas numa importante conclusão: o tipo de situação aqui focalizada empurra os agentes econômicos em direção a estratégias de "segurança mínima". Afinal, a adesão à convenção do crescimento garantido implica a tomada de decisões que não têm suficiente embasamento nas oportunidades *reveladas* pelo mercado. Isso posto, tornam-se compreensíveis uma particular aversão à contenção da economia e, por outro lado, o assédio aos poderes públicos em busca de recursos e garantias – donde também se depreende que –, pelo menos enquanto os poderes públicos gozarem de elevada credibilidade, existirá um viés para altas taxas de crescimento numa economia regida por esses princípios e padrões de conduta.

Visto pela SNL, no entanto, o recurso ao Estado sugere, ressalvadas exceções a serem cuidadosamente tratadas, apenas *rent-seeking* e, possivelmente, corrupção. Daí a frequência de advertências do tipo: "Os empresários privados devem aprender, tão rápido quanto possível, a obter lucros através do desempenho na produção competitiva nos mercados interno e mundial ao invés de buscar assegurar renda *(rent-seeking)* no palco político."[33] A advertência omite, primeiramente, que no conjunto das experiências não enquadráveis nos cânones da SNL podem ser encontrados desde casos de crescimento sustentado a velocidades jamais alcançadas pelos desenvolvimentos clássicos até "*development disasters*" (a expressão é de Hirschman) como o verificado sob o comando de Mobutu Seko de 1965 a 1985.[34]

---

[33] Ranis, G. e Fei, J. "C.H. Development Economics: What Next?" in *The State of Development Economics*, Londres: BasilBlackwell, 1988.

[34] Durante os 20 anos acima referidos a renda per capita do Zaire *declinou* à taxa anual de 2,1%. O uso do Zaire como contraste foi feito por Evans, P. no interessante trabalho "The State as Problem and Solution: Predation, Embedded Autonomy and Structural Change", *in* Haggard, S. e Kaufman, R. (Eds.). *Politcs of Economic Adjustment*. New Jersey: Princeton University Press, 1992.

Convenção da estabilidade (simulada)

As atenções daqui por diante se concentram numa questão diversa, mas evidentemente aparentada com a anterior. Trata-se de responder à questão: como foi possível sustentar uma *compulsiva* rota de crescimento a altas taxas sem incorrer em situações de aberta ou descontrolada crise inflacionária? No exame dessa questão será mantida a premissa maior de que estamos tratando de um país que não dispõe dos recursos políticos com que contam os autênticos *late-comers* do século passado ou contemporâneos. Observe-se ainda, preliminarmente, que a preservação socialmente percebida de algum tipo de controle sobre o quadro inflacionário é uma condição indispensável ao êxito da experiência. A razão é óbvia: na ausência de um (relativo) controle, a possibilidade de guinadas de política econômica tem que ser admitida – caso em que os agentes dificilmente assumirão os riscos correspondentes a empreendimentos que, como vimos, não se justificam pelas condições *presentes* da economia. Dito com todas as letras, a possibilidade de guinadas introduz insanável dúvida a respeito das transformações previstas. Isso posto, a estratégia de segurança mínima, associada à convenção do crescimento garantido e ingrediente fundamental do processo, perderia sentido.

Não obstante a inflação ter sido apontada como um problema central a ser enfrentado pelo governo instalado em abril de 1964, a adoção de mecanismos de indexação formal data dos primeiros dias do novo regime. Na prática, isso implicava admitir que, não sendo possível eliminar prontamente a inflação, optava-se por retirar o risco-inflação dos contratos: a correção monetária nada mais pretende que transportar valores ao longo do tempo sem que eles se alterem.

A acomodação ao fenômeno inflacionário implicada pela indexação tende a ser entendida como uma confissão de que os conflitos distributivos existentes entre os setores sociais e/ou entre as esferas pública e privada não podem ser, a curto prazo pelo menos, debelados. No caso em tela – o regime autoritário recém-instalado[35] – parece-nos que a esse tipo de problema, inegavelmente existente, somava-se a firme demanda, por parte do público, de "crescimento já". Concretamente, essa demanda era bastante forte e o quadro inflacionário

---

[35] Para o exame da política anti-inflacionária pós-1964, ver Simonsen, M.H. "A política anti-inflacionária" in Simonsen, M.H. e Campos, R. *A nova economia brasileira.* Rio de Janeiro: José Olympio, 1974 e Resende, O. "Estabilização e reforma: 1964-1967" *in* Abreu, M.B. *et. al. A ordem do progresso*, Rio de Janeiro: Campus, 1990.

suficientemente complexo (havia paralelamente inflação reprimida sob a forma de tarifas públicas altamente defasadas) para que o combate à inflação não pudesse ser feito com a dureza e a frontalidade necessárias, caso se pretendesse rapidamente eliminá-la.

Para uma caracterização sumária da opção que estava sendo feita parece-me adequado reproduzir o seguinte texto, de um dos mentores da nova política: "O *gradualismo condicionado* corresponde à política atual. As condicionantes básicas são que o produto real possa crescer a taxas bastante altas a curto prazo, *não sendo interrompido em seu trajeto por qualquer crise de liquidez*: 'A execução dessa política exige boa dose de habilidade em política econômica: em primeiro lugar, ela pressupõe, como condição essencial, a manutenção dos atuais critérios de reajustamentos salariais; em segundo lugar requer um acompanhamento monetário bastante preciso, com boa dosagem das operações de *open market*, de modo a não se cair nem para um lado nem para outro: nem para a crise de liquidez, nem para a reativação inflacionária.' Como reconhece o autor, esse tratamento "possui o inconveniente da lentidão, dando muitas vezes a impressão de que o governo, em vez de estabilizar a moeda, está estabilizando a taxa de inflação". Além do mais, e como realisticamente acrescenta, o êxito desse tipo de tratamento requer "certa dose de sorte: *de quando em vez, um ano de excelentes safras, para que a taxa de inflação desça um degrau*".[36] Alguns comentários devem ser feitos acerca desse importante ponto.

Primeiramente, e como se vê, passado o momento inicial, o governo havia, de fato, acatado a pressão da crítica interna que pretendia, segundo um documento de ampla repercussão, "que a política inflacionária tivesse apenas uma meta qualitativa qual seja a de que o ritmo da inflação decrescesse".[37] Por outro lado, o fato de a estabilidade passar a ser apenas *simulada* produz uma dupla sensação: de que a questão está equacionada e, *contrariamente*, de que a situação é em alguma medida vulnerável – sendo este último aspecto passível de utilização pelos gestores da política econômica como escudo diante de demandas excessivas por parte dos interesses com acesso aos centros do poder.[38]

---

[36] Simonsen, M.H., *Brasil 2002*. Rio de Janeiro: APEC/Bloch, 1972, p. 94.

[37] Leite, A. "O Programa de Ação Econômica do governo em fase da realidade nacional" *in Desenvolvimento e conjuntura*, abr., 1965, p. 71.

[38] A observação é de Hirschman e pode ser encontrada em "The social and political matrix of inflation: elaborations on the Latin American experience" *in Essays in Trespassing, Economics to politcs and beyond*. Cambridge: Cambridge University Press, 1984.

Por fim, convém acrescentar que durante certo tempo os responsáveis pela política econômica pareciam não ter consciência de que a solução encontrada tendia a alterar-se ao longo do tempo, à medida que os agentes econômicos reforçassem e aprimorassem a defesa dos seus interesses.

Entenda-se: a correção monetária amplamente aplicada permite, de fato, a convivência relativamente pacífica com a inflação. Isso, porém, não significa que os grupos aceitem passivamente as regras de correção que individualmente lhes tocam. Longe disso, lutam não apenas por recuperar perdas (efetivas ou imaginárias) como para alterar as próprias regras de correção vigentes, a cada momento. As consequências são enormes. Assim, são muito diferentes as regras de indexação vigentes no primeiro semestre de 1967 – em que a moeda propriamente dita não se encontra indexada, a taxa de câmbio tampouco e os salários estão subindexados – ao término da década seguinte. Com efeito, em 1979, o câmbio já é corrigido, em média, a cada três semanas, enquanto os salários (não mais subindexados) passam a ser atualizados, em novembro daquele ano, a cada seis meses.

Em ambos os casos, a indexação reduz enormemente a nocividade inerente, em princípio, ao processo inflacionário. Mas, no segundo caso, a capacidade de assimilar choques adversos sem violenta elevação da taxa de inflação tornou-se praticamente nula. As defesas iam se tornando, em suma, mais ágeis[39] e o quadro macroeconômico correspondente, mais vulnerável. Os perigos inerentes a essa situação parecem ter sido percebidos com clareza em fins de 1978, quando em sua fala de fim de ano o presidente da república adverte que: "A nação não pode conviver pacificamente com taxa acima dos 40% anuais."[40]

O Quadro II, a seguir, contrasta os dados relativos à inflação brasileira, com o observado em outras experiências. Observe que até 1973 o processo inflacionário brasileiro, além de "relativamente neutralizado", não apresentava – em contraste com o ocorrido em outros países – sinais de agravamento. Cabe também destacar que, no crítico período de 1974-75, a inflação incorrida no Brasil é da mesma ordem de grandeza que aquela verificada no Reino Unido, na Itália e no Japão. Não deve, pois, surpreender que a essas alturas histori-

[39] A crescente capacidade de diversos grupos sociais e muito particularmente dos trabalhadores de proteger os seus interesses fica aqui apenas referida. Ver Sader, E. *Quando novos personagens entraram em cena*, Rio de Janeiro: Paz e Terra, 1988.

[40] "A economia brasileira em 1978, conjuntura econômica". FGV, 1978, p. 4.

cas, diferentes autores de reputação internacional estivessem considerando a hipótese da adoção da "solução brasileira" para o problema inflacionário.[41]

QUADRO II Preços ao consumidor

	1968	1969	1970	1971	1972	1973	1974	1975	1976	1977	1978
R. Unido	4,9	5,4	6,4	9,4	7,1	9,1	14,5	28,0	14,8	13,3	11,3
Itália	1,4	2,7	4,9	4,8	5,7	0,8	17,7	17,3	18,3	18,3	13,5
Japão	5,6	5,5	7,2	6,3	4,9	11,7	20,3	7,9	6,5	5,5	4,0
Brasil	21,0	22,0	22,7	20,2	17,0	12,7	25,8	29,2	40,5	44,0	39,1
França	4,6	6,4	5,3	5,5	5,9	7,4	13,7	11,7	9,2	9,5	9,2
EUA	4,7	5,4	5,9	4,3	3,3	6,2	9,7	9,6	5,3	5,9	7,55
Argentina	16,0	7,7	13,4	35,0	58,5	61,2	23,4	182,5	443,2	176,0	175,5

Fonte: Fundo Monetário Internacional e Fundação Getulio Vargas, conforme publicado em Simonsen, M.H. "A inflação brasileira e a atual política anti-inflacionária". Brasília, Senado Federal, 1979.

Na percepção dos agentes econômicos, a rede de instituições e regras através das quais os efeitos da inflação eram (supostamente) neutralizados assegurava uma estabilidade de segundo grau (da *taxa* de inflação) ou, digamos, uma estabilidade substituta. A ela cabia filtrar as informações procedentes do cotidiano econômico – e reduzir o temor dos indivíduos e empresas de terem suas decisões de maior alcance contrariadas pela evolução do quadro econômico. Aqui reside, convém destacar, outro mecanismo do tipo *self-fulfilling*: mesmo diante do surgimento de adversidades, os agentes econômicos não tendiam a alterar sua evolução relativamente tranquila do contexto. Os gestores da política econômica podiam contar com a tolerância ou mesmo passividade dos agentes econômicos.[42] Por outro lado, isso estreitava o raio de liberdade da política econômica: quaisquer medidas capazes de contrariar seriamente as antecipações (bastante rígidas) dos agentes eram tidas como virtualmente inaceitáveis. O significado último disso era, na prática, um permanente veto – diversas vezes, aliás explicitado – a tentativas mais sérias e profundas de combate à inflação.

[41] Friedman, M. "Monetary Correction" *in Monetarist Economics*, Oxford: Blackwell, 1991.
[42] Veja-se a propósito a elaboração do conceito hicksiano de elasticidade das expectativas por De Carvalho, F. "Elasticidade de expectativas e surpresa potencial: reflexões sobre a natureza e a estabilidade do equilíbrio sob incerteza". *Revista Brasileira de Economia*, vol. 46, n. 1, jan.-mar. 1992.

As duas convenções até aqui analisadas definiam, em suma, um meio ambiente percebido pelos agentes como de alta segurança para o desenvolvimento de empreendimentos de risco considerável, cuja eficiência viria a ser assegurada num futuro próximo. Além de predispor (e mesmo, concretamente, favorecer) o crescimento acelerado, o que precede ajuda-nos a compreender um fenômeno particularmente importante. Refiro-me ao surgimento daquilo que poderíamos denominar de uma "cultura teleológica". De acordo com essa visão, a economia vai bem quando caminha *em direção* a determinados objetivos. Como se pode facilmente imaginar, o surgimento de uma cultura teocrática tem por consequência tornar mais leve a tarefa dos indutores de decisões privadas situados no governo. Vistas por esse ângulo, as convenções aqui focalizadas e, muito particularmente, a do crescimento garantido *poupam vontade política.*

Implementação

Com as convenções em vigor, as decisões vão sendo tomadas pelos agentes econômicos, confirmando o crescimento e a estabilidade (substituta) por eles antecipada. Para tanto, diversos arranjos ou soluções devem encontrar-se em operação, regulamentando o meio ambiente socioeconômico e viabilizando financeiramente novos empreendimentos – e, muito particularmente, o Estado. A ocorrência de problemas em qualquer desses planos não coloca, porém, (de imediato, pelo menos) em risco as convenções. Pelo contrário, é próprio delas resistir às dificuldades: as convenções, pela sua própria natureza, não são *mecanicamente* sustentadas.[43] O que está sendo dito é, pois, que a implantação/enraizamento das convenções e, em certa medida, sua preservação a longo prazo requerem o equacionamento de diversas questões. Tendo isso presente, focalizarei no que segue três arranjos ou soluções singulares, através dos quais importantes problemas foram equacionados no curso da experiência brasileira.

Relembremos primeiramente que no Brasil como, de resto, na América Latina não se dispunha de um Estado situado acima e a cavaleiro da sociedade

---

[43] Assim, por exemplo, parte da população austríaca continuava a crer firmemente que a moeda local recuperaria seu valor, quando a total perda do controle monetário já havia se tornado evidente para quem analisa aquela experiência como um caso de hiperinflação. Fergusson, A. *Cuando muere el dinero*. Madrid: Alianza Universidad, 1975.

– como em certas experiências do Leste Asiático. Em tais condições, não era possível contar com uma sólida institucionalidade capaz de exercer o governo a longo prazo da economia, tampouco com um poderoso e estável núcleo de burocratas capazes de assegurar a congruência (coerência intertemporal) das decisões no curso de uma rota de longo prazo. Isso posto, o que se pode afirmar é que, bem ou mal, parte pelo menos desses requisitos do desenvolvimento *states led*[44] foi aqui cumprido por uma combinação – flutuante ao longo do tempo – de planos, metas e instituições várias, vitalizadas por presidentes de grande empuxo político, tais como Vargas, J.K. e Geisel.

Além disso, a implantação de um novo bloco de atividades tinha, em regra, que contar com pelo menos um grande empreendimento, que, pelo volume de recursos envolvidos, pelo prazo longo de maturação, pelo elevado risco e pelo vanguardismo técnico-organizacional, requeria a entrada do Estado na esfera da produção direta de mercadorias. Mais adiante será precisado em que medida o recurso a empresas públicas contribuiu para dar vigor e continuidade a uma industrialização promovida que, insistindo, não contava com os trunfos político-institucionais de seus congêneres do Leste Asiático.

Completando o trinômio de dificuldades, lembremos que o avanço previsto tinha por eixo a indústria, deixando patentemente marginalizadas determinadas atividades primárias tradicionais e, com elas, áreas ou mesmo regiões geoeconômicas. Numa economia continental como a brasileira, isso leva imediatamente a uma indagação: como se logrou evitar – em condições, *a priori*, tão adversas – que os interesses aí sediados se articulassem e, eventualmente, impusessem opções alternativas, acarretando com isso mudanças de rota que poderiam ser fatais para a industrialização em curso?

Dessas três grandes questões, a primeira e a terceira serão meramente tangenciadas no que segue, enquanto a segunda será, em seguida, objeto de tratamento mais cuidadoso. Como buscarei mostrar, a solução encontrada favoreceu e marcou profundamente o excepcional desempenho de longo prazo da economia. Além disso, seu abandono ulterior – sem que soluções alternativas tivessem sido encontradas – contribuiu decisivamente para agravar e tornar crônica a crise iniciada em 1980.

---

[44] Acerca das propriedades de um autêntico *developmental State*, vide Johnson, C. *in* "MITI..." *op. cit.*

Planos, metas, burocracia e outras instituições

O lançamento de planos ou metas capazes de mobilizar a economia e a sociedade requer o patrocínio de lideranças políticas de grande peso e gravitação. O primeiro e o segundo governos Vargas, o governo J.K. e o de Geisel, como já se disse, foram momentos em que esse tipo de decisão emergiu, para definir, por muitos anos, os rumos da economia. Sua sustentação continuada no tempo não poderia, contudo, ser assegurada por simples personagens. Afinal, alguns dos grandes objetivos tinham prazo de maturação (anunciado) que chegava a ordem dos 10 anos,[45] período muito superior à extensão do mandato de um presidente.[46] Além do mais, não esqueçamos que, não obstante a prevalência das convenções, uma corrente minoritária de liberais ortodoxos jamais abandonou o ceticismo quanto às possibilidades de desenvolvimento do país no plano industrial. Vale lembrar que, para o incansável Gudin, estava sendo trazida para o Brasil uma "fantasmagoria mecânica (que) em vez de enriquecer vem empobrecendo o brasileiro".[47]

Os planos, bem como as grandes metas, em regra, tiveram por base estudos e propostas oriundas de técnicos da grande burocracia, numa linhagem que tem início na CFCE, ganha novas dimensões com a Comissão Mista Brasil-EUA e daí passa ao BNDES.[48] Essa burocracia, ao suprir os governos de ideias (e respectivas justificativas técnicas), criava para si um espaço político e uma posição privilegiada. Frente aos seus quadros, os políticos tradicionais brasileiros aparecem como "diletantes".[49] Favorecem-na, além disso, a alta velocidade (que recria pontos de estrangulamento e impõe incessante revisão das prioridades do desenvolvimento) das transformações e a necessidade de sustentar financeiramente, etapa por etapa, longos cronogramas de investimento.

---

[45] O segundo PND por duas vezes se refere ao prazo de 10 anos para consecução de determinadas metas.

[46] Na busca, talvez, de preservar alguma semelhança com a democracia, o chefe de Estado do regime militar brasileiro, escolhido pelo comando das forças armadas, tinha seu nome ratificado pelo Congresso e um mandato com número predeterminado de anos. Cardoso, F.H. *et. al. O novo autoritarismo na América Latina.* Rio de Janeiro: Paz e Terra, 1982, p. 48.

[47] Gudin, E. *op. cit.* p. 202.

[48] Sola, L. "The Political and Ideological Constraints to Economic Management in Brazil, 1945-1963". Tese de Doutoramento, Somerville College, University of Oxford, 1982.

[49] Rudolph L. e Rudolph S. "Autoridad y poder en la administracionburocratica y patrimonial. Una interpretacion revisionista de las ideas de Weber sobre la burocracia" in *Teoria de la burocracia estatal.* México: Paidós, 1984, p. 121.

É difícil exagerar a importância desse último ponto. É através dele que se exercia, na prática, certo grau de "governo" da economia. Vale dizer, ao realimentar com recursos financeiros, periodicamente, os programas e projetos, os técnicos da rede financeira pública (e muito particularmente do BNDES) encontravam renovadas oportunidades de reafirmar seus propósitos originais – e limitar, tanto quanto possível, o atendimento de pressões e reivindicações a eles alheias.

Isso, aliás, não seria talvez possível se os recursos aplicados por instituições públicas fossem conquistados, a cada ano, via orçamento. O mecanismo dos fundos constitucionais e as chamadas vinculações tributárias que nutriram, sobretudo, os setores de energia elétrica e petróleo foram, no caso, de importância decisiva. Por meio desses expedientes, um país praticamente desprovido de mercado de capitais, sem dispor de uma burocracia central permanente e carente de instituições como o MITI (Japão) ou EPB (Economic Planning Board – Coreia), pôde assegurar um contínuo afluxo de poupança (dita parafiscal) indispensável à alimentação do seu compulsivo ritmo de acumulação.[50]

A importância das "substituições" históricas que estão sendo aqui assinaladas não pode, contudo, ser percebida por aqueles que, constatando as vicissitudes e debilidades do planejamento formal no país, não dão a devida atenção às soluções singulares que, ao longo do caminho, iam sendo encontradas.

Finalizando este sumaríssimo comentário, acrescento que os grandes blocos a serem implantados mediante planos e metas correspondiam, com frequência, a atividades praticamente inexistentes no país e, não raro, acarretavam ocupação de novas áreas. Em tais condições não é de surpreender que a resistência a esse tipo de mudança fosse relativamente baixa. Isso contribuía para "despolitizar", em certa medida, as mudanças que os técnicos, por convicção e ofício, apresentavam como racionalmente justificadas. Em outras palavras, ocupar *vazios* – que chegou a ser doutrina oficial do governo brasileiro – constituía também, implicitamente, uma tática política através da qual eram buscadas

---

[50] Sobre os fundos e, especialmente, sua gestão marcadamente empresarial, ver Martins, L. *Estado capitalista e burocracia no Brasil, pós-64*. Rio de Janeiro: Paz e Terra, 1985, especialmente cap. 3.

e exploradas linhas de menor resistência.[51] Assim, havia a insistente procura pelo novo – em prejuízo, talvez, da consolidação do existente – e também, em alguma medida, um reflexo da limitação dos poderes do Estado. Essa "estratégia" possivelmente se completava com a criação de instituições públicas voltadas para a proteção de antigas culturas – como, destacadamente, o café (IBC) e o açúcar (IAA) – e, implicitamente, de regiões deixadas à margem do processo de industrialização.

Os subsistemas públicos, pivôs do processo

Soares Pereira, em seu depoimento sobre a política de Vargas, relata-nos as dificuldades com que se defrontava o Estado quando tratava de gerir atividades econômicas que requeriam autonomia e flexibilidade na tomada de decisões. Segundo o autor, "dentro do regime estrito do funcionalismo público, dependendo de verbas votadas pelo Congresso e registradas pelo Tribunal de Contas" e com o devido acatamento do Código de Contabilidade Pública, não era possível ter um mínimo de eficiência.[52]

A capacidade de resposta, exigida pela produção corrente de bens e serviços vendidos em mercado, foi buscada mediante a criação de autarquias e, sobretudo, de empresas do Estado. Surgia assim um ente cujo caráter híbrido já foi muitas vezes assinalado.[53] Na sua face pública, estava submetido à autoridade daqueles que representavam o governo; na sua face empresa, deveria ser capaz de tomar decisões em função das circunstâncias – vale dizer, decisões que, por definição, não podiam ser previstas ou antecipadamente aprovadas pelos poderes públicos.

Muito já se escreveu sobre o híbrido empresa estatal, sendo, aliás, conveniente destacar que a experiência brasileira a esse respeito foi desde cedo

---

[51] Um interessante contraponto com o ocorrido na América Latina e em especial na Argentina pode ser feito a partir de Mattos, C. "Estado, processos decisórios e planejamento na América Latina" e Torres, J.C. "A experiência de planificação na Argentina" *in* Haddad, P. e Edler, P. (orgs.). *Estado e planejamento – sonhos e realidades*. Brasília: IPEA, Cendec, 1988.

[52] Pereira, J. "Petróleo, energia elétrica, siderurgia". Depoimento prestado a Medeiros Lima. Paz e Terra, 1975.

[53] Abranches, S.H. "A empresa pública como agente de políticas do Estado: fundamentos teóricos do seu papel, inclusive em face de nossas relações com o exterior" *in A empresa pública no Brasil: uma abordagem multidisciplinar*. Brasília: IPEA, 1980.

percebida como merecedora de atenção e destaque.[54] Longe de tentar reconstituir, ainda que sumariamente, a referida experiência trata, no que segue, de chamar atenção para certas propriedades e "funções" assumidas por um seleto conjunto de empresas do Estado sem as quais não se pode entender, seja a peculiaridade da experiência brasileira, seja, muito particularmente, a maneira pela qual vieram a ser na prática solucionados alguns dos problemas anteriormente apontados. Ao fazê-lo, estou consciente e assumidamente situando-me a grande distância da descrição empírica do universo (extremamente heterogêneo) das empresas públicas. O leitor fica, além do mais, prevenido de que a entidade à qual passo a me referir absolutamente não coincide com aquilo que o público – especialmente após a implantação da SEST (Secretaria de Controle das Empresas Estatais) – passou a identificar como "estatais".[55]

Ao ser fundada, a empresa do Estado (no sentido acima sugerido e a seguir qualificado) recebe uma *missão*. Trata-se de fazer avançar o processo de desenvolvimento econômico do país, através da implantação e/ou consolidação de um determinado setor produtivo – o que requer o domínio de uma árvore tecnológica, a experimentação de novas formas empresariais/organizacionais e arranjos financeiros peculiares. É a referida missão que confere o sentido de *res publica* à empresa do Estado. Vale dizer, na experiência levada a efeito neste país, não são a propriedade, o controle tampouco o sentido social (ainda quando este tende a estar presente na função objetivo da empresa) que tornam

---

[54] Dentre os muitos autores que reconheceram nas empresas públicas brasileiras uma das características marcantes da experiência de desenvolvimento aqui levada a efeito, destaco Mario H. Simonsen e Edmar Bacha. O primeiro, em capítulo intitulado "O modelo brasileiro de desenvolvimento", afirma que: "As empresas estatais têm alcançado padrões administrativos tão bons quanto os das melhores empresas privadas" (*A nova economia brasileira*. José Olympio, 1974, p. 21, obra escrita em conjunto com Roberto Campos). O segundo declara que: "Constitui a contribuição inestimável do Brasil à sociedade contemporânea haver demonstrado na prática que as grandes empresas públicas podem ser instrumentos tão eficientes de acumulação, crescimento e diversificação como suas companheiras no setor privado." Bacha, E. *Política econômica e distribuição de renda*. Paz e Terra, 1978, p. 35. Para um balanço abrangente, profundo – e também altamente favorável – ver Trebat, T.J. *Brazil's State-Owned Enterprises – A case study of the state as entrepreneur*. Cambridge University Press, 1983.

[55] Sobre a espúria expansão do conceito de empresa pública através do termo "estatais", ver Werneck, R. *Empresas estatais e política macroeconômica*. (especialmente/cap. 1); Rio de Janeiro: Campus. 1987 e Leite, A. "Revisão do Estado: uma avaliação terra a terra" *in O leviatã ferido: a reforma do estado brasileiro*. Fórum Nacional. Ideias para a modernização do Brasil. Rio de Janeiro: José Olympio, 1991.

"públicas" as empresas do Estado. Insistindo, sua natureza deve ser apreendida numa percepção finalística: o cumprimento da missão a justifica.

Ainda no que concerne à missão, convém sublinhar que, em vários casos, as estatais situavam-se em áreas onde a empresa privada *poderia* (se fosse outro o contexto) atuar: produção de aço, petróleo, eletricidade etc. Esse é o (limitado) sentido em que o tradicional argumento de que as empresas do Estado nascem das circunstâncias é parcialmente procedente.[56] Luciano Martins tem, no entanto, razão ao afirmar que existe, sim, um projeto político a elas associado.[57] Trata-se da opção maior de ir além das oportunidades percebidas pelo mercado. Ou, mais concretamente, de não se limitar a *reagir* aos choques adversos provenientes do exterior.

A partir de seu objetivo maior, aproveitando ou desperdiçando oportunidades, aliando-se com outros agentes privados, tratando de aumentar sua capacidade de influenciar decisões governamentais, a empresa do Estado irá definindo os contornos de sua evolução singular. Na medida em que for exitosa, tenderá a estabelecer uma trama de relações com outras empresas, muitas das quais a ela intimamente relacionadas. A Petrobras constitui o exemplo mais notável de uma empresa que explorou as oportunidades com que se defrontava, desdobrou-se em subsidiárias e estabeleceu um intenso entrelaçamento com numerosas empresas privadas, que a abastecem de equipamentos, materiais e insumos de toda ordem. Além disso, e como resultado desse ativismo, conseguiu identificar sua política com a chamada "política do setor petróleo".[58]

Os desdobramentos que acabamos de assinalar levaram em diversos casos a formação de "sistemas", decisivos na estruturação de determinados setores da economia. Os sistemas Petrobras, Vale, Eletrobras, Telebras e BNDES (aí incluídas não apenas as subsidiárias, mas também a cadeia de bancos estaduais e regionais de desenvolvimento) são grandes ilustrações dessa possibilidade.

---

[56] A abordagem circunstancialista encontra-se em Baer, W., Kerstentzky, I. e Villela, A. "As modificações no papel do Estado na economia brasileira" *in Pesquisa e Planejamento Econômico*, v. 3, dez. 1973, n. 4. Esta é reafirmada, por exemplo, em Rezende, F. "O crescimento (descontrolado) da intervenção governamental na economia brasileira" *in* Lima Jr., O. e Abranches, S.H. (coord). *As origens da crise: Estado autoritário e planejamento no Brasil.* Série Grande Brasil Veredas; São Paulo: Vertice 1987.

[57] Martins, L. *op. cit.*, p. 60.

[58] O caso é discutido em profundidade na tese de Edelmiradel Carmen Alveal Contreras, "Elites empresariais do Estado como atores políticos no Brasil industrial: as lideranças do sistema Petrobras". Tese de Doutoramento, Iuperj, 1992.

Advirta-se que, para a devida apreciação da função estruturante dos sistemas, haveria de se ter em conta, genericamente, as empresas provedoras e consumidoras dos bens e serviços gerados nos subsistemas.[59] O tema será retomado mais adiante.

A segunda característica que convém aqui sublinhar consiste em que cada empresa tem sua trajetória condicionada pelo setor ao qual pertence e, obviamente, pelo mutante quadro com que nele se defronta. São exemplos de trajetórias completamente diversas as empresas situadas em áreas tais como, digamos, energia elétrica ou telecomunicações.[60] A determinação setorial aqui ressaltada significa que as empresas não apenas são puxadas (ou freadas) em diferentes ritmos pelo mercado, mas seus padrões de comportamento, no que concerne a financiamento, período de investimento etc., são marcadamente diferenciados. A esse condicionamento, mutável ao longo do tempo, contrapõe-se o diploma legal (imutável em princípio) através do qual a empresa é criada. Aqui reside, evidentemente, uma fonte potencial de atritos e tensões.

Um sem-número de mal-entendidos deriva da omissão dos condicionantes específicos de cada ramo de atividade. Assim, por exemplo, o fato de que a Petrobras investiu em exploração na segunda metade dos anos 1970 muito menos do que nos primeiros anos da década de 1980 tem sido entendido como uma prova de que o governo Figueiredo atribuía à exploração do petróleo maior importância que o governo Geisel. Trata-se de uma conclusão errônea que tem levado diversos autores a deduções equivocadas sobre a política econômica num e noutro governo.[61]

---

[59] Para uma visão integrada e abrangente da perspectiva acima empregada, ver Justman, M. e Teubal, M. "A Structuralist Perspective on the Role of Technology in Economic Growth and Development". *Word Development*, v. 19, n. 9, pp. 1167-1183, 1991.

[60] Quanto à diversidade das trajetórias setoriais típicas, ver Abranches, S. e Dain, S. "A empresa estatal no Brasil: padrões estruturais e estratégias de ação", *Grupo de Estudos sobre o Setor Público*, Finep, 1978.

[61] Os maciços investimentos em *produção* na Bacia de Campos simplesmente não podiam ser feitos imediatamente após a descoberta. A prospecção, estudos de natureza variada e a própria aquisição e domínio da tecnologia *offshore* impediam-no. Ao ignorar esse tipo de condicionamento, Fishlow (bem como outros analistas) tirou conclusões equivocadas sobre o período. A bem dizer, os equívocos não se resumem, no caso, à omissão das determinações setoriais. Há ainda certa ingenuidade em supor que o Presidente Figueiredo (ou o Ministro Delfim) fosse capaz de impor guinadas à política do petróleo – cuja formulação há muito vinha sendo, em grande medida, estabelecida pela própria Petrobras. Ver Fishlow, A., "Uma história de dois presidentes: a economia política da gestão da crise", *in* Stepan, A. (org.). *Democratizando o Brasil.* Rio de Janeiro: Paz e Terra, 1988.

A empresa do Estado, uma vez posta em movimento, dispõe de fontes de recursos próprias e raramente terá de disputar verbas para cobrir gastos *correntes*. A capacidade de gerar recursos e a intensa atividade de compra de insumos e venda de produtos confere-lhe uma posição singular e privilegiada frente aos demais órgãos do Estado. É a partir das vantagens daí derivadas que se deve entender aquilo que um arguto observador denominou de "inversões de mando". Trata-se, como o nome sugere, do fenômeno bastante frequente da perda de autoridade por parte de órgãos do Estado frente a empresas que supostamente lhe são subordinadas.[62]

Frente às demais empresas – e no período clássico da industrialização brasileira, vale dizer, de 1950 a 1980 –, os trunfos com que contam as grandes empresas públicas são de outra natureza. Destacam-se o acesso privilegiado ao Estado, a influência maior ou menor na formulação de políticas para o setor e o aval público na tomada de empréstimos. Inegavelmente, o referido acesso ao Estado tornou-se particularmente vantajoso após a instauração do regime autoritário no país.

Na medida do êxito obtido na exploração das possibilidades com que se defrontavam, algumas empresas públicas vieram a se converter em autênticas máquinas de acumular. Basta assinalar que, em comparação com o produto que crescia a longo prazo a uma taxa média de 7% a.a. – e frente a um investimento total que se expandia mais rápido que o PIB –, o investimento (total) por conta das grandes estatais saltaria de 3,2% do PIB em 1983 para 16% do PIB em 1970 e para 22% em 1979. Isso não obstante o fato amplamente admitido de que os investimentos das estatais, longe de "expulsar", catalisavam investimentos privados que, isoladamente, também cresciam mais do que o PIB.[63]

O relacionamento da grande empresa pública com seus próprios quadros de trabalhadores e, num outro plano, com as demais empresas é algo que merece especial atenção. O fato de receber uma missão e ter de transpor grandes obstáculos para cumpri-la tem importantes implicações sobre a *cultura* de tais empresas. Daí deriva um sentido de identidade, compartilhado pelos que nela trabalham. Como é fácil imaginar, entre as razões para que o espírito de corpo

---

[62] Ver Reis, F. "A administração federal direta e as empresas públicas. Análise de suas relações, recomendações e alternativas para seu aprimoramento". *in*, *op. cit.*

[63] Trebat, T. *op. cit.* p. 123.

que daí nasce se desenvolva, traduzindo-se num forte sentimento de identidade diferenciada, se encontram tanto a natureza da missão que lhe é confiada como a própria dedicação e eficácia daqueles que a lideram e ajudam a plasmar sua "personalidade". De tudo isso resultam fortes relações além-mercado entre o corpo de funcionários e a empresa. Convém lembrar que o relacionamento não adversarial daí resultante contrastava fortemente com o típico relacionamento capital *versus* trabalho imperante durante o império do fordismo. Pode-se mesmo acrescentar que a empresa pública brasileira, altamente motivada e típica dos anos 1950 e 1960, *antecipava* relações que viriam a ser consideradas superiores a partir das revolucionárias mudanças introduzidas pela grande empresa japonesa contemporânea.[64]

Por outro lado, como já foi assinalado, a empresa pública tem uma óbvia liderança na moldagem do setor que está nascendo ou adquirindo feições modernas. A elas são diretamente atribuídas a função de *organizar* o setor que está nascendo (ou, novamente, adquirindo feições modernas). Não se trata, contudo, de uma liderança convencional, centrada na determinação dos preços. A similitude com a empresa líder em setores de tecnologia quente (não estabelecida) no mundo desenvolvido pouco ou nada tem a ver com a grande empresa oligopólica situada em mercados de tecnologia banalizada. Colocada numa posição de sinergia com os demais empreendimentos que irão povoar o setor, a empresa pública tenderá, em suma, a explorar essa posição que, como já foi sugerido, lhe confere elementos para a constituição de um autêntico poder político. Evidentemente, nesse relacionamento também existem perigos – que serão mais adiante referidos.

Por fim, constitui um traço marcante da empresa estatal a quase insuperável dificuldade de definir sua função-objetivo. Com efeito, os fins perseguidos pela empresa são vários, e seu sentido altera-se ao longo do tempo. Numa primeira fase, tende a prevalecer a missão que lhe é delegada e, consequentemente, interessa-lhe, fundamentalmente, a eficácia: trata-se de vencer uma batalha. À medida que a empresa se consolida e seu funcionamento adquire rotinas, ingressa-se gradualmente na normalidade – enquanto adquire crescente importância a *eficiência* no uso dos recursos. A essas alturas, a semelhança com a empresa privada tende a crescer – não, porém, com a empresa (pequena ou grande) de gestão familiar, até o presente tão relevante no universo das

[64] Aoki, M. *The Co-Operative Game Theory of the Firm*. Oxford: Oxford University Press, 1984.

empresas nacionais. Com efeito, foram as empresas públicas que introduziram no país o gerenciamento profissional e o emprego do lucro, essencialmente, para a expansão e diversificação das atividades. Não cabem dúvidas, contudo, que, além de servir ao crescimento, o lucro também se prestava à superação, na prática, da subordinação ao Estado.[65] Além do que ia sendo conquistado pelo ativismo das empresas (em termos de autonomia decisória, capacidade financeira, tecnológica etc.), o próprio governo, por meio de diversas medidas, veio a fortalecer a face empresarial das estatais. O decreto 200 de 1967 tratava de assegurar-lhes "condições de funcionamento idênticas às do setor privado". Coerentemente com essa tendência evolutiva, outras medidas mais adiante se seguiriam, como, por exemplo, a obrigatoriedade do pagamento do imposto de renda sobre pessoa jurídica e a proibição de reter dividendos devidos à União.

A crescente empresarialização das firmas públicas parecia ser parte integrante do movimento em direção à maturidade do capitalismo industrial brasileiro. O movimento tinha plenamente sentido, já que, passada a fase heroica do desbravamento de um novo território tecnológico/setorial, a contribuição dessas empresas para o avanço da economia passava a depender dos *ganhos de produtividade* por elas alcançados. Para que o processo de autonomização se completasse, havia, no entanto, que se enfrentar a complexa e politicamente sensível questão da propriedade patrimonial. E isso não apenas em relação às estatais autênticas – criadas como tal e incumbidas de importantes "missões" – como também no tocante às numerosas empresas que tombaram no colo do Estado por dificuldades de toda ordem com que tropeçaram seus proprietários.

Não há por que supor que um "final feliz" (contemplando, em determinados casos, a consagração da autonomia mediante instrumentos tais como os contratos de gestão e, em outros, a associação de capitais públicos e privados, ou, mesmo, a privatização pura e simples) não pudesse ocorrer na escala necessária para promover uma efetiva reestruturação da economia.[66] Como se sabe, no entanto, a efetiva autonomizacão gestionária – com o controle público restringindo a definição e cobrança de grandes objetivos – não veio a ocorrer; tampouco, ressalvadas umas poucas exceções, a devolução, ao setor privado, de

[65] Sobre a visão do lucro pela gerencia das empresas estatais, ver Guimarães E., *Acumulacão e crescimento da firma. Um estudo de organização industrial.* Rio de Janeiro: Zahar, 1982.

[66] Ver o provocativo texto de Carneiro, J.G. "A revitalização do setor público", *in O Leviatã ferido, op. cit.*, p. 81 a 95.

empresas recolhidas ao Estado-hospital. É como se a máquina de crescer em que havia se transformado a economia brasileira – em flagrante contraste com o ocorrido no Japão e na Coreia – se recusasse a adquirir uma configuração empresarial madura.

Os primeiros sinais de que o governo, em vez de favorecer a autonomização de suas empresas, começava a utilizá-las como recurso *ad hoc* para a atenuação de problemas macroeconômicos surgiram em 1976 e ganharam forma legal em 1977. No caso, as empresas públicas eram crescentemente forçadas a tomar recursos no exterior. A pressão nesse sentido, que começara com a criação de obstáculos ao levantamento de empréstimos no plano doméstico,[67] não tardaria em atingir a política de preços. Prejudicava-se, assim, duplamente a geração de recursos para investimentos – e começava a fechar-se o cerco sobre as estatais.

Por tudo o que acaba de ser dito, percebe-se que as empresas estatais, durante o período áureo do crescimento brasileiro, prestaram uma decisiva ajuda na conversão das grandes metas governamentais em objetivos permanentes e empresariais. Os governos passaram, mas seus objetivos, em diversos casos, puderam ser desdobrados e ultrapassados sem que se contasse com uma sólida estrutura de planejamento ou sequer com um estável núcleo de tecnocratas. Tornou-se, em suma, possível assegurar, em alguma medida, a coerência intertemporal das decisões relativas aos mais importantes setores da economia.

O anterior também contribui para esclarecer o fato de que as metas sociais – entregues a instituições governamentais de corte tradicional – permaneceram num segundo plano, aparentemente relegadas ao descaso. Entenda-se: enquanto o sistema produtivo estatal expandia-se e autonomizava-se com extraordinário vigor, as funções sociais do Estado, atribuídas a instituições plenamente expostas às pressões e demandas da sociedade e usadas como moeda de troca no jogo cotidiano da política, dificilmente logravam utilizar, com eficácia, os *vultosos* recursos que lhe chegavam.

Com a reestruturação acima mencionada por realizar-se, a economia brasileira veio a ser atropelada pela sequência de adversidades que se inicia com o segundo choque do petróleo. Daí por diante, o equacionamento dos desajustes macroeconômicos – especialmente no tocante ao balanço de pagamentos e à

[67] Sobre a chamada política de endividamento externo, ver De Souza, F., *in* Castro, A.B. e De Souza, F. *A economia brasileira em marcha forçada*, *op. cit.* O uso das empresas estatais na política de endividamento externo e realçada em Cruz, P.D. *Dívida externa e política econômica: a experiência brasileira nos anos 1970*. São Paulo: Brasiliense, 1984.

inflação – passa a centralizar todas as atenções. Em simultâneo, a criação da SEST (Secretaria de Controle de Empresas Estatais) no segundo semestre de 1979 assinala uma brutal interrupção do movimento anteriormente assinalado, no sentido de reconhecer e confirmar a face empresarial das empresas públicas. Muito pelo contrário, a pretexto de promover o ajuste da economia, submetem-se daí por diante as empresas (arroladas, de início, num conjunto absurdamente heterogêneo de "estatais") às chamadas políticas de ajuste macroeconômico. No limite e para certos efeitos (o controle do gasto público total sendo o mais notório deles), as empresas voltavam a ser tratadas como *repartições públicas*.[68]

É difícil avaliar os malefícios trazidos para a economia pela ruptura aqui assinalada. Pessoalmente estou convencido de que o fenômeno teve efeitos desastrosos. Não apenas porque em si mesmo implicava abrupta interrupção de um movimento evolutivo dotado de muita motivação, ânimo e criatividade, como porque coincide no tempo com a destruição das convenções que balizavam o comportamento dos agentes econômicos – e conferiam às empresas aqui sediadas um vigor (*animal spirit*) muito especial. Mas o problema não cessa aí. Tudo isso coincidiria, ainda lamentavelmente, com a difusão internacional de novas formas de gestão e organização do trabalho, capazes de tornar as empresas mais leves e descentralizadas ou, numa palavra, mais *ágeis* para decidir.

No que resta deste trabalho, concentro-me na destruição das convenções e nos principais efeitos daí resultantes.

Dissolução e substituição das convenções

De 1979 em diante, os resultados apresentados pela economia brasileira, especialmente no que se refere ao crescimento e à estabilidade, sofreram uma profunda deterioração. Na perspectiva sustentada neste trabalho, tal mudança trazia consigo (ou melhor, requeria) a negação de padrões comportamentais profundamente arraigados. Concretamente, as convenções que anteriormente balizavam o comportamento dos agentes econômicos teriam de ser rejeitadas e substituídas para que sua percepção – e, consequentemente, suas decisões – entrasse em sintonia com o contexto modificado. Claro que essas mudanças

---

68 Werneck, R. *Empresas estatais e política macroeconômica*. Rio de Janeiro: Campus, 1987, cap. 2.

não se dariam fácil nem rapidamente. De início, aliás, as alterações comportamentais foram duramente impostas pelas circunstâncias. Sua assimilação sob a forma de novos padrões de conduta contribuiria, no entanto, mais adiante, para a redefinição do próprio contexto.

O primeiro item desta última parte é dedicado à questão que acabo de destacar. A seguir, e muito sumariamente, serão comentadas algumas transformações ocorridas no relacionamento público/privado. O trabalho finaliza com uma referência à maneira como a economia brasileira – submetida a tão profundas alterações de natureza institucional/comportamental – começou a assimilar as mudanças trazidas pela terceira revolução industrial.

Os momentos cruciais do processo aqui focalizado são três e podem ser sumariamente caracterizados como se segue.

Em meados de 1979, o país se viu colocado diante de diagnósticos radicalmente diferentes acerca da situação em que se encontrava. Mario H. Simonsen, impressionado com o novo choque do petróleo (ocorrido antes que o Programa Nacional de Energia produzisse substanciais resultados) e observando o recrudescimento da inflação, tentou persuadir o novo governo (do General Figueiredo) e o público de que a economia deve ser submetida a um severo programa de contenção e ajustamento.[69]

Em contraste com esse sombrio diagnóstico, Delfim Netto, em seu triunfal retorno ao poder, declara no discurso de posse: "Nós vamos crescer aceleradamente ao mesmo tempo que conseguiremos equilíbrio no nosso balanço de pagamentos e taxas de inflação decrescentes."[70] Nunca se soube ao certo por que razões Delfim foi levado a crer ou, pelo menos, anunciar a possibilidade de um desempenho dessa natureza. O público, porém, não teve dúvidas: repudiou Simonsen e aplaudiu entusiasticamente Delfim. A euforia, no entanto, durou pouco.

Acuado por um balanço de pagamentos em franca deterioração e uma inflação que disparava, já em dezembro de 1979, Delfim – no primeiro de uma sucessão de "pacotes" – tentaria recuperar o controle do quadro macroeconô-

---

[69] O diagnóstico e as recomendações de Simonsen estão contidos no seu importante pronunciamento no Senado em 31 de maio de 1979 sob o título "A inflação brasileira e a atual política anti-inflacionária". Mimeo, Senado Federal, Brasília.

[70] *Gazeta Mercantil*, 16 de agosto de 1969.

mico.[71] Meses depois, começaria a ganhar corpo a primeira guinada radical da política econômica brasileira em meio século.[72]

As vicissitudes e os detalhes relativos ao mergulho da economia em 1981 não serão aqui apresentados. Registre-se apenas, como eloquente sinal da inflexão do comportamento da economia, o fato de que a produção industrial, que cresceu em média 8,9% ao longo dos anos 1970 (sem que em qualquer ano ocorresse queda no nível de produção) e em 1980 cresceu 9,1%, sofreu uma queda de 10,4% em 1981! A súbita e drástica reversão dos resultados da indústria, aliada ao inusitado recrudescimento inflacionário verificado no período, trazia consigo, além disso, algo não passível de mensuração, mas capaz de abalar os próprios fundamentos do padrão comportamental vigente na economia. Refiro-me tanto à chocante negação da premissa (primeira convenção) do crescimento garantido quanto ao questionamento do pacto implícito, relativo à inflação administrada e indolor (segunda convenção).

Ao acreditarem, como Delfim, na possibilidade da reaceleração do crescimento e, mais adiante, ao crerem (uns mais, outros menos) que a inflação se acomodaria em algo entre a prefixação monetária de 45% e a prefixação cambial de 40% para o ano como um todo (pacote de 16 de janeiro de 1980), os agentes econômicos foram levados a tomar decisões que se revelaram profundamente equivocadas. Ficava assim dolorosamente evidente que o crescimento não era algo garantido, enquanto a inflação ou, melhor dito, as expectativas errôneas a seu respeito eram capazes de infligir enormes perdas. Mais que tudo isso, os agentes econômicos começavam a tomar consciência de que as diretrizes oriundas do Estado podiam lançá-los na contramão dos fatos. A próxima lição viria com o lançamento do Plano Cruzado, num momento para muitos título excepcional para a economia e a sociedade. Tratemos de colocá-lo em foco.

A partir de 1984 e durante três anos consecutivos, a economia brasileira voltou a crescer a taxas elevadas. Diversos aspectos positivos acompanhavam o ciclo de crescimento iniciado em 1984. Primeiramente, ele podia ser, em grande medida, atribuído à maturação dos investimentos do II PND, seja em

---

[71] A reconstituição dos episódios e das decisões que marcaram esse traumático momento encontra-se registrada em "Da heterodoxia ao FMI – a política econômica de 79 a 82", dissertação de mestrado de Lidia Goldenstain, Unicamp, set. de 1985.

[72] Para uma descrição e avaliação do brutal aperto monetário praticado em 1981, veja-se Bonomo, M. "Controle de crédito e política monetária em 1981" dissertação de mestrado, PUC-Rio, em março de 1986.

substituição de importações, seja em expansão e diversificação das exportações – o que demonstrava que, no fundamental, a ousada opção feita pelo governo brasileiro em 1974 estava correta.[73] Por outro lado, de 1981 a 1984, havia-se avançado consideravelmente em direção ao ajuste fiscal – o que levou muitos a crer que a inflação vinha sendo mantida, essencialmente, via inércia.[74]

Contra esse pano de fundo, os meses que se seguiram à decretação do Plano Cruzado surgem como um clímax. O que havia de positivo no surto recente de crescimento (aí incluída a vigorosa elevação dos salários iniciada em 1985) era preservado e mesmo fortalecido, enquanto a inflação tombava a praticamente zero. De acordo com a frase do Ministro Funaro e a fantasia de muitos, o país agora se tornara apto a um crescimento japonês e uma inflação suíça. No indescritível clima de euforia que tomou conta da sociedade, pesava no entanto, além do êxito da economia e do reencontro das convenções (o crescimento garantido e a estabilidade assegurada), a redemocratização do país. Para muitos, aliás, a elevação dos salários iniciada em 1985 e vigorosamente confirmada em 1986[75] estabelecia a diferença fundamental entre o desempenho da economia sob a ditadura (crescimento sem distribuição) e o que a democracia permitia alcançar.

O desmoronamento do Plano Cruzado deu-se de forma rápida e contundente. Em meados de 1987, numa aparente conjunção de todos os possíveis males, a inflação explodia, a produção e o emprego ameaçavam desabar, o balanço de pagamentos se inviabilizava e, pela primeira vez na história pós-1930, numerosas empresas se encontravam na iminência de quebrar. Para os agentes econômicos, atônitos diante do desastre, diversas lições (em parte, pelo menos semelhantes às de 1979) poderiam ser extraídas da experiência: o crescimento não podia ser tomado por garantido; não havia como proteger-se da instabilidade inflacionária; e, sobretudo, não se podia crer naquilo que o governo propunha ou anunciava.

O resto do governo Sarney decorreu em meio à profunda instabilidade e à completa perda de perspectiva por parte dos atores públicos e privados. A

---

[73] Em *A marcha forçada* (*op. cit.*) é feita uma análise quantitativa dos ingredientes da extraordinária melhoria do balanço de pagamentos, verificada a partir de 1984. Em "O saldo e a dívida" *Revista de Economia Política*. Rio de Janeiro, v-8, n. 2, p. 93-98 e abr.-jun. de 1988; também de Castro, A.B. e De Souza, F.) essa análise é reafirmada e estendida para 1986/87.

[74] Lopes, F. *O choque heterodoxo*. Rio de Janeiro: Campus, 1986, especialmente cap. 18.

[75] Camargo, J.M. Ramos, C.A. *A revolução indesejada*. Rio de Janeiro: Campus. 1988.

inflação agora operava em ciclos,[76] que tinham início com a decretação de um programa anti-inflacionário (incluindo congelamento de preços), prosseguiam com o desmoronamento da proposta e a reaceleração dos preços e levavam, por fim, à borda da hiperinflação. Na última experiência desse tipo, durante o período Sarney (Plano Verão), a taxa de elevação dos preços, pela primeira vez na história, ultrapassou (em janeiro-fevereiro de 1990) a barreira dos 50% ao mês, usualmente empregada para caracterizar o ingresso efetivo na hiperinflação.

O plano Collor, decretado em marco de 1990, assinala uma importante mudança no diagnóstico da alta e crônica inflação brasileira. De acordo com seus formuladores, o problema essencialmente residiria na dívida pública interna, convertida, ao longo dos anos 1980, num enorme montante de liquidez, altamente volátil e capaz de exigir para si elevadíssimas taxas de remuneração. Na ofensiva antiliquidez, diversos títulos e até mesmo parte dos depósitos à vista foram (temporariamente) confiscados. A radicalidade da experiência não impediu, contudo, que a inflação, em mais um caprichoso ciclo, retomasse rapidamente o curso ascendente e levasse a economia à suposta necessidade de mais um choque (o chamado Collor II).[77]

Sob o impacto altamente negativo do pacote anti-inflacionário lançado por Collor nos primeiros dias de seu governo, os programas de abertura e desestatização da economia, intensamente demandados pela maioria dos agentes privados e finalmente adotados pelo governo brasileiro, não tiveram e, a rigor, não poderiam ter os efeitos presumidos por seus propositores. As sucessivas e intensas frustrações a que vinham sendo submetidos os agentes econômicos – e muito concretamente a aguda recessão do início dos anos 1990 – já os levavam a perceber o ambiente econômico do país como altamente inóspito. Completava-se, desta maneira, a superação das convenções que haviam norteado o comportamento dos agentes econômicos de 1950 a 1980. A bem dizer, elas vinham sendo ativamente substituídas por percepções radicalmente diversas. No que segue, tento sumariamente apontar alguns aspectos do processo através do qual teria se verificado a mudança e substituição das percepções.

Ao longo da sofrida e tormentosa década de 1980 os padrões de conduta dos agentes econômicos parecem ter sido, de fato, profundamente alterados.

---

[76] Liviatan, N. e Kiguel, M. "The inflation-stabilization cycles in Argentina and Brazil", in *Lessons of Economic Stabilization and its Aftermath*. Cambridge: The MIT Press, 1992.

[77] Faro, C. *A economia pós Plano Collor II*. Rio de Janeiro: LTC, 1991.

Um pessimismo profundamente arraigado domina hoje a conduta dos indivíduos e empresas, levando-os a responder a eventuais estímulos de mercado antes por preços que por quantidades e, sobretudo, a não apostar no futuro. A incessante retração da taxa de investimento tem entre seus determinantes, seguramente, essa reversão do ânimo dos agentes econômicos. Nesse ambiente, operam todos, em relação ao futuro, como se dele nada se pudesse esperar, salvo a possibilidade de um agravamento ainda maior do quadro econômico e social. Mais precisamente, entendem todos ser preciso manter-se capaz de rever – especialmente para pior – as respectivas posições. Numa palavra, as estratégias de risco máximo típicas do passado foram substituídas pelo seu oposto: mesmo diante de situações aparentemente promissoras, busca-se a exposição mínima a possíveis frustrações. Consequentemente, a evolução da economia encontra-se travada ao nível dos indivíduos: empresas e consumidores.

Dentre as mais destacadas mudanças sofridas pelas atitudes das pessoas e dos grupos é necessário igualmente destacar a feroz defesa dos interesses próprios e a predisposição a atitudes do tipo *free-rider* (carona).[78] Consequentemente, alteram-se, por completo, o significado e o possível alcance das medidas de política econômica. Longe de indicar, como no passado, o rumo que a economia deve seguir, as decisões político-econômicas tentam agora, meramente, introduzir mudanças – que serão resistidas, burladas e possivelmente superadas pela prática dos agentes econômicos.

O embate sugere, pois, um jogo em que, a cada reinício, um dos lados (o governo) tenta vencer mediante a introdução de novas regras, enquanto o outro lado resiste por todos os meios ao seu alcance. Após diversas rodadas, a experiência parece sugerir que evitar o pior – vale dizer, a hiperinflação – tornou-se o único objetivo que as autoridades públicas conseguem ainda perseguir com alguma chance de êxito. Quanto à visão de mundo implícita naqueles que participam desse estranho jogo, talvez possa ser sinteticamente referida como "convenção do antagonismo público-privado".

Creio, por fim, não ser preciso sublinhar que, imerso em tal quadro, o Estado enfrenta enormes dificuldades para se financiar de maneira não inflacionária

[78] Castro, A.B. "Loucura e método", *Jornal do Brasil*, 29 de agosto de 1991. Dos Santos, W., em "Fronteiras do Estado Mínimo: indicações sobre o híbrido institucional brasileiro", Fórum Nacional, Mimeo, dez. 1991, fez uma vivaz descrição do quadro acima e por ele referido como hobbesianismo social.

– o que, no novo contexto, equivale a dizer de forma não suicida. O tríplice veto financeiro a que está submetido engloba o exterior, o mercado interno de títulos e a emissão monetária. Destes, o segundo e o terceiro item têm especial relevância para a análise aqui desenvolvida. Isso porque a deterioração do mercado interno de títulos públicos e o altíssimo custo, em termos inflacionários, da emissão demonstram que o público abandonou, inteiramente, a crença na estabilidade substituta, vigente desde fins dos anos 1960. A mudança de percepção significa, na prática, que o Estado, refém do pessimismo generalizado, está condenado a uma permanente retranca.

As empresas públicas inviabilizadas

Já foi anteriormente assinalado que a evolução das empresas públicas, no sentido de sua crescente autonomização, foi detida na segunda metade dos anos 1970 e brutalmente revertida a partir da instauração da SEST, em 1979. Genericamente, se poderia afirmar que, ao longo dos anos 1980, a face de empresa das estatais foi cada vez mais negada. Durante essa longa agonia, as empresas públicas, transformadas em instrumentos de precaríssima eficiência da política macroeconômica e submetidas, cada vez mais, às vicissitudes da política *strictu sensu*, conseguiram apenas (ressalvadas poucas exceções) sobreviver. O sentido de missão e demais atributos por meio dos quais lideraram a evolução econômica do passado indubitavelmente desapareceram.

Mais do que isso, uma vez desencadeada a regressão, algumas de suas vantagens potenciais revelaram-se capazes de converter-se no seu oposto. Assim, as empresas por ela originalmente lideradas passaram, em muitos casos, a predá-las. Num outro plano, seus funcionários e trabalhadores, desmotivados ou mesmo afrontados, seja pela compressão dos salários, seja pela exposição à execração pública de tudo aquilo que se liga ao Estado, tratam de extrair concessões de entidades virtualmente acéfalas e indefesas. A situação pode, ainda, ser decisivamente agravada na medida em que os governantes, além de utilizá-las para objetivos de política econômica alheios a sua natureza, entreguem sua direção a políticos que delas façam uso para efeitos pessoais. Submetidas a tais condições, não deve surpreender o fato de que, em diversos exemplos, empresas públicas com um desempenho notável no passado tenham degenerado a ponto de confirmar os preconceitos de seus mais aguerridos inimigos.

O novo contexto internacional

Finalizando o trabalho parece-me conveniente lembrar que as empresas e os trabalhadores que integram a economia brasileira, para manter-se competitivos, teriam que acompanhar a reestruturação tecnológica e organizacional em curso pelo mundo. Essa realidade, atenuada inicialmente pelo alto grau de fechamento da economia, começaria a tornar-se um fato contundente a partir da abertura externa progressivamente imposta pelo governo Collor. Não é este o local para que o tema seja devidamente examinado. Convém, no entanto, deixar registradas duas observações.

Na esfera privada e em diversos setores da indústria, a reestruturação das empresas (preponderantemente de natureza organizacional) tem avançado a grande velocidade, ao que parece desde 1991.[79] A vitalidade assim comprovada é, no entanto, bastante localizada e mostra apenas que, no que toca a esse ponto, o país não está se desqualificando para uma eventual retomada do crescimento. Seguramente, todavia, o retardamento é muito mais grave no âmbito das empresas do Estado, que, sufocadas financeiramente e frente a um recrudescimento dos controles governamentais, absolutamente não têm como acertar o passo num mundo em que a autonomização das decisões cresce e se estende às próprias equipes de trabalho.

[79] Coutinho, L. e Ferraz, J.C. "Estudo da Competitividade da Indústria Brasileira". IEI, Unicamp e outros. Mimeo, 1992.

CAPÍTULO 7

PADRÕES COMPORTAMENTAIS E ESTRATÉGICOS DA INDÚSTRIA BRASILEIRA NOS ANOS 1990[1]

Síntese dos grandes movimentos ao longo dos anos 1990

Cargas ao mar (1990-1994)

As transformações por que iriam passar as empresas industriais brasileiras durante os anos 1990 apresentam uma primeira fase nitidamente diferenciada, que aqui denominaremos de "cargas ao mar". Para entender a natureza desse primeiro movimento, há que se ter em conta muito mais do que o mero aumento das importações detonado pela abertura. A rigor, a elevação galopante das importações só teria início a partir de 1994 – quando a reestruturação já havia avançado significativamente, nas linhas a seguir apontadas.

O primeiro aspecto a ser aqui ressaltado é que, durante a década de 1980, as atenções das empresas não estavam senão secundariamente voltadas para problemas do tipo eficiência operacional. A rigor, reagindo à alta (irregularmente) galopante dos preços e aos solavancos da política econômica, elas vinham desenvolvendo improvisos e acomodações das mais variadas ordens. A situação era simplesmente opaca e atirava-se em todas as direções. De fato,

---

[1] Nota das organizadoras: Trabalho realizado para o Ministério da Fazenda/FGV. Antonio Barros de Castro era o coordenador do projeto e assinou o relatório junto com Adriano Proença. Aqui aproveitamos somente a parte redigida pelo primeiro autor, que muito se beneficiou das discussões com Proença, coautor em diversos artigos. A última gravação do arquivo que é aqui publicada é de 16 de janeiro de 2001. Este relatório foi a base do artigo de mesmo nome publicado na *Revista de Economia Política*, v. 21, n. 3 (83) julho-setembro 2011. A versão aqui reproduzida é a versão completa e traz informações adicionais à versão publicada na REP.

que significado teria, nesse contexto, o uso racional dos recursos? Racional em relação a que hipótese de futuro? O que, sim, se pode afirmar, é que a partir de tal contexto a abertura, anunciada em 1990, apanhava as empresas locais numa situação bastante difícil.

Resumidamente, ao problema óbvio da desatualização de produtos e processos e ao atraso em relação aos métodos organizacionais inspirados na experiência japonesa (e em plena difusão ao longo dos anos 1980 nos Estados Unidos)[2] somava-se a existência de várias formas de folga (ou *slack*) associadas à excepcionalidade do contexto.[3] E, claro, tudo isso, de alguma maneira, se traduzia em preços internos (em dólares) bastante superiores aos vigentes no mercado internacional – salvo no caso de algumas commodities em relação às quais o país mantinha-se competitivo. Além disso, convém ter em conta que a caótica situação pré-estabilização incomodava e mesmo prejudicava muito mais as filiais de empresas estrangeiras (complicando enormemente o relacionamento com as matrizes) do que as empresas de propriedade doméstica.[4]

Às dificuldades que acabam de ser assinaladas veio a somar-se a severa recessão dos anos 1990. Quanto a este último problema, no entanto, mais de um atenuante pode operar. A abertura (que avançou por etapas pré-anunciadas) funcionou inicialmente apenas como ameaça.[5] Possivelmente por tal razão, durante os primeiros anos da década as empresas conseguiram em alguma me-

---

[2] Uma análise do saldo do processo de entrada das firmas japonesas em vários setores da economia norte-americana está em Dertouzos, M., Lester, R. e Solow, R. *Made in America*. Cambridge, MA: MIT Press, 1989.

[3] Diferentes autores já advertiram para a necessidade de distinguir entre preços altos determinados pelo poder de mercado (exercido em condições de acesso limitado ao mercado) e preços altos determinados por ineficiência (*slack*). O tema parece ser particularmente relevante no contexto aqui focalizado. Willianson, E. "Strategizing, Economizing, and Econmic Organization". Strategic Management Journal, n. 23, p. 75-94.

[4] Chama a atenção o fato de que algumas empresas brasileiras lograram adotar os novos métodos organizacionais e gerenciais (por muitos então referidos como japoneses) antes de 1990. Entre as empresas pioneiras na reestruturação podem ser mencionadas Freios Varga, Marco Polo e Cofap.

[5] Símbolo das mudanças esperadas, a importação de automóveis ocupava apenas 3,5% do mercado doméstico em 1991. Entre os carros recém-importados havia, contudo, alta proporção de procedência japonesa – o que ajudava a difundir o temor de que estaria por se repetir no Brasil (possivelmente em maior escala) o fenômeno ocorrido nos Estados Unidos em que 25% do mercado havia sido tomado pelos japoneses nos anos 1980.

dida proteger suas margens de lucro, embora tenham visto sua receita reduzir-se com a retração das vendas.

Convém insistir na peculiaridade do ambiente. As empresas encontravam-se há, digamos, dez anos desenvolvendo expedientes destinados a tornar possível (e no limite proveitoso) a convivência com um ambiente em turbilhão. Certos autores já enfatizaram, por exemplo, a importância da diversificação como mecanismo de proteção frente à instabilidade crônica. Esse tipo de adaptação não poderia deixar de implicar ineficiências, associadas, entre outros, aos custos ampliados de preparação de linhas e máquinas e de *overhead* administrativo (não apenas pela inerente complexidade de gerir a variedade). De acordo com o depoimento de uma empresa pesquisada à época, 30% dos seus gastos administrativos decorriam das necessidades de "administrar a inflação", com destaque para revisão de tabelas de preços a cada mês[6] (e por que não quinzenalmente?).

Frente a esse quadro, não é difícil imaginar a existência de grandes oportunidades de corte ou enxugamento das empresas. Recorde-se, no entanto, que a adoção de novos métodos de organização e gestão no período aqui focalizado (feita sob a ameaça da materialização dos efeitos da abertura) conviveu com a permanência plena da instabilidade. E isso nos remete a uma segunda ordem de considerações.

Refiro-me no caso à tomada de consciência de que o excepcionalismo brasileiro estava com os dias contados – sendo aqui o colapso das economias socialistas e a queda do Muro de Berlim acontecimentos emblemáticos. Admitidas a grandeza, a profundidade e a aparente irreversibilidade das mudanças em curso no mundo, surge naturalmente a suspeita por parte das empresas nacionais, bem como das filiais de empresas estrangeiras aqui sediadas, de que, mais dia, menos dia, um número crescente de empresas deixaria a letargia em que se encontravam mergulhadas.

Ou seja, na medida em que o país começava a caminhar para uma maior exposição ao mercado internacional, era bastante natural imaginar que, no futuro próximo, as multinacionais aqui presentes abandonariam o imobilismo. Conforme o fizessem, uma consequência óbvia seria a introdução no país de linhas de produtos (por elas mesmas) já lançadas em outros mercados. Uma

---

[6] Proença, A. "Projeto modernização industrial e desenvolvimento de recursos humanos: um estudo de prospecção na Indústria Brasileira: Relatório 1", mimeo, BNDES, jun. 1994.

boa ilustração do tipo de reação (preventiva) engendrada por essa percepção é o vigoroso conjunto de mudanças levado a efeito por empresas da área de cosméticos, tais como O Boticário e Natura. Afinal, o gigante Avon estava, no país, flagrantemente abaixo de suas possibilidades (vide Boxe 1).

BOXE 1 A REFORMA N'O BOTICÁRIO

Na dinâmica de transformação da indústria brasileira, um caso sintomático e bastante interessante de percepção de risco potencial diante do novo cenário econômico dos anos 1990 é o d'O Boticário, uma das grandes marcas de perfumaria e cosméticos no país. Fundada em 1977, a empresa cresceu aos saltos, chegando em 1995 ao terceiro lugar no setor e como maior franqueador do país. Na avaliação de seu fundador e principal executivo, Miguel Krigsner, tal crescimento, partilhado com outras empresas nacionais, só foi possível pela proteção oferecida pela "economia fechada", e pela "hibernação" da líder do mercado, a norte-americana Avon.

Com a abertura, entretanto, ele percebe um novo quadro de risco potencial: pelas suas dimensões – já o quinto maior consumidor de cosméticos do mundo, para um consumo *per capita* baixíssimo – o Brasil inevitavelmente atrairia a atenção dos grandes fabricantes internacionais. A indústria mundial de perfumaria passava, desde meados da década de 1980, por grandes investimentos em tecnologia e em fusões e aquisições. Gigantes como a Unilever, a Johnson&Johnson e a Procter&Gamble, atraídos pelas margens elevadas, entraram firme nos mercados de cremes e fragrâncias artesanais de luxo. Além disso, a concorrência local também já se movia: em 1992, a Natura recrutava veteranos de multinacionais, aprendia a fazer benchmarking das melhores práticas e passava a guiar seus negócios com ferramentas avançadas de gestão, sem perder sua notória informalidade operacional, seu badalado senso ético e o entusiasmo de seu exército de "consultoras".

A angústia de Krigsner se agrava com o advento do real e a consolidação do grande mercado brasileiro como alvo das atenções do planeta. Apesar dos excelentes resultados da empresa em 1994 e 1995, ele decide redesenhar completamente suas operações, avançando inclusive no sentido de superar a cultura paternalista original da empresa.

Em três anos de mudanças, praticamente toda a diretoria é substituída, seja por profissionais trazidos de fora, seja pela jovem gerência da casa. Com apoio de consultoria multinacional, quadros de indicadores consistentes de desempenho são concebidos e implementados. Redesenham-se os processos produtivos ao longo de toda a cadeia de operações, eliminando-se a rede de distribuidores. O Boticário passa a lidar diretamente com as 1.549 lojas com que conta no país.

Integra-se informaticamente toda a rede de lojas, com investimentos de US$8 milhões, reduzindo os prazos de entrega e eliminando boa parte dos estoques (por essa época, a Natura também comprava seu sistema integrado de gestão da alemã SAP). A "cara" das lojas é reformada com base em consultoria especializada norte-americana. As vendedoras são retreinadas e, batizadas de "consultoras", passam a orientar a clientela. E, talvez o objetivo central de toda reestruturação, fica clara a responsabilidade de cada quadro, e é possível elaborar políticas de associação de desempenho à remuneração individual.

A força operacional e a da marca, entretanto, não se mostram garantias de um futuro tranquilo. Em 1998, além da Avon, da Unilever e da L'Oréal, outras concorrentes multinacionais, como previra Krisgner, vieram se somar à concorrência da Natura e de outros fabricantes locais. A Shiseido, gigante japonesa, com faturamento de US$7 bilhões/ano e gastos em P&D de US$200 milhões/ano, já distribui seus produtos no país. A Mary Kay, norte-americana com faturamento de US$2,5 bilhões, também chega aqui. A taxa de inovação em produtos se acelera no mercado, com cada vez mais novos produtos ocupando as prateleiras. Os desafios da competição no mercado global se apresentam em toda magnitude ao novo O Boticário, colocando em xeque o alcance de longo prazo da eficácia competitiva de suas reformas operacionais.

Fonte: ***Revista Exame***, 1 de Julho de 1998; ***Revista Exame***, 27 de Janeiro de 1999.

O anterior se presta à evocação do novo clima que ia tomando conta da economia e que pode ser resumido na incipiente convicção de que tudo aquilo que caracterizava e diferenciava o ambiente brasileiro estava por ser abolido. Tal clima, acrescenta-se, iria inclusive contagiar e induzir a reestruturação de importantes segmentos de *non-tradeables*, particularmente no âmbito do comércio de varejo. Assim, por exemplo, a "palavra de ordem" na cadeia de varejo Pão de Açúcar passaria a ser "corte, concentre, simplifique".[7] De igual maneira, no Nordeste, a cadeia Paes Mendonça entraria em reestruturação em resposta (antecipada) à presumível migração para o Nordeste de cadeias do Centro-Sul.

Por outro lado, no que toca à conduta das multinacionais nesse período, o primeiro ponto a ser ressaltado é que a penetração nos chamados "mercados emergentes" passara a ser, coincidentemente, uma prioridade para órgãos do governo norte-americano. Passava-se então a assumir que os grandes mercados emergentes eram a oportunidade disponível para a ampliação das vendas

[7] *Revista Exame*, 12 de abril de 1995. Ver também *Revista Exame*, 24 de fevereiro de 1999, p. 68.

de produtos maduros – defrontados, nos grandes centros, com mercados praticamente saturados.[8]

O governo dos Estados Unidos foi certamente mais rápido na tomada de posição a esse propósito. No polo oposto, o Japão, que havia realizado incursões pioneiras enquanto investidor no Brasil nos anos 1960 e no início dos anos 1970, não tomou, até o presente, posições enquanto investidor à altura de seu peso e suas possibilidades.

O segundo ponto a ser salientado é que o movimento na direção aqui assinalada implicava um possível início de reinserção das filiais nas estratégias (globais) das matrizes. Em outras palavras, a relativa autonomia decisória ensaiada durante a fase da substituição de importações – e confirmada durante a alta inflação – começava a dar sinais de que tendia a ser redefinida no contexto de uma política mais clara quanto ao papel da subsidiária no interior da corporação. Esboça-se uma situação em que as operações locais buscam se credenciar ou são chamadas à execução de programas estratégicos (aí incluída a evolução de seu mix de produtos) a serem definidos num nível mais alto.[9]

Em todo caso, a diferença fundamental entre as decisões a serem tomadas pelas empresas multinacionais e pelas empresas domésticas consiste no fato de que, para as primeiras, o repertório da modernização e racionalização a ser eventualmente adotado é conhecido e, mais que isso, dominado. Cabe então decidir o status a ser concedido às diferentes filiais – o que afetará, inclusive, as cargas que serão, ou não, lançadas ao mar. Afinal, convém lembrar, alguns dos produtos agora evidentemente obsoletos haviam sido desenvolvidos com participação da engenharia local. Funções como a engenharia de produtos, por exemplo, seriam ou não retidas pelo país?[10]

Frente a essa complexa combinação de ingredientes, o aumento das importações (que, relembrando, só disparam na fase pós-1994) é, em suma, apenas a parte mais visível (a ponta do iceberg) daquilo que determinou as reestruturações que marcaram os anos 1990. De qualquer forma, e não obstante as

[8] Garten, J. (Under Secretary of Commerce for International Trade). "Competing to Win in the Global Marketplace". Nova York: Council of Foreing Relation. Janeiro de 1993.

[9] Fleury, A. "The Changing Pattern of Operation Management in Developing Countries. The Case of Brazil", *in International Journal of Operation and Production Management*, vol. 19, n. 5, 1999.

[10] Sobre o (mutável) status das filiais, vide Ferdows, K. "Making the Most of Foreign Factories". *Harvard Business Review*, mar.-abr., 1997. A questão será retomada na parte final do trabalho.

inegáveis dificuldades enfrentadas, é hoje amplamente aceito que a adoção de novos métodos organizacionais, a eliminação de produtos, atividades e, sobretudo, pessoal, avançou com grande intensidade nesse primeiro período[11] (ver Boxe 2).

BOXE 2 NÃO SÓ CIRURGIA, MAS TAMBÉM REORGANIZAÇÃO: *JUST IN TIME* (JIT) E GERÊNCIA DA QUALIDADE TOTAL (TQM)

Embora já seja uma avaliação consensual entre analistas, não deixa de ser importante frisar que, na superação das ineficiências operacionais herdadas do ambiente dos anos 1980, encontram-se não apenas processos cirúrgicos de redefinição de alcance e perfil de negócios como também significativos esforços de reorganização produtiva. Esses processos, perseguidos pelas empresas entre 1989 e 1994, incluíram não só o redimensionamento de quadros e o fechamento de instalações como também a adoção de novas práticas gerenciais tipicamente associadas à Gerência da Qualidade Total (TQM) e ao *Just in Time* (JIT), as "técnicas japonesas".

A indústria introduz então conceitos associados a sistemas JIT tais como minifábricas e "células de produção" para o arranjo físico das instalações e soluções de tipo *kanban* para "puxar" a produção de acordo com a demanda; e políticas do tipo TQM, tais como difusão de práticas de identificação, análise e solução de problemas e o uso intensivo de indicadores operacionais para gestão. Há ainda a busca de certificação nas normas ISO e grandes esforços de educação básica e treinamento de seu pessoal. Proença (1994), por exemplo, encontrou em 15 empresas emblemáticas dos mais diversos setores de produção discreta (calçados, automobilístico, máquinas e equipamentos, produtos elétricos, entre outros), em 1993-1994, estratégias de produção associadas à adoção de políticas de JIT e GQT.

---

[11] No que toca a mudanças verificadas nesse primeiro período, tema sobre o qual existe boa margem de consenso, vide Ruiz, R.M. "Estratégias empresariais: um estudo de grupos industriais nacionais (1980-1993)". *Nova Economia*, vol. 6, n. 2, nov. de 1996. Bielshowsky, R. "Adjusting for survival: domestic and foreign firms" *in Brazil in the early 1990s*, ECLA/UNCTAD, 1993; Miranda, J.C. "Reestructuración industrial en un contexto de inestabilidad macroeconômica. El de caso de Brasil" *in* Katz, J.M. (org.) *Estabilización Macroeconômica. Reforma Estructural y Comportamiento Industrial.* CEPAL/IDRC, Santiago do Chile: Alianza Editorial, 1996, p. 163 e Fleury, P.F., Arkader, R. "Ameaças, oportunidades e mudanças: trajetórias de modernização industrial no Brasil" *in* Castro, A.B. Possas, M.L. e Proença, A. *Estratégias empresariais na indústria brasileira: discutindo mudanças.* Rio de Janeiro: Forense Universitária, 1ª ed., 1996. Um tema seguramente pouco estudado (e que fica aqui apenas referido) é o da baixíssima resistência social à introdução das grandes mudanças promovidas pelas empresas.

Já Abranches, Fleury e Amadeo (*apud* Fleury, 1996) por sua vez, em pesquisa sobre 508 matérias publicadas na revista *Exame*, registraram que 59% das empresas analisadas adotaram uma estratégia de modernização, contra os restantes 41%, que simplesmente se encolhiam, com demissões e fechamento das instalações. O fato deste universo de "casos" estar associado ao interesse gerado pela notícia pode levar a algum viés associado ao impacto da modernização, o que levaria a se destacarem os casos de sucesso mais espetacular. Cabe observar, entretanto, que mesmo entre as que se modernizavam os autores registraram a substancial diminuição do emprego, e a perseguição, como objetivo principal (44% dos casos), de redução de custos. Em 94% desses casos, a escolha de trajetória para modernização se deu ao nível das mudanças em procedimentos gerenciais – e não na forma de aquisição de máquinas e equipamentos.

Cabe ainda acrescentar o abandono da lógica da "máxima variedade de produtos", que dá lugar à reformulação do posicionamento das linhas de produtos, agora voltadas para mercados mais estreitamente definidos. Uma boa ilustração para esse processo é o caso da Alpargatas. Entre 1991 e 1992, a empresa amargou um grave período de sua história, com um prejuízo de US$121 milhões. Para sobreviver, conduziu um amplo processo de reestruturação, fechando 11 de suas fábricas e reduzindo seus quadros de 32.000 para 17.000 funcionários. Reduziu ainda seus custos fixos em 50%. Das 17 marcas de confecções que fabricava, passou a fabricar cinco. Das 40 de calçados, ficaram 17. Migrou para produtos de maior valor agregado e, mais enxuta e produtiva, acabou por ser recompensada pela explosão de demanda do real, que expandiu não só suas vendas, mas evidenciou a maior lucratividade alcançada em cada dólar vendido – o faturamento por empregado dobrou entre 1990 e 1995, e o primeiro trimestre de 1995 revelou um lucro de 13 milhões em um faturamento de 191 milhões de dólares.

Ao mar jogaram-se, portanto, não só o "lastro" de produtos, espaço, máquinas e pessoal como também todo um conjunto de práticas de gestão envelhecidas e pouco competitivas.

Fontes: *Revista Exame*, Julho de 1995; Fleury, P., "Ambiente econômico e resposta empresarial: o ajuste da indústria brasileira nos anos 1990", *PolicyPaper*, Ildes, FFE, n. 19, 1996; Proença, A. "Projeto modernização industrial e desenvolvimento de recursos humanos: um estudo de prospecção na indústria brasileira: relatório 1", mimeo, BNDES, jun. 1994.

Tentamos, no que segue, especificar e também refletir sobre algumas das características maiores do movimento aqui referido como "cargas ao mar".

Chama a atenção, nessa fase, o enxugamento do catálogo de vendas e a descoberta por parte de numerosas empresas (desde pequenas e médias até, por exemplo, uma Ford) de que não tinham produtos para o mercado renovado.

Também marca o período, como é bem conhecido, a eliminação em massa de postos de trabalho – para o que colaborou, sem dúvida, a severa recessão em que mergulhou a economia após o lançamento do Plano Collor.[12] Consensualmente prevalecem, pois, nessa fase, as decisões de corte, eliminação e simplificação.[13] O que não parece ser devidamente compreendido é que:

1. Entender o corte/eliminação de postos de trabalho, linhas de produto e equipamentos como uma simples reação à exacerbação da pressão competitiva pode ser enganoso. Há frequentemente algo mais estratégico nessas dolorosas cirurgias: o que está sendo muitas vezes eliminado são possíveis trajetórias futuras, que passaram a ser percebidas como, digamos, não férteis. Vista sob esse prisma, a radicalidade dos cortes contém um ingrediente estratégico. Afinal, estão sendo preservados aqueles recursos e desenvolvidas aquelas capacitações percebidos como dotados de futuro.
2. A sintonização com o contexto está sendo feita a partir de um reexame crítico das próprias premissas das empresas. Não se trata, portanto, de meramente aproveitar melhor o existente e sim, como acima dito, de restringir o leque de trajetórias potenciais. Isso, não raro, mexe com a própria identidade das empresas – e num plano maior permite distinguir experiências entre países em que a indústria passou, no fundamental, pelo teste da abertura, de outras, em que isso não ocorreu. Refiro-me, no caso, muito particularmente, à hipótese de cortes tão profundos das atividades produtivas, aliados a tão notório reforço de atividades comerciais (importações, sobretudo), cujo o resultado se torna a existência de indústrias meramente de fachada. Este tipo de mudança, contudo, característico de outras experiências de abertura comercial na América Latina, certamente não veio a predominar no Brasil. Este tema será retomado mais adiante.

---

[12] Segundo certas fontes, a brutalidade do Plano Collor, ao deixar clara a vulnerabilidade da riqueza financeira (num contexto de quase hiperinflação), acabou tendo efeitos inesperados e, pelo menos, parcialmente, salutares para o chamado lado real da economia. Se por um lado avoluma-se a retirada de liquidez do país, por outro recursos financeiros migram para aplicações físicas (*Revista Exame*, 28 de abril de 1993).

[13] Referindo-se à drasticidade dos cortes diz o *Estudo da Competitividade da Indústria Brasileira* (ECIB) que "a sobrevivência implicou a rápida implementação de ajustes – vários deles cirúrgicos, abruptos e emergenciais...". Coutinho, L. e Ferraz, J.C. *Estudo da Competitividade da Indústria Brasileira*. IE/UNICAMP, Campinas: Papirus, 1994.

Um catch-up *produtivo*

A alta inflação crônica e marcadamente instável – situação em que permaneceu a economia brasileira do final dos anos 1970 até o primeiro semestre de 1994 – é, como sabemos, um contexto altamente peculiar. Suas características maiores poderiam ser resumidas da seguinte maneira:

> (...) Os consumidores, contidos por salários comprimidos e pelo crédito praticamente ausente, e, além disso, intimidados pela possibilidade óbvia do desemprego, têm um comportamento comedido. As empresas, de sua parte, praticam estratégias de sobrevivência – que incluem a busca de altas margens de lucro, como mecanismo de compensação do elevado risco ambiental. Quanto aos governos, (...) permanentemente tratam de refrear a economia, temendo a possibilidade sempre presente da hiperinflação.
>
> À primeira vista, o quadro que acabo de sumariar sugere a existência de diversas molas comprimidas – e prestes a saltar com a estabilização. É fundamental dar-se conta, no entanto, de que após anos a fio de contenção terá naturalmente ocorrido um elevado grau de *adaptação* à perda sistemática de oportunidades. O aparelho de oferta, em particular, terá, em boa medida, se ajustado à demanda cronicamente contida. O desequilíbrio latente entre oferta e demanda terá, pois, se materializado: o país padece de um descompasso entre sua demanda (eventualmente) não reprimida e os *estoques* de capital fixo e financeiro de que dispõe (...). Fique claro, no entanto, que os problemas daí advindos não se manifestam enquanto a economia se mantém sob o império da alta inflação e da estagnação a ela associada. A inflação crônica tem, neste, como em outros sentidos, o seu equilíbrio interno. Paradoxalmente, é com a estabilidade que aflora o desajuste."[14]

Do anterior se infere que a transição para a estabilidade a partir de situações de inflação alta e crônica tende a trazer consigo uma situação de relativa euforia – especialmente se a experiência não for macroeconomicamente moderada, por exemplo, mediante políticas de contensão da expansão creditícia. Na primeira metade dos anos 1990, aliás, a possibilidade de que a estabilização

---

[14] Castro, A.B. "Estabilizar e crescer: o paradoxo do desajuste da estabilidade" *in* Velloso, J.P. *O real e o futuro da economia*. José Olympio, 1995, p. 69.

acarretasse euforia tendia a ser ainda mais exacerbada pela ampla disponibilidade de liquidez no mercado internacional – e pela crença (então revivida) de que os fluxos financeiros internacionais são poucos sujeitos a súbitas reversões, contágio, pânico etc.

Voltando ao exuberante quadro com que se defrontaram as empresas a partir do lançamento do real, convém lembrar alguns dados reunidos pela empresa Austin Assis a partir de uma amostra englobando 330 empresas de 21 setores. Segundo a pesquisa, no terceiro e no quarto trimestres de 1994 (em relação aos mesmos períodos de 1993) as vendas teriam saltado 39,8% e 63,9%, respectivamente.[15] As cifras e sua aceleração, à medida que os efeitos do plano vão sendo sentidos, dispensam comentários.

É bem verdade que, já em 1995, se verificou uma grande frustração de expectativas, trazendo consigo severas dificuldades para muitas empresas. Contudo, em meados de 1996 a economia novamente se encontrava em expansão. Em diversos mercados de *tradeables* não caberia duvidar que o marcado crescimento das vendas estava associado ao rebaixamento dos preços relativos das manufaturas *vis-a-vis* os salários. E aqui, evidentemente, a valorização do câmbio teve, direta ou indiretamente, uma notável influência. De forma ainda mais evidente, o crescimento das importações (agora tornado explosivo), em grande medida, refletia a mudança cambial. Convém, no entanto, não omitir outras influências, como, por exemplo, a verdadeira mutação verificada na visão de mundo de empresários e consumidores, bem como o já referido (re)despertar das multinacionais.

Esquematizaremos a seguir, o que nos parece ser, a grandes traços, o comportamento típico de um grande número de empresas – advertindo que esse padrão comportamental difere do observado em outras economias latino-americanas.

O traço mais proeminente do novo posicionamento consiste no decidido reforço da musculatura manufatureira, com realce das atividades de fabricação e montagem. Antes, porém, de tentar caracterizar o novo posicionamento, convém advertir que indústrias tradicionais do tipo têxtil, confecções e calçados, custaram a embarcar nessa nova opção – enquanto certas indústrias de maior conteúdo tecnológico praticamente não o fizeram. Encaremos, então, sumária e preliminarmente, esse contraste.

---

[15] *Revista Exame*, julho 1995.

No caso das indústrias tradicionais cabe lembrar que, acossadas por importações procedentes, em regra, da Ásia, as firmas foram levadas a uma brutal crise que aparentemente prometia repetir no Brasil a devastação ocorrida em diversos ramos, por exemplo, na Argentina. Na realidade, contudo, verificou-se apenas uma severa depuração, ao término da qual as empresas sobreviventes mostravam-se – antes mesmo da desvalorização – fortalecidas e aptas para a retomada do crescimento. Observe-se que, nesse caso, numerosas empresas (sobretudo as pequenas) desapareceram, absorvidas por outras – em regra também de nacionalidade brasileira. Em simultâneo, uma intensa compra de equipamentos permitiu um início de reafirmação.

Mais adiante, com a forte depreciação do câmbio verificada em 1999, as indústrias tradicionais entraram em franca reafirmação – situação em que se encontram neste momento.[16] O quadro a seguir sintetiza dados relativos ao ocorrido no polo têxtil de região de Americana (SP).

QUADRO I Evolução do polo têxtil de Americana

	1990	1995	1998
Nº de empresas	1.486	778	665
Emprego	31.000	17.750	13.300
Produção	100	50	130

Fonte: Revista Exame, 11 de agosto de 1999.

Já no caso das empresas de maior conteúdo tecnológico, a ausência de escala, o escasso domínio tecnológico próprio, bem como dificuldades de natureza financeira, levaram ao desaparecimento de muitas firmas e, genericamente, à forte redução das atividades de pesquisa. Tratava-se no caso – e na melhor das hipóteses – de indústrias "infantis", que chegariam talvez a adquirir condições competitivas, mas que foram expostas a desafios praticamente insuperáveis. Indiscutivelmente a Embraer se destaca desse conjunto como um caso ex-

[16] Vide Katz, J. *Reformas Reestruturales Productividad y Conduta Tecnológica en América Latina*. Santiago do Chile: CEPAL/Fondo de Cultura Economica, 2000. O autor supõe no texto que o ocorrido em outras economias latino-americanas também se verificaria no Brasil, mas as evidências contrárias vêm se acumulando de forma inequívoca.

cepcionalmente exitoso – cuja explicação vem sendo buscada por diferentes pesquisadores.[17]

Quanto às indústrias mecânicas de nível tecnológico médio, verificou-se recentemente em países como a Argentina a regressão para a (mera) montagem. Aqui reside uma das mais patentes especificidades do caso brasileiro, onde, como se verá mais adiante, o reforço da produção em geral e o surgimento de cadeias locais constituem uma característica marcante.[18] Concentramo-nos daqui por diante na opção anteriormente referida como aquela que viria a singularizar a experiência brasileira no âmbito da América Latina.

• • •

Uma grande maioria de empresas do setor de *tradeables* irá defrontar-se com uma forte renovação de suas oportunidades e seus desafios no pós-1994. Por um lado destaca-se a pronunciada expansão dos mercados, por outro se encontra a valorização do câmbio, com seu duplo e contraditório papel de aumento da competição e simultâneo barateamento tanto das importações de produtos concorrentes quanto de insumos e bens de capital capazes de facilitar a modernização produtiva e a diversificação da linha de produtos.[19] As respostas massivamente dadas ao novo quadro podem ser distribuídas em quatro planos:

- Prosseguimento da reestruturação visando alcançar padrões contemporâneos de eficiência (gabaritos), bem como métodos modernos de gestão das fábricas e dos estoques.
- Intensificação das mudanças nas linhas de produtos, buscando acompanhar a renovação em curso no mercado doméstico.

---

[17] Bernardes, R., *Embraer: elo entre Estado e Mercado*. São Paulo: Hucitec, 2000.

[18] Só recentemente ficou clara a divergência entre as experiências brasileira e argentina, dado que na Argentina as cadeias foram de fato desfeitas, enquanto no Brasil seu revigoramento tonou-se patente nos últimos três anos. Para uma apreciação do quadro argentino antes de evidenciar-se o contraste aqui assinalado, veja-se Kossakof, B. *Corporate Strategies under Structural Adjustment in Argentina, Responses by Industrial Firms to a New Set of Uncertainties*. Wiltshire: St. Antony's Series, St. Antony's College and Antony Rowe Ltd., Nova York: 2000.

[19] Um caso muito especial é o das indústrias produtoras de bens de uso intermediário, que não tendo porque importar insumos não apresentavam (em 1994) grandes defasagens no que toca a equipamentos. No entanto, tais empresas passaram a enfrentar, pela primeira vez, a concorrência de produtos importados.

- Aumento das importações de insumos e equipamentos, visando baratear e acelerar a renovação dos processos produtivos e, muito particularmente, das linhas de produtos.
- Deslocamento de fábricas para áreas com infraestrutura não congestionada e/ou mão de obra sensivelmente mais barata.

A primeira característica poderia ser vista como um mero prosseguimento da cirurgia e modernização da etapa anterior. Dificilmente se percebe, no entanto, a esse propósito, que uma contribuição decisiva da estabilização é o surgimento de um quadro muito mais transparente. Nele, torna-se mais fácil responsabilizar divisões, produtos etc. por êxitos e fracassos da empresa. Paralelamente, os consumidores veem ampliados seus poderes, pela capacidade de comparar preços. E tudo isso renova a visão e revigora o ânimo das reformas microeconômicas.

Por outro lado, ali onde as distâncias para com as práticas internacionais se revelam muito amplas, a situação (na economia crescentemente aberta e agora estabilizada) pode ser interpretada realisticamente como difícil de remediar – predispondo à busca de sócios ou mesmo à venda do patrimônio.

Não trataremos aqui o tema da venda de empresas, fenômeno que reconhecidamente adquiriu crescente importância ao longo da década de 1990. Registraremos apenas que, de acordo com um amplo levantamento – são 308 transações para as quais se dispõe de informações –, "157 foram de aquisições de empresas brasileiras e de filiais de empresas estrangeiras por empresas estrangeiras, correspondendo a um investimento de US$23.215 milhões; 126 foram aquisições por empresas brasileiras (de outras brasileiras filiais), equivalentes a US$22.842 milhões; e 19 por consórcios mistos, cujo montante foi de US$13.723 milhões." Convém também acrescentar que, "segundo os setores, a compra de empresas privadas brasileiras por estrangeiras concentrou-se nas indústrias farmacêutica, higiene e limpeza (97,1% do valor total das aquisições), eletroeletrônica (96,3%), química (88,6%), alimentar (82,4%), autopeças (74%) e comércio varejista (73,5%). Já as aquisições por empresas privadas brasileiras (de outras brasileiras e estrangeiras) tiveram a seguinte distribuição: têxtil, vestuário e calçados (100%), mecânica (77,2), papel e celulose (76,1%), petroquímica (74,1%), construção civil (72,8%) e comércio atacadista (65%)".[20]

---

[20] Os levantamentos foram feitos pela Securities Date e pela KPMG. A citação provém do texto do IEDI. *op. cit.*, p. 10 e 11.

No que se refere à inovação de produtos, a presença da concorrência dos importados (e das linhas renovadas das multinacionais) conduz a um grande esforço de atualização de produtos – combinado, em maior ou menor medida, com a importação de insumos mais densos tecnologicamente. Esse movimento dá seguimento lógico ao esforço de reorganização da produção, num contexto de *catch-up*.

Por outro lado, mas de forma convergente com os movimentos anteriores, o baixo preço relativo dos equipamentos importados[21] motiva (ou mesmo excita) no sentido da realização de grandes saltos de desempenho. Trata-se de "comprar capacitação" (vide Boxe 3). Essa mesma lógica estará presente na intensificação da modernização gerencial, tendo por foco a informatização dos procedimentos de gestão. Tal onda terá seu ápice nas vésperas do bug do milênio, mas seus primórdios já se insinuam em meados da década (vide Anexo).

Quanto à quarta característica acima apontada, assinalemos de partida que a mão de obra de Betim (MG) custa metade do pago no ABC (e o mesmo parece ocorrer em Porto Alegre). Evidentemente, a acentuação da guerra fiscal por parte dos estados na segunda metade dos anos 1990 reforçou a tendência já anteriormente percebida à descentralização regional de fábricas – bem como propiciou a aceleração da adoção de processos e equipamentos de última geração nos novos investimentos descentralizados.[22]

Fechando estas sumárias observações, cabe ainda registrar a ocorrência de pelo menos dois procedimentos que em certa medida caracterizam recuos da industrialização – e que tiveram grande peso relativo em outras economias latino-americanas. Refiro-me, primeiramente, ao caso de indústrias – em regra do gênero leve – em que a proporção de insumos adquiridos no exterior é de tal ordem que praticamente não ocorre no país transformação industrial propriamente dita. Isso foi observado em campos tão diversos quanto eletrônica, brinquedos e bicicletas.

---

[21] McKinsey Global Institute. "Productivity – The Key to an Accelerate Development Path for Brazil", *in Relatório McKinsey*, McKinsey Global Institute, Sumário Executivo, 1998.

[22] Encontra-se em profunda transformação o mapa regional da indústria brasileira. Um dos mais patentes exemplos de mudança consiste na Bahia, onde, dado o predomínio de grandes plantas produtoras de bens intermediários, a abertura pouco havia trazido além do endurecimento da competição. A chegada de empresas produtoras de bens de consumo, que culmina com o grande investimento da Ford, mudou completamente o quadro – e trouxe a região para a esfera das reações e estratégias focalizadas neste trabalho. Vide Uderman, S. "Perspectivas industriais em tendências da economia baiana". Secretaria do Planejamento, Ciência e Tecnologia, 2000.

O segundo caso refere-se ao fato de que a súbita exuberância exibida pelo mercado doméstico, aliada à facilidade para importar, deu lugar à multiplicação de negócios em maior ou menor medida informais, mas capazes de disputar a franja inferior de diversos mercados. É a proliferação dos "nanicos", das "tubaínas" e do "mercado cinza", que entre outros fatos dão testemunho da vigorosa luta por espaços, inclusive nos mercados correspondentes à base da pirâmide social.

BOXE 3 EQUIPAMENTOS BARATOS E MODERNIZAÇÃO: UMA PME

Enquanto no período de "cargas ao mar" o principal eixo do processo de modernização estava na reorganização do processo produtivo e na adoção de modelos de gestão contemporâneos, o período pós-Plano Real viu, dentre outros percursos de desenvolvimento dos negócios, o de aquisição de equipamentos tornados baratos pelo câmbio e, muitas vezes, pelos financiamentos oferecidos pelo vendedor desde o exterior. Essa aquisição tornou-se muitas vezes o centro da estratégia de modernização da empresas.

Essa lógica de aquisição de equipamentos importados para salto em modernização foi praticada mesmo por empresas de pequeno/médio porte. Tome-se como ilustração o caso de uma empresa de fabricação de lentes óticas, líder em seu mercado local, que em 1996 decidiu substituir todo o seu parque de máquinas de uma só vez.

Seu problema inicial era de qualidade – o retrabalho estava em 25% do volume produzido, e a referência mundial era de 3%. A indústria local operava tipicamente com índices em torno desses mesmos 25%. Estudos iniciais buscaram na gerência da qualidade total a solução do problema. A seguir, alternativas associadas à compra de um software específico para controle de qualidade e para desenvolver procedimentos para acompanhamento singular das peças foram levantadas, além da proposição para modernização simultânea de toda linha de produção.

Dados o baixo preço dos equipamentos e a existência de um ativo mercado secundário para suas máquinas usadas, a direção da empresa avaliou não ser preciso realizar qualquer cálculo mais detalhado quanto ao tempo ou quanto à taxa interna de retorno do investimento: tendo em mãos o capital necessário, tendo obtido boas condições de pagamento e não estando disposta a esperar os resultados provenientes das duas outras alternativas, ela resolveu sumariamente pela implantação dos novos equipamentos.

A expectativa era de progressos significativos em qualidade e produtividade. Dotados de controles digitais, tais aparelhos possibilitavam uma operação mais rápida e de bem maior precisão e repetitibilidade, além de menores tempos de preparação.

A mão de obra direta foi reduzida de cerca de 20%; a capacidade instalada era ligeiramente maior que a anterior. No projeto, os *lead times* globais ficariam bem menores. Posteriormente, verificou-se que o retrabalho chegara aos 11%, bem melhor que a marca anterior, mas ainda distante do benchmark de 3% a 5%. Retornou-se à discussão, no âmbito do gerência da qualidade total, mas já com base em outro patamar de desempenho.

Fonte: Proença, A. e Caulliraux, H.M. "Estratégias de produção na indústria brasileira: evolução recente" in Velloso, J.P. (coord.) *Brasil: desafios de um país em transformação. (Fórum Nacional)*, Rio de Janeiro: José Olympio, 1997.

Pela combinação dos procedimentos anteriormente destacados, os elevados aumentos de produtividade do trabalho que vinham sendo alcançados desde os primeiros anos da década de 1990 prosseguiram em ritmo semelhante. Não discutiremos aqui a magnitude do avanço médio da produtividade: se mais próxima à informação procedente do PIM (IBGE) ou das Contas Nacionais.[23] O importante é que qualquer magnitude situada nesse intervalo representa um ritmo excepcionalmente elevado de evolução média – o que corrobora informações procedentes de variadas fontes assistemáticas, bem como entrevistas por ocasião de pesquisas de campo por nós realizadas.[24]

É importante, no entanto, lembrar que a produtividade média no Brasil é fortemente puxada para baixo por amplos setores de escassa formalidade – como, por exemplo, a construção civil e o pequeno comércio. A advertência foi reproduzida no conhecido Relatório McKinsey, o qual, no entanto, acrescenta que em determinados setores "é importante notar que os players mais produtivos já estão próximos ao nível das melhores práticas, provando que elas podem ser alcançadas no Brasil".[25]

Ainda quanto aos índices alcançados de produtividade, é interessante registrar que têm recentemente surgido relatos sobre casos excepcionais, em que a produtividade alcançada no Brasil (refiro-me agora a filiais de multinacionais)

[23] Uma ampla discussão do tema é feita por Carvalho, P. em "As causas do aumento da produtividade da indústria brasileira nos anos 1990". Tese de doutoramento, Instituto de Economia da Universidade Federal do Rio de Janeiro, 2000.

[24] Nota das organizadoras: Vale ressaltar que o autor alterna primeira e segunda pessoa no texto devido ao fato de este relatório ter sido realizado em conjunto com o professor Adriano Proença, mas já existir publicações próprias individuais sobre os mesmos temas, bem como pesquisas de autoria de Proença, diversas vezes citadas.

[25] Relatório McKinsey, *op. cit.*, p. 5.

se compara ou mesmo excede o alcançado nas matrizes. A General Motors do Brasil, por exemplo, tornou-se modelo para toda corporação – por ser uma empresa "eficiente, ágil e lucrativa", nas palavras do CEO Jack Smith.[26] O fato de que a operação de produção e vendas da GM no Brasil (mediante a adoção de técnicas da gestão de operações e de organização industrial típicas da reestruturação ocorrida no país e pela migração bem-sucedida de sua linha de produtos para modelos mais modernos) tenha se transformado em referência para toda a corporação parece ratificar a proficiência que o tecido produtivo nacional vem sendo capaz de alcançar.

Reflexão adicional sobre o catch-up *produtivo*

Mais uma vez estamos diante de um ciclo de mudanças impulsionado por transformações ocorridas no meio ambiente. Mas há importantes diferenças da fase anterior. Delas a mais relevante pode ser apreendida a partir do duplo papel exercido pelo barateamento, renovação e intensificação das importações: colocar em cheque a conduta anterior das empresas e oferecer inegáveis facilidades para que se transite para as novas linhas de produto. Poderíamos sinteticamente afirmar que, nessa segunda fase, o mercado, digamos, puxa na direção da renovação e as facilidades na compra de importados empurram na mesma direção. Em última análise, as importações (ou, mais precisamente, o coeficiente de importações) surgem agora como uma espécie de variável de ajuste – que pode ser manejada com grande agressividade.[27]

É importante frisar que, para aqueles que prosseguem na corrida em direção aos gabaritos internacionais de eficiência operacional, a busca da excelência no desempenho fabril não significava ausência de preocupação com a manutenção e o fortalecimento dos canais de comercialização. De fato, a consolidação das posições competitivas desenhadas pelas novas estratégias produtivas – isto é, de produto e produção – requeria, em regra, o reforço das cadeias de distribuição e vendas.

---

[26] *Revista Exame*, 9 de setembro de 1998.

[27] Após três anos consecutivos de prejuízos fontes da Gradiente declaram que as importações estavam sendo fortemente incrementadas. *Revista Exame*, 10 de novembro de 1993, p. 66-7.

Por outro lado, as grandes empresas situadas ao final de cadeias produtivas impõem, sobre seus fornecedores, padrões cada vez mais exigentes de desempenho, condizentes com seu progresso interno. Essa pressão à jusante na cadeia também funciona como "puxada" na direção da renovação.

O que é, sim, verdade é que a postura aqui caracterizada como *catch-up* produtivo acarreta, na prática, uma recusa implícita ao esforço de inovação – o que chegou a ser detectado pela pouca importância conferida ao objetivo "inovação" em pesquisas de campo.[28] Compreende-se: além do fato de que a prioridade conferida à busca da eficiência em si tendia a subtrair espaço a possíveis esforços de P&D, haveria que se ter em conta que a percepção dominante era de que o segredo da sobrevivência estava em atingir o patamar de desempenho das operações alcançado nos países centrais. Uma frase emblemática desse *mindset* (que ele declara seguir como seu *motto* estratégico) é a atribuída por J. Gerdau a M. Thatcher: "Vocês brasileiros não têm que inventar nada. Olhem os melhores exemplos e copiem."[29]

A opção pela excelência operacional, a renovação de produtos e a refração à inovação, tampouco, devem ser confundidas com uma opção estratégica por posicionamentos de baixo custo. Está-se falando aqui de centrar as capacitações das empresas em produção – e tais capacitações se prestam tanto para reduzir custos quanto para fazer avançar a diferenciação de produtos (veja Boxe 4 sobre "Fuga para frente").

O anterior pode ser resumido numa imagem: tudo se passa como se as empresas aqui sediadas tivessem escolhido a excelência manufatureira – aí incluídas logísticas de entrada e de saída – como trincheira para a defesa de suas (renovadas) posições. Pretendi, aliás, anteriormente, por meio da metáfora do entrincheiramento, ressaltar o traço dominante da conduta das empresas industriais no período 1994-98.[30] Estou, porém, convencido de que essa é uma visão demasiado defensiva do ocorrido. A opção pela excelência manufatureira

---

[28] Fleury, P. e Arkader, R., *op. cit.*, e Proença e Caulliraux, 1997.

[29] *Revista Exame*, 4 de outubro de 2000. O que está sendo dito é, mais precisamente, que há que se buscar os parâmetros de excelência consagrados lá fora – e aplicá-los com disciplina e engajamento.

[30] Castro, A.B. "Indústria: o crescimento fácil e a inflexão possível" *in* Velloso, J.P. *A crise mundial e a nova agenda de crescimento.* Rio de Janeiro: José Olympio, 1999.

BOX 4 FUGA PARA FRENTE: DIFERENCIANDO-SE NO MERCADO TÊXTIL

Em diversos momentos dos anos 1990, com maior ou menor sucesso, algumas empresas brasileiras decidiram buscar refúgio competitivo em mercados diferenciados, articulando revisões em seu posicionamento com novas estratégias de operação. No ramo de confecções e têxteis, por exemplo, há ao final da década de 1980 o caso da Marisol, de confecções de malha. Tendo amargado prejuízos em 1988, a empresa percebe-se imprensada entre as escalas de seus maiores concorrentes (Hering e Sulfabril) e a concorrência da economia informal. Já em 1989, ela adota a migração para mercados de maior poder aquisitivo, ao mesmo tempo que conduzia um programa de modernização e reestruturação administrativa, particularmente calçado na formação de grupos de produção multifuncionais constituídos a partir de um amplo esforço de treinamento de suas costureiras. Em 1990, diante da perspectiva de competir com produtos importados, sua estratégia incluía triplicar os investimentos em marketing e publicidade (frente aos de 1988), buscando ampliar suas vendas em shopping centers; e a aquisição de equipamentos automatizados e de tecnologia CAD/CAM.

Em meados da década, a Companhia Têxtil Ferreira Guimarães, por sua vez, busca migrar do mercado de *blue jeans* (hegemonizado pelas empresas com grandes operações localizadas nas regiões subsidiadas da Sudene) e focar sua produção em tecidos estampados e tingidos, com acabamento diferenciado. Passa a enfrentar, entretanto, a concorrência em custo com os produtos asiáticos, que chegam mais baratos no mercado brasileiro. Para superar esse desafio, ela migra para um novo patamar de diferenciação, evoluindo para tecidos mais finos e vinculados à evolução da moda. Recorre então a diversos desenvolvimentos em seu sistema de planejamento e controle de produção e de gestão de estoques, além de refinar a articulação entre o acompanhamento da moda e a operação de produção.

Finalmente, ao final da década, a Beira Rio, lucrativo fabricante de calçados de Novo Hamburgo, estabiliza sua produção em 140.000 pares/dia e anuncia que "é mais interessante agregar valor do que fazer volume". Embora tradicionalmente voltada, com a etiqueta Beira Rio, para as classes C, D e E, a empresa investe em moda e atualiza sua linha de produtos, abrindo mercados na Europa e no Japão, com a marca Vizzano. Em 2000, uma segunda marca diferenciada, a Riva Bianca, é lançada, para ser a "Vizzano dos momentos de lazer". Ao contrário de outras empresas do setor, as nove fábricas da empresa foram mantidas no RS, no contexto de uma estratégia de valorizar a qualidade da força de trabalho e a proximidade com fornecedores e com mercados clientes. O eixo de redução de custos se centra em investimentos em tecnologia e no treinamento intensivo de todos os funcionários.

Fonte: *Revista Exame*, setembro de 1990; *Revista Exame Maiores e Melhores*, julho de 2000; Prado, C.A.S. *Sincronização da produção: uma proposta de trajetória de implantação para a indústria têxtil*, Tese MSc, PEP/COPPE/UFRJ, 2000.

e a renovação na pauta de produtos são, de fato, as mais importantes características do ajuste microeconômico realizado no período.[31]

Insisto, o *catch-up* produtivo é um movimento em que as decisões são apenas condicionadas pelos recursos produtivos e pelo desenvolvimento de capacitações. Mas não é propriamente pelo uso inteligente desses que a empresa espera poder tirar bons lucros – e sim dos exuberantes mercados que estão sendo evidenciados.

Dito de outra maneira: enquanto em situações normais as empresas esperam derivar rendas de escassez de seus recursos e competências oportunamente aproveitados ou desenvolvidos, as escassezes no quadro aqui focalizado estão patentes nos próprios mercados (renovados). E mais, via importações de insumos e compra financiada de bens de capital, as empresas podem alcançar essas rendas. É como se as novas importações fossem portadoras de rendas.

Entretanto, uma situação em que uma ampla gama de produtos compráveis em mercado (basicamente importações) é capaz de gerar rendas de escassez não pode ser senão excepcional. De fato, ela só pode existir na medida em que exista, no caso, uma corrida em busca do tempo perdido – na qual os produtores podem, por assim dizer, tomar carona em importados.

Compreendem-se também, a partir do que acaba de ser dito – e não apenas pela apreciação cambial –, os pífios resultados obtidos pelas exportações no período. A ninguém ocorre buscar mercados adicionais no exterior. Procurar mercados no exterior é disputar espaços já ocupados, de cuja saturação só se escapa com criatividade, inovação, investimentos em comercialização... e muito esforço.

Paradoxalmente, portanto, as mudanças em curso estavam reforçando a economia doméstica como centro de gravidade, para o qual se voltavam preferencialmente as atenções, táticas e estratégias das empresas. Insinua-se aqui, no curto prazo, pelo menos, uma contradição entre o movimento microeconômico e as necessidades da economia (no plano macro).

---

[31] Quanto ao último ponto (a importância da renovação da pauta de produtos) viemos, em certa medida, a convergir com Quadros e Bernardes, que consideram a renovação/inovação na pauta de produtos "possivelmente a mais importante" característica da conduta das empresas na amostra por eles estudada. Quadros, Ruy e Bernardes, R. "Cambiando con la Economía: La Dinâmica de Empresas Líderes en Brasil", *in* Peres, W. *Grandes empresas y grupos industriales latinoamericanos*, México: Siglo XXI editores, 1. ed., 1998.

O movimento de *catch-up* produtivo avançou intensamente no difícil período que se estende até 1998. Um indicador indireto eloquente disso, porém, consiste no fato de que já em 1997 as empresas mostravam-se bastante otimistas no que se refere às suas perspectivas individuais. Segundo pesquisa realizada pela Fundação Dom Cabral e pelo Instituto Vox Mercado (ouvindo 146 das 500 empresas tiradas de Melhores e Maiores da *Revista Exame*), 55% das empresas declaravam-se totalmente fortalecidas pelas mudanças recentemente introduzidas, enquanto 40% assumiam que esse objetivo fora parcialmente atingido. E isso num quadro em que 90% dos entrevistados acreditavam que a estabilidade continuaria no futuro – enquanto os preços dos produtos para os quais as empresas estavam voltadas continuariam a cair como resultado da pressão niveladora exercida pelos preços vigentes no mercado internacional.[32]

O catch-up *produtivo e seu significado estratégico*

Para muitos, o intenso uso de cortes e "enxugamentos" que se seguem ao anúncio da abertura visava à extirpação de tudo aquilo que, baseado em sinais de mercado adulterados pelo protecionismo e outras políticas públicas, não teria condições de subsistir à medida que a situação se normalizasse. Ocorreria, pois, uma depuração guiada pelos preços e fundada na percepção das autênticas vantagens comparativas. Essa leitura presume, evidentemente, que a liberalização das transações comerciais deflagraria um movimento de racionalização guiado pelos novos preços relativos. Esse tipo de interpretação, que em regra prescinde de embasamento contextual, podia inclusive invocar em seu favor o modismo da *global sourcing*, imperante, digamos, até meados dos anos 1990. Refiro-me ao fato de que, na visão da época, as trocas comerciais intraempresas – em notória expansão – requeriam a capacidade de alocar missões produtivas a diferentes regiões e países. Isso se faria, presumivelmente,

[32] *Revista Exame*, 29 de julho de 1998. Advirta-se, adicionalmente, que, ao contrário do ocorrido entre 1994 a 1996, no ano acima considerado (1998) só encontramos registro na imprensa de uma empresa denunciando a insustentabilidade do câmbio – e isso parece estar associado ao fato de que essa empresa (Siemens) pretendia ampliar substancialmente suas exportações a partir da base brasileira, o que era inequivocamente dificultado pelo câmbio vigente. Os empresários haviam deixado de referir-se à taxa de câmbio como um problema.

segundo as vantagens individualmente apresentadas por cada um deles. O carro global, por exemplo, não seria apenas um carro concebido para o mundo, mas, também, um automóvel em cuja fabricação colaborariam fábricas distribuídas em diversas regiões e países.

Um enfoque alternativo e possivelmente mais rico partiria da ideia de que, ainda quando as empresas efetivamente tirem proveito da proteção para assegurar boas margens de lucro (mesmo em situações recessivas, como indicado), é importante saber, antes de tudo, o destino dos recursos assim arrecadados. Ora, no caso do Brasil, por exemplo – e até início dos anos 1980 –, as empresas investiam consideravelmente e só deixaram de fazê-lo com o advento da alta inflação instável. Isso se aplica tanto a empresas nacionais quanto a filiais de multinacionais, tendo estas últimas inclusive revelado uma mais acentuada sensibilidade (ou melhor dito, aversão) ao ambiente macroeconomicamente em turbilhão.

Por outro lado, as reações das empresas à mudança dos parâmetros competitivos (via abertura) envolvem ainda outras dimensões que devem ser tidas em consideração para que se possa entender o curso seguido pelas decisões empresariais. Uma delas consiste na base de instalações fabris de que dispõem as empresas. Grandes plantas, originariamente concebidas para expandir-se, tendem a oferecer maiores graus de liberdade para futuros reformadores.

Aqui nos deparamos com uma herança da fase de substituição de importações: esta resultou em fábricas amplas e avançadas para seu tempo, entre outras razões, porque os projetos de que se partia para a obtenção de financiamento (frente ao BNDES, muito especialmente) deviam enquadrar-se nos critérios de uma tecnocracia imbuída da convicção de que esta era uma economia vocacionada para o crescimento.[33] A partir dessa visão, especialmente nos anos 1970, as próprias entidades governamentais muitas vezes se encarregaram de aumentar as ambições dos candidatos a financiamento – especialmente no que se refere a escalas de produção e atualidade tecnológica.

Ao que acaba de ser dito deve, aliás, ser acrescentado que a alegada megalomania dos tecnocratas na fase áurea da industrialização viria a se mostrar

---

[33] Castro, A.B. "Renegade Development: Rise and Demise of State Led Development in Brazil" *in* Smith, W., Acuña, C. e Gamarra, E. *Democracy, Markets, and Structural Reforms in Latin America*, Miami: North-South Center Press, 1993.

decisivamente importante na relevante área dos bens intermediários – onde as escalas fabris são até hoje consideradas de bom porte.[34]

Em suma, nesse enfoque alternativo, as empresas tinham em conta (e/ou encontravam-se influenciadas por) muito mais do que preços relativos, ao passar o bisturi em atividades, no catálogo de produtos e no pessoal. Mais do que isso, por razões histórico-contextuais, podiam fazê-lo dentro do perímetro das fábricas existentes – vale dizer, praticamente sem obras civis e, por conseguinte, com investimentos em princípio modestos. A forma como as trajetórias estratégicas plausíveis estavam sendo dessa forma influenciadas, ou mesmo selecionadas, remete ao conceito mais adiante especificado de "inércia estratégica".

Por fim, entrariam também, como condicionantes das escolhas de trajetórias, certas consequências da revolução das informações. Assim, por exemplo, a mais fácil e econômica conectividade por ela possibilitada atuaria no sentido de estreitar os laços entre empresas e fornecedores, que já vinham sendo fortalecidos por soluções como o *just in time.* Cresce assim uma cultura da cooperação. Tudo isso se traduz em novos parâmetros para a competição – o que teria sérias consequências sobre a configuração espacial da indústria. O reforço das cadeias locais e a importância decisiva da logística são expressões dessas novas realidades.

Tudo isso irá tornar-se mais forte e influente à medida que a estabilização coloque empresas (e consumidores, claro) diante de uma economia muito menos opaca – dando assim sua decisiva colaboração para a mudança do clima geral de negócios. Em suma, ainda quando as mudanças de preços relativos tenham óbvia importância, não se deve omitir o fato de que as empresas são o sujeito último que toma posições em função das conjecturas sobre o futuro, da avaliação que fazem de si mesmas e dos competidores. Certamente, ao tomar grandes decisões, não estão refletindo a avaliação feita sobre cada preço ou recurso. Há uma história e uma *gestalt* em questão: a empresa, sobretudo para efeitos de decisões estratégicas, é muito mais que uma coleção de recursos.

• • •

[34] De acordo com o ECIB, aí residem indústrias em que o país continuava a apresentar patente competitividade nos primeiros anos da década de 1990. Observe-se, a propósito, que existe aqui um marcado contraste com as economias dos demais países sul-americanos, onde as grandes plantas voltadas para a produção de bens intermediários (e dotadas de vantagens competitivas) foram construídas após a abertura – e, frequentemente, por multinacionais.

Retomemos a ideia de um *catch-up* produtivo e tratemos de examinar seu significado concreto no tocante às atividades desempenhadas pelas empresas. Para tanto iremos valer-nos do Gráfico I abaixo.

GRÁFICO I Valor agregado por função empresarial

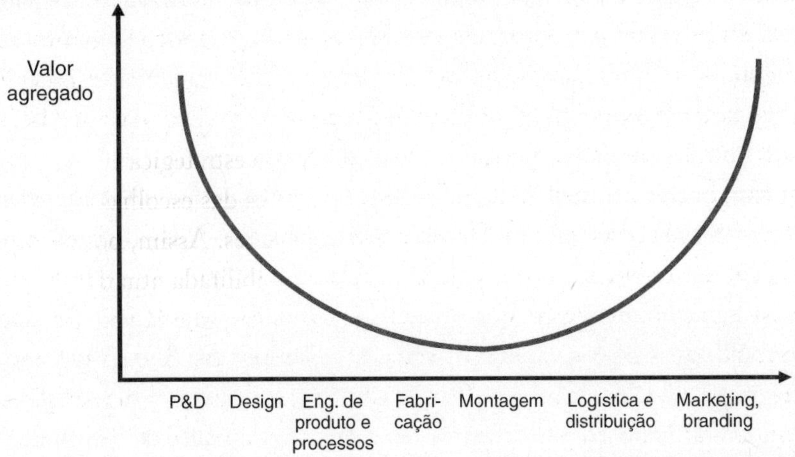

Fonte: Inspirado na "Curva de valor da indústria" presente em Bartlett, A. e Ghostal, S. "Going Global: Lessonsfrom Late Movers". *Harvard Business Review*. mar.-abr. de 2000.

Nele está representado o valor adicionado por funcionário nas várias funções corporativas de uma empresa moderna. No eixo horizontal estariam discriminadas as referidas funções corporativas, começando a esquerda pelo conjunto *upstream* (planejamento estratégico, pesquisa e desenvolvimento, design, engenharia de produtos e processos). A parte mais baixa da curva corresponde às tarefas levadas a efeito nas próprias plantas industriais: fabricação e montagem. À direita encontram-se atividades *downstream* (tais como distribuição, marketing, gerência de marcas etc.).

O Gráfico I nos diz que as funções de fabricação e montagem geram menor valor agregado. Isso indica, para efeitos da análise aqui desenvolvida, que o conjunto de funções que as empresas decidiram privilegiar está longe de reunir as mais nobres.[35] Contudo, ainda quando introduza um fértil elemento de

[35] Esta questão foi levantada por Furtado, J. em "La Transformation des Conditions d'Insertion des Economies à Industrialization Tardive dans l'Economie Mondiale". Tese de Doutoramento, Paris XIII, 1997.

perturbação (e reflexão), só adquire a devida importância se tivermos em conta os argumentos anteriormente desenvolvidos em torno do *catch-up* produtivo, acrescidos de alguns pontos a seguir acrescentados.

Uma tendência iniciada há cerca de 20 anos por algumas empresas – dentre as quais a Nike tornou-se o caso emblemático – vem se expandindo fortemente nos últimos anos. Concretamente, o que a Nike fez foi delegar a produção do tênis a fabricantes em diversas partes do mundo, retendo para si as funções anteriormente referidas como nobres. Entre elas, destacadamente, pesquisa, design e gerência de marca (vide Boxe 5).

Esse tipo de arranjo evoluiu nos últimos tempos, propagando-se rapidamente para outros campos. Deixava assim, evidentemente, de ser um tipo de relacionamento especial entre matrizes e meros fabricantes locais. De fato, nos próprios países centrais, empresas como a HP, a Motorola e a Lucent, entre outras, já há algum tempo estão praticando a chamada terceirização da produção. Em última análise, a explicação seria, no dizer de uma fonte, que "não há mais segredos na fabricação".

A contrapartida desse movimento veio a ser o crescimento de empresas sem rosto, capazes de rodar durante o dia a produção de uma empresa e durante a noite a do seu concorrente. Entre elas alguns nomes vão se tornando notórios, como, por exemplo, Solectron, Flextronix e Celestica (vide igualmente Boxe 5).

As empresas que acabam de ser referidas, especializadas em fabricação e montagem, buscam maximizar as vantagens desse posicionamento por meio de ampla escala, elevado coeficiente de utilização da capacidade e, por último, mas não menos importante, forte poder de negociação. A consequência mais imediata disso já está evidente: há em campo mais um fator destinado a intensificar a competição nas funções estrategicamente até aqui priorizadas pelas empresas sediadas no Brasil.

Duas ponderações devem, no entanto, ser feitas, frente ao que precede. Inicialmente, não cabem dúvidas de que o movimento em direção às "manufaturas contratadas" não tem avançado igualmente em todos os setores. Além disso, mesmo naquelas atividades em que a manufatura contratada está penetrando fortemente, existem empresas que entendem ser a fabricação uma atividade estratégica, da qual não podem abrir mão. Caso contrário, correm o risco de, a médio ou longo prazo, prejudicar ou mesmo perder a capacidade de inovar. Um caso bastante interessante é o da Siemens – que, fiel à cultura alemã de alta valoração do trabalho de fábrica, não admite a hipótese da terceirização da produção.

BOXE 5 A PRODUÇÃO COMO SERVIÇO: A MANUFATURA CONTRATADA

Acompanhando uma tendência já sinalizada ao final dos anos 1980 e que tem como emblema a Nike – "a fabricante que nada fabrica" –, as grandes empresas de produtos de alta tecnologia – e tênis na Nike é um produto de alta tecnologia – passaram a terceirizar totalmente a produção de seus produtos. A centralidade das atividades de marketing, pesquisa e inovação nessas empresas abre campo para o redesenho das estruturas industriais do qual participam.

Em tecnologia da informação, um exemplo extremo é o da Cisco Systems. Como descreveu reportagem na *BusinessWeek*: "[Em 1998] a Cisco venderá mais de US$5 bilhões em produtos – mais que a metade do total – através da internet, quase três vezes mais que as vendas por internet da pioneira Dell. ... [A rede] conecta a Cisco rápida e sutilmente com sua teia de parceiros, fazendo a constelação de fornecedores, fabricantes contratados e montadores parecer uma única firma – a Cisco – para o mundo lá fora. Através da rede da firma, terceirizados monitoram diretamente os pedidos dos clientes da Cisco e embarcam o hardware montado para esses compradores, mais tarde, durante o mesmo dia – frequentemente sem que a Cisco encoste a mão na embalagem. Terceirizando 70% da produção de seus produtos, a Cisco quadruplicou seu *output* sem construir novas plantas e cortou o tempo para levar um novo produto para o mercado em dois terços – ela trabalha hoje com um prazo de apenas seis meses."

No Brasil, só em 2000 três grandes multinacionais de setores de informática e telefonia suspenderam a fabricação de seus produtos e a transferiram para empresas especializadas em manufatura para terceiros, também multinacionais. A Nokia repassou seus produtos para a canadense Celestica, que também comprou a fábrica da NEC em Guarulhos; a Bull vendeu sua fábrica de computadores em Contagem para a JabilCircuit; e a fábrica da IBM em Hortolândia foi vendida para a norte-americana Solectron.

A possibilidade de usufruir dos ganhos de escala produtiva e principalmente pecuniária dos terceirizados, além de esperados ganhos em expertise específica na atividade de produzir e entregar, levam as empresas a esse movimento de reorganização. A tendência é forte e novos terceirizadores multinacionais vêm aportando no Brasil, tal com a Pemstar norte-americana. Além das citadas, já operam no Brasil também a Flextronics e a SCI system.

Essas empresas ocupam um espaço, no que concerne à eletroeletrônica, com vantagens associadas à escala, de difícil superação por empresas locais – a Celestica, por exemplo, tem 34 fábricas no mundo, com 24 mil empregados e faturamento de US$5,3 bilhões. A tendência mundial é que continuem crescendo: estima-se que 10% da produção mundial já seja contratada e que em três anos essa marca atinja os 17%. O mercado de fabricação por contrato tem crescido três vezes mais que a média do setor eletrônico, o que parece de fato revelar uma efetiva reorganização industrial.

O conceito de manufatura contratada em geral deve se expandir em outros setores, em particular onde quer que a concentração de variáveis estratégicas em pesquisa, marketing e inovação em produto no suporte à posição competitiva viabilize a terceirização de toda a produção. Não é o único caminho possível, mas sua chegada e crescente penetração não deixam de revelar uma tendência potencial quanto ao perfil de atividade industrial a dominar o parque nacional. É inevitável lembrar a imagem do sociólogo Domenico de Masi quanto à inserção do Brasil como país do novo "segundo mundo", o de fabricante de bens físicos, materiais, em contraponto a um "primeiro mundo" predominantemente produtor de ideias, conceitos e tecnologia.

Fontes: Masi, D. *O futuro do trabalho*, Editora UnB e José Olympio, 2. ed., 1999; Byrne, J.A., "A corporação do futuro", *BusinessWeek*, Edição LatinoAmericana, 24-31 ago. 1998; *Revista Exame*, 9 de ago. 2000; *Folha de S.Paulo*, 24 dez. 2000.

A segunda ponderação já foi antecipada: o barateamento de custos de produção permitido pela especialização em fabricação vem agravar os problemas acarretados pela opção aqui referida como *catch-up* produtivo. Ou seja, já era anteriormente evidente que em diversos setores as funções mais geradoras de valor agregado se situavam antes ou depois da fabricação. O que o novo fenômeno está tornando evidente é que a tendência à ampliação da distância (em termos de geração de valor) entre as funções de fabricação e as demais está se ampliando.

Finalmente, um ponto particularmente delicado (e que será retomado ao final do trabalho) é o da atitude das multinacionais no que concerne ao destino das funções superiores, uma vez estreitada a integração com as matrizes. A Philips do Brasil, por exemplo, decidiu, em 1997, acabar com o desenvolvimento local de produtos.[36] Essa, porém, não é uma postura generalizada – nem sequer definitiva.

Uma nova rodada de estratégias?

Sobre o ambiente pós-desvalorização

Preliminarmente caberia assinalar que a grande desvalorização brasileira de 1999 foi um êxito: promoveu uma significativa mudança de preços relativos, o que constitui o sentido ou função precípua de qualquer desvalorização.

[36] *Revista Exame*, 23 de agosto de 2000.

Esse fato pode ser facilmente verificado mediante comparação da evolução dos preços dos *tradeables* (medida pelo IPA) e dos *non-tradeables* (aferida pelo IPC-FIPE).

Não se notou, contudo, a reversão esperada da balança de comércio. Mas é amplamente aceito que os resultados frustrantes da balança comercial em boa medida se devem a movimentos adversos dos preços. Tanto é assim que aos preços vigentes em 1998 a balança comercial teria saltado de US$6,6 bilhões negativos (registrados naquele ano) para algo como US$7,5 bilhões positivos já em 2000.[37]

Gostaríamos de sugerir aqui a hipótese de que, além da evolução adversa dos preços, contribuíram (e continuam contribuindo) significativamente para a frustração da balança de comércio a estrutura setorial da economia e as estratégias adotadas pelas empresas.

Quanto ao fator estrutura, tem sido apontado por diferentes autores. Com efeito, é fácil ver que uma das regressões verificadas na economia brasileira desde pelo menos meados dos anos 1980 consiste na perda de peso relativo das exportações dotadas de um conteúdo tecnológico mínimo.[38] Essa questão não será, contudo, aqui tratada. Quanto ao fator estratégia, pelo contrário, está no cerne da temática deste trabalho. Voltemos, pois, ao nosso tema.

A desvalorização de janeiro de 1999 verificou-se quando as empresas já se encontravam basicamente ajustadas.[39] Repetiu-se, assim, *mutatis mutandis*, um fenômeno ocorrido em 1994. Naquele momento, os que já tinham eliminado desperdícios, cortado *overheads* etc., ao se defrontar com o salto da demanda verificado no segundo semestre do ano, no dizer de um comentarista, tiveram

---

[37] Além disso, como se sabe, outras desvalorizações ocorridas no mundo – e, muito particularmente, a do euro – tornaram a desvalorização efetiva do real (contra uma cesta de moedas) muito inferior à desvalorização verificada frente ao dólar.

[38] O Brasil seguia aqui uma tendência generalizada entre as economias latino-americanas, que desde a crise da divida externa, cada vez mais, fundavam suas exportações no que Fernando Fajnzylber chamava de "fatores espúrios" de competitividade (vale dizer, predomínio da mão de obra e dos recursos naturais de reduzido custo). Fajnzylber, F. "Progresso técnico, competitividade e mudança institucional", in Velloso, J.P. *A nova ordem internacional e a terceira revolução industrial.* Rio de Janeiro: José Olympio, 1992.

[39] Os dados da pesquisa anteriormente citada pela Dom Cabral e pela Vox Mercado (*Revista Exame*, 23 de agosto de 2000) fornecem fortes indícios desse fato. Lembremos que a grande maioria das empresas revelava certo otimismo, não obstante o fato de que 90% previam a manutenção da estabilidade – o que, na visão então dominante, implicava supor que não haveria desvalorização.

apenas que "ir para o abraço". De igual maneira, os que avançaram substancialmente no seu esforço de *catch-up* produtivo, antes da desvalorização, estavam em princípio qualificados para colher (direta ou indiretamente) os benefícios dela derivados.

Como consequência das novas condições surgidas ao longo de 1999 e em boa medida consolidadas ao longo de 2000,[40] os resultados obtidos pelas empresas têm apresentado, em regra, substancial melhora. Estão também surgindo indícios de que numerosas empresas industriais, domésticas e estrangeiras, voltam a indagar-se sobre seu destino no (mais uma vez) renovado quadro da economia brasileira. A desvalorização exitosa e o bem-sucedido novo regime cambial serão temas mais adiante retomados, dada sua importância decisiva.[41] Antes, porém, parece-nos útil realizar uma breve digressão acerca do que significa, para as empresas, rever em profundidade estratégias – fenômeno muitas vezes referido na literatura pertinente como "duplo loop".

Digressão sobre o chamado duplo LOOP[42]

Existe uma inércia natural no padrão de decisão e ação que define a estratégia de uma empresa. O processo de formação desse padrão – isto é, dessa estratégia – combina diversas influências. Há, usualmente, um componente deliberado, associado às intenções originais da alta gerência, e um componente emergente, nascido de dentro da organização. Neste caso, ele pode originar-se das práticas das pessoas, como também pode surgir de reviravoltas nas percep-

---

[40] O regime cambial que acompanhou a estabilização brasileira tendeu a ser visto no exterior como um improviso que, mais cedo ou mais tarde, deveria dar lugar a novas mudanças em direção a um regime considerado sustentável. Assim sendo, e encontrando-se amplamente difundido o chamado "medo de flutuar", a situação brasileira era vista como não resolvida – o que alimentava uma percepção de elevado risco. Parece-me haver fortes razões para se pensar que o diagnóstico que aponta para o alto risco está equivocado – mas esse não é um tema a ser enfrentado neste trabalho. A premissa de que diversas características que vêm sendo adquiridas pela economia tendem a retirá-la da zona de alto risco, no entanto, permeará as considerações a seguir desenvolvidas sobre a conveniência da revisão das estratégias empresariais dominantes.

[41] Têm se multiplicado na imprensa, nos mais recentes meses, matérias sobre os bons resultados obtidos por empresas industriais. Por exemplo: "Produtividade garante lucro recorde na década", *Gazeta Mercantil*, 5 de janeiro de 2001.

[42] Este item é baseado em texto originalmente desenvolvido por Adriano Proença como nota para o Anexo a este trabalho e posteriormente incorporado ao corpo do texto e desenvolvido em discussões ao longo de sua elaboração.

ções das lideranças da organização (inclusive como resultado de jogos de poder internos à empresa).

Tal entendimento do processo estratégico contempla ainda duas considerações. Uma é que parte das intenções da liderança não se concretiza – existindo, portanto, um componente de estratégia não realizada. Outra é que a diferença entre o realizado e o pretendido oferece oportunidades para que a organização aprenda. Isto é, para que sua liderança e seus quadros reflitam sobre suas premissas, intenções e decisões e comparem-nos com o que a vida real lhes traz.

A ilustração a seguir busca resumir o entendimento do aprendizado estratégico – que pode se dar em dois níveis.[43]

FIGURA I O processo estratégico[44]

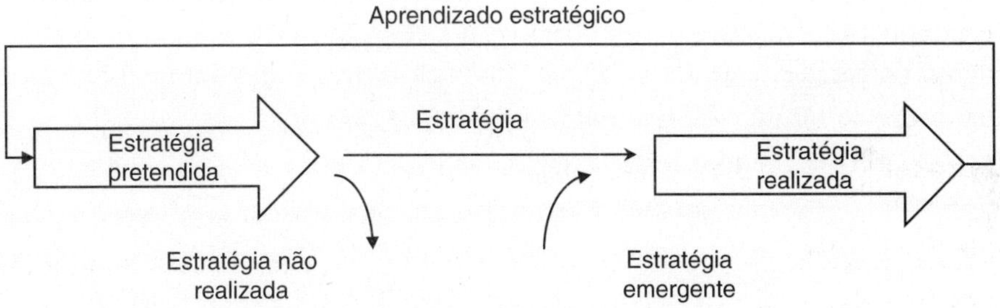

O "aprendizado em *loop* simples" refere-se a um aprendizado instrumental, que pode alterar percursos de ação ou mesmo aspectos da estratégia da empresa sem alterar fundamentalmente o entendimento que a empresa tem do mundo – isto é, para efeitos deste texto, o alcance de suas ambições em termos de identidade organizacional ("o que fazemos e para quê"). Nessas situações, o feedback dos resultados no ambiente se dá como se fosse um *loop* singular, que, uma vez trabalhado pela organização, resulta em mudanças ainda dentro do escopo original de intenções, valores e normas que presidem as ações da empresa.

[43] Sobre esses dois níveis de aprendizado, c.f., entre outros, Argyris, C. e Schön, D.A. *Organizational Learning: A Theory of Action Perspective*. Reading, MA: Addison-Wesley, 1978.

[44] Mintzberg, H. e Waters, J. "Of Strategies, Deliberate and Emergent", *Strategic Management Journal*, v. 6, pp. 257-272, 1985.

O "aprendizado em *loop* duplo" refere-se ao aprendizado que altera o entendimento que a empresa tem do mundo, de suas oportunidades e ameaças; portanto, leva a reconsideração das premissas e postulados que informam suas estratégias. Para efeitos deste texto, trata-se do aprendizado que informa uma mudança na identidade da organização. O feedback dos resultados no ambiente agora se dá em um *loop* duplo, levando a um questionamento de intenções, normas e valores e abrindo campo para uma renovação na estratégia da empresa.

Assim, quando se fala na inércia típica de determinado padrão estratégico, está-se falando de uma estratégia de sucesso. A lição trazida pelo "aprendizado estratégico" é a de que, mesmo com todos os seus desvios e surpresas entre intenção e fato, o processo estratégico na organização resultou vitorioso, pois forjou uma "estratégia realizada" vencedora. À medida que o tempo passa, a própria lógica dos "desvios" se torna mais cognoscível, sendo estes crescentemente percebidos como um "ajuste" necessário, inerente à imprevisibilidade intrínseca do futuro. É um aprendizado em *loop* simples.

O sucesso repetido da estratégia adotada – isto é, a "realizada" que se torna "pretendida" – forma um determinado padrão de conduta. Esse sucesso gera, por assim dizer, uma "zona de conforto mental", em que liderança, gerentes e empregados se sentem seguros da qualidade do encaixe entre sua atuação e o ambiente. Confiantes, decidem bem e rapidamente, pois pressumem que conhecem o ambiente competitivo e sabem como lidar com ele. É só olhar seu histórico de realizações.

Vale observar que, além do aspecto cognitivo e simbólico dessa inércia, há motivos bem mais concretos para tal comprometimento com determinadas trajetórias.[45] Em primeiro lugar, existem os investimentos efetivamente realizados – as máquinas compradas, os softwares e procedimentos desenvolvidos, as pessoas treinadas, os processos implementados, as capacitações desenvolvidas. Tais investimentos configuram o trancamento (*lock-in*) dentro de determinado leque de trajetórias possíveis.

Por exemplo, ao optar por entrar numa corrida pela escala, com vistas a fortalecer uma posição de baixo custo, a empresa tipicamente se impossibilitará de tentar, de forma economicamente viável, alternativas associadas à

[45] Sobre inércia e comprometimento estratégico, Ghemawat, P. "Commitment: the Dynamics of Strategy". Nova York: *Free Press*, 1991.

customização de seus produtos. Ela estará "trancada" dentro das opções possibilitadas por equipamentos exigentes de grandes lotes de produção para que as operações sejam econômicas.

A contrapartida de tal situação é o efeito de trancamento (*lock-out*). Ao optar pela trilha "a", a empresa se coloca fora do caminho "b". Estratégia é escolha. Uma vez norteado o impulso da organização em determinada direção e após alguns ciclos de sucesso, a empresa estará tipicamente em um curso definido e já sem as alternativas que se colocavam no início dessa sua trajetória.

Outro aspecto importante, associado aos efeitos de *lock-in* e *lock-out*, é o relativo ao fato de o prazo de reversão das trajetórias ser, muitas vezes (independentemente dos custos associados), incompressível. Mesmo que se possa "despejar" dinheiro e gente para superar um determinado trancamento indesejável, o prazo necessário para consegui-lo não tem como ser reduzido, o que implica que um erro de *timing*, mesmo assumindo novos recursos infinitos, pode ser fatal.

Supondo esse entendimento do processo estratégico e suas propriedades, cabe observar outro aspecto de sua dinâmica. A saber, a forma como o ambiente em que opera a organização condiciona e induz a formação da estratégia da empresa.[46]

No ciclo de sucesso anteriormente considerado, as respostas que o configuram são dadas pelo ambiente imediato onde opera a firma. Seja a demanda crescente e propensa a aceitar as margens que lhe são impostas, sejam fornecedores capazes, seja uma indústria estruturada de forma favorável à empresa (entre tantos outros aspectos), o fato é que a organização percebe o mundo pelos pontos de contato que tem com ele. Os ativos que acumula, as capacitações que desenvolve e as inovações que a empresa busca são para dar resposta ao ambiente percebido em seus embates competitivos.

O meio forma a organização, não em sentido determinístico, mas como se fosse um professor que a orienta sobre o que é "bom", e o que é "ruim", o que é possível e o que é inviável. A imagem, portanto, do "aprendizado estratégico" tem de levar em consideração o papel desse "professor". A "zona de conforto mental" à qual nos referíamos tende a estar fortemente vinculada ao ambiente no qual a firma já opera e eventualmente à sua extensão natural (ampliação em direção a "mais do mesmo").

---

[46] Porter, M. *The Competitive Advantage of Nations*. Nova York: Free Press, 1990.

Quando se configura, porém, uma ruptura no regime de funcionamento do ambiente, aquilo que "se aprendeu" tem que ser necessariamente revisto. Isso se deu (conscientemente ou não) por ocasião do período aqui referido como "cargas ao mar". Como já foi anteriormente sugerido, realizado em grande medida o *catch-up* produtivo e verificada a desvalorização exitosa, retorna-se a um quadro que repõe a hipótese de aprender em *loop* duplo.

Novas estratégias: incrementalismo × ampliação seletiva de funções

Voltemos à questão da retomada do crescimento discutida no item "Sobre o ambiente pós-desvalorização".

Os dados de balanço exibidos pelas empresas sediadas neste país revelam as sérias dificuldades por elas enfrentadas em 1997 e 1998. Já no segundo semestre de 1999, o quadro muda. O câmbio parece encontrar valores sustentáveis, os juros abandonam os níveis estratosféricos a que haviam sido levados, e a inflação permanece sob controle. Em tais condições, a economia volta a crescer e bons resultados não tardam a aparecer nos balanços das empresas.

A sumaríssima descrição que acaba de ser feita indica que, ao término dos anos 1990, o ambiente macroeconômico continuava a decidir a sorte das empresas e o ritmo de crescimento da economia. O fato é em si inegável, mas há uma importante ponderação a ser feita a esse respeito. Se assim fosse, as opções estratégicas das empresas seriam algo pertinente apenas para elas próprias, individualmente tomadas, enquanto o destino da economia dependeria unicamente do quadro macroeconômico.

Há razões para se crer, no entanto, que as escolhas estratégicas das empresas têm uma relevância muito maior. Quando mais não seja porque opções massivamente orientadas numa certa direção comprometem a economia com determinadas trajetórias. Mais do que isso, dadas as dificuldades (inércia) a serem enfrentadas por cada empresa para tomar decisões que alterem sua estratégia, opções que se revelem problemáticas introduzem rigidezes na economia e, possivelmente, restrições ao seu potencial de crescimento. (vide Anexo, "As empresas e o crescimento").

• • •

No que segue vamos procurar mostrar que as opções estratégicas feitas até recentemente no Brasil tendem a perder sua eficácia. Antes, porém, convém introduzir uma advertência.

A ideia de que a recente retomada do crescimento provém do restabelecimento da normalidade macroeconômica omite fatores e determinações evidenciados ao longo deste estudo – e que serão a seguir mais uma vez evocados.

O que ocorreu recentemente (1997-1999) no país não foi uma mera normalização das condições, e sim um brutal ciclo de *stop and go*. O *stop* teve início quando, sendo a economia brasileira vulnerável aos olhos de todos, a crise surgida no Sudeste Asiático se aprofundou, contagiou outros países e ameaçou chegar aqui. Em face de tais circunstâncias, a economia brasileira foi severamente contida, mediante drástica elevação dos juros. A freada imposta à economia, violenta (mas de intensidade variável ao longo do tempo), só seria efetivamente atenuada em meados de 1999.

Verificada a descompressão, ressurge, ainda que parcialmente, a exuberante demanda de uma economia ainda não inteiramente adaptada à abertura, à estabilidade – e há não muito tempo saída de longa hibernação. Por fim e num outro plano, as empresas do setor *tradeable*, que haviam amplamente se adaptado ao câmbio anteriormente vigente (exportando pouco, basicamente, porque esta não era uma prioridade estratégica), descobrem-se, uma vez decantada a poeira da desvalorização, em situação bastante favorável.

Em resumo, fatores que absolutamente não podem ser identificados (ou reduzidos) à normalização macro contribuíram para o razoavelmente vigoroso *go* verificado no segundo semestre de 1999. Senão, vejamos.

Há fatores, como a descompressão da demanda promovida pelo recuo dos juros usualmente referidos como estratosféricos, que parecem ser um dos últimos atos da transição para a normalidade. Há outros de natureza histórico-circunstancial, como a exuberância – já agora diríamos residual – de certos mercados de *tradeables* (nos termos da análise anteriormente feita, o paradoxo do desajuste na estabilidade estaria por desaparecer). A bem dizer, dos fatores ali presentes, só a estimulante taxa de câmbio pode ser pensada como duradoura – na presunção de que o novo regime cambial continue exitoso.

Estamos, em suma, ingressando na normalidade. Nela, a macroeconomia saudável passa a ser como o ar-condicionado: operando normalmente, sua presença não é sentida. E, quanto ao ritmo de crescimento da economia, sua explicação deve ser buscada em outras partes.

• • •

Contra esse pano de fundo, a opção estratégica pela priorização das funções operacionais, com destaque para a fabricação, deve ser considerada – a médio prazo, pelo menos – uma solução bastante vulnerável. Isso pelas seguintes razões:

- Porque atualmente as fábricas são cada vez mais transportáveis. Soluções podem ser rapidamente levadas para qualquer parte do globo – o que certamente contribui para sua banalização. Em suma, mercados promissores, mão de obra barata, incentivos fiscais incessantemente acionam decisões de investimentos diretamente produtivos (não financeiros), mas de grande mobilidade (*footloose*). Vistas por esse ângulo e em nítido contraste com o passado, as vitórias no campo industrial são hoje altamente perecíveis.
- Porque, como já foi anteriormente assinalado, está se ampliando e radicalizando a experiência dos "fabricantes por contrato" – capazes de apresentar sérias vantagens no que toca à escala, simplificação de atividades burocrático-administrativas, utilização de capacidade e drástica, bem como poder de barganha com fornecedores.
- Porque a opção aqui feita requer a compra recorrente de soluções tecnológicas, renovação de licenças de uso de produto etc. à medida que se sucedam inovações em cada campo. Ainda quando isso possa, em certos momentos, não constituir problema, é importante assinalar que a sorte do negócio permanece na dependência de um fator sobre o qual não há controle: a qualquer instante as fontes provedoras de novas soluções podem rever seu posicionamento, com graves repercussões para o destino do negócio. Num mundo caracterizado pelo encurtamento do ciclo de vida de tecnologias e produtos, essa dependência tende a ser bastante incômoda.

Tendo possivelmentes presentes argumentos desse tipo, um porta-voz da empresa gaúcha Azaleia resumiu a vulnerabilidade da opção (predominantemente) produtivista, com um contundente argumento: "Eficiência operacional hoje é pressuposto... é como visto para entrar nos Estados Unidos."[47]

• • •

Que soluções oferece o ambiente pós-desvalorização diante das ameaças que viemos aqui a caracterizar?

A possibilidade de pleitear favores públicos e soluções especiais que impliquem importantes gastos sob a forma de renúncia fiscal etc., há de se reconhecer, tem pouco fôlego. A restrição fiscal, os compromissos internacionais e o próprio fato de que não é concebível que os benefícios concedidos sejam crescentes ao longo de tempo mostram que esse caminho não levaria longe.

Aqui é preciso apresentar a hipótese das "estratégias incrementalistas". Estas consistiriam em prosseguir avançando na direção das técnicas e gabaritos internacionais através, entre outros recursos, de maiores doses de automação e digitalização. Em certos campos há muito espaço para que isso se dê, segundo o Relatório McKinsey.[48] Ainda quando isso possa ser promissor em determinados casos, apostar genericamente em tal solução é, contudo, não entender a natureza do desafio enfrentado. *É preciso ter definitivamente claro que, no ambiente normalizado e altamente competitivo, tudo aquilo que pode ser comprado em mercado – na medida em que acessível a concorrentes – dá lugar a vantagens frágeis.*

O incrementalismo consiste, em última análise, em uma renovação do *catch-up* produtivo que marcou boa parte das empresas no período estudado. Mas é importante advertir que, mantido o núcleo de suporte competitivo nas habilidades em operações da empresa, a renovação poderia incluir investimentos em aquisição de tecnologia, formação de RH, revisão do relacionamento operacional com clientes e fornecedores e inserção nos mercados externos.

O rápido recorrido destas ponderações deixa claro que dificilmente se encontrarão soluções sustentáveis no médio e longo prazo fora do desenvolvimento de funções outras que não as de fabricação (vide Gráfico I). Mas, nesse caso, estaremos diante de um "duplo *loop*", ou seja, de mudanças natureza estratégica.

---

[47] *Revista Exame*, 24 de agosto de 1997.

[48] *Op. cit.*

O reposicionamento aqui referido como "ampliação seletiva de funções" teria por base a construção de novas capacitações, tipicamente associadas ao desenvolvimento de competências em atividades nobres da cadeia de valor – design, pesquisa e desenvolvimento em produtos e processos, marketing, construção de marca própria, entre outras. Em termos do Gráfico I, recapitulemos, essas funções estariam situadas antes e depois da fabricação e de logísticas de entrada e saída. As capacitações associadas ao bom desempenho nas operações produtivas, por sua vez, continuariam a ser desenvolvidas – mas de forma subordinada e condicionada pela migração para a nova posição competitiva.

Desenvolver estratégias de "ampliação seletiva de funções" não é decisão fácil. Exige engajamento de toda a organização e apostas de peso quanto aos cenários futuros. A tendência espontânea das empresas é evitar esse tipo de guinada. Há exceções. Poderíamos argumentar que a Embraer e a Coteminas,[49] cada uma à sua maneira, praticaram ou começam a praticar reposicionamentos desse tipo. Seguramente, contudo, se o país deseja multiplicar e fortalecer esse tipo de opção deve conceber e implementar toda uma agenda de políticas com tal propósito.

[49] Quanto à Embraer, poderíamos referir-nos à decisão símbolo de embarcar na família ERJ de aeronaves de porte médio. Cf. Bernardes, R. *op. cit.*, No tocante à Coteminas, referimo-nos à decidida opção recentemente tomada no sentido de comprar e desenvolver marcas. Vide Hermann, I. e Nassae, A.M. "Coteminas – o desafio da inserção no mercado externo" in Seminário *Pensa O Desafio das Exportações*, 2000.

ANEXO: AS EMPRESAS E O CRESCIMENTO

Antonio Barros de Castro

Na história econômica, parece estar consagrada a noção de que diferentes tecidos de empresas carregados de maior ou menor motivação para assumir riscos e investir são importantes na determinação do ritmo de expansão das economias. Chandler, por exemplo, deixa claro que o vigor da economia norte-americana na transição para o século XX provém do surgimento da *corporation* ou, mais precisamente, da superioridade desse tipo de empresa sobre seus congêneres britânicos. Também no período que se segue ao primeiro choque do petróleo (1973-74), o vigor alcançado pela economia japonesa (até 1990) tem sido atribuído, em grande medida, às novas formas de organização do trabalho, gerenciamento e relacionamento com os fornecedores adotadas por um crescente número de empresas.[50]

O próprio dinamismo norte-americano contemporâneo tem como ponto de partida a vigorosa reação das empresas daquele país frente ao desafio colocado pela invasão de importações procedentes do Japão. A poderosa resposta dada pelo núcleo tradicional de empresas líderes norte-americanas (auxiliada por medidas de proteção e estímulo) permitiu, contudo, que a indústria norte-americana respondesse satisfatoriamente ao desafio com que se defrontava. O relevante, no caso, parece ter sido o surgimento de empresas que, entre outras mudanças inovadoras, "mantêm relações de longo prazo com seus supridores, compartilham informações técnicas e sobre custos com eles e os envolvem tanto no desenvolvimento de produtos quanto na produção".[51]

O tema da impulsão do crescimento procedente das empresas é, no entanto, tradicionalmente omitido pelos economistas. Deles, um bloco não se cansa de advertir que o crescimento pode ser prejudicado, ou mesmo invia-

---

[50] Há um quase consenso em torno da ideia de que, nesse período, a contribuição do MITI para o crescimento japonês foi modesta, ou pelo menos muito inferior à até então verificada.

[51] Ghemawat, P. *Strategy and the Business Landscape.* Nova York: Addison Wesley Longman, 1999, p. 96.

bilizado, por distúrbios de natureza macroeconômica, sem se preocupar, no entanto, em especificar os elementos e fatores que poderiam – dadas condições macroeconômicas saudáveis – fortalecer o crescimento. Uma ala moderna, herdeira de argumentos originários das teorias do desenvolvimento, recentemente reciclados e formalizados, chama a atenção para o fato de que economias de escala, economias externas e aprendizado são importantes ingredientes de crescimento econômico. Ainda aqui, contudo, as atenções não se voltam para a morfologia, conduta e opções estratégicas das empresas.

Uma terceira linha, na tradição Schumpeter-Penrose, pode certamente ser considerada fecunda na construção de um relacionamento analiticamente elaborado entre empresa e crescimento. Diversos argumentos neste trabalho daí derivam sua inspiração.

CAPÍTULO 8

A RICA FAUNA DA POLÍTICA INDUSTRIAL E A SUA NOVA FRONTEIRA[1]

Política industrial para a correção das falhas de mercado

De acordo com a corrente central da teoria econômica, dois fatos podem afastar uma economia de mercado da posição de equilíbrio geral – situação em que coincidiriam, plenamente, o interesse privado e o interesse público. O primeiro se verifica ali onde o mercado apresenta "falhas" que o afastam da condição de concorrência perfeita; o segundo decorreria da intervenção dos poderes públicos.

Dado o que precede, as políticas industriais (nessa primeira acepção) teriam sua razão de ser na correção das falhas de mercado, de maneira a reconciliar o interesse privado com o interesse social. Como se daria, porém, tal reconciliação? Mediante a alteração, politicamente decidida, dos preços relativos com que se defrontam os agentes econômicos. Tarifas aduaneiras maiores ou menores, juros subsidiados, isenção tributária e assunção (socialização) do risco privado seriam exemplos de interferências no sistema de preços visando alterar (e, supostamente, corrigir) os sinais de mercado e, por conseguinte, as decisões privadas.

A existência de economias externas, bem como de desigualdades ou assimetria no acesso a informações, constitui casos típicos de falhas de mercado, a serem corrigidas por intervenções capazes de restaurar as condições adequadas à busca, pelos agentes econômicos, do equilíbrio geral. Para tanto seria, contudo, necessário contar com órgãos públicos – e tecnocratas – capazes de

[1] Texto publicado na *Revista Brasileira de Inovação*, v. 1, n. 2, jul.-dez. de 2002.

perceber e avaliar as divergências e distorções e dimensionar as correções necessárias ao restabelecimento da coincidência entre o ótimo privado e o ótimo para a coletividade.

Dois breves comentários serão apresentados a respeito do que acaba de ser dito.[2]

O primeiro é que, ainda quando se conclua pela presença de desvios do tipo aqui focalizado, a perspectiva centrada nas falhas de mercado não necessariamente recomenda a realização de intervenções corretivas. Para entendê-lo convém lembrar, antes de mais nada, as dificuldades técnicas a serem enfrentadas na avaliação, tanto dos desvios quanto do necessário à sua compensação. Por outro lado, existem também problemas inerentes à ação pública, ou, melhor dito, à gestão do interesse coletivo. Assim, por exemplo, podem ocorrer fenômenos conhecidos como "captura" de órgãos públicos por parte de interesses privados. Haveria também que se reconhecer a miopia usual (a curto prazo) da ação política e as possibilidades de clientelismo, nepotismo etc. Numa palavra, é necessário ter em conta as possíveis "falhas de governo". E, se as falhas a serem introduzidas pelo governo excederem os desvios endogenamente gerados pelo mercado, é razoável concluir pela não intervenção.

A segunda observação é de ordem prática. Nos anos 1980 e 1990 prevaleceu uma atitude fortemente crítica em relação à competência e isenção dos órgãos públicos. Se combinarmos esse pessimismo no tocante à ação dos poderes públicos com a prevalência – especialmente nos países subdesenvolvidos – de imensas disparidades sociais (e, portanto, de óbvias razões para expandir os gastos com educação e saúde), chega-se a conclusões marcadamente restritivas face às políticas industriais.

A rigor, dada a forte suspeição, especialmente no tocante ao estado produtor, passaram-se na prática a recomendar (além de medidas destinadas a melhorar o ambiente macroeconômico), exclusivamente, políticas voltadas para o aprimoramento da qualidade dos fatores disponíveis (políticas horizontais). Com isso, as versões menos críticas da política industrial (filiadas a essa visão) passaram a

---

[2] Uma visão geral dessa temática é apresentada em Bhagwati, J. "The Generalised Theory of Distorsions and Welfare" *in* Bhagwati, J. *et al.* (eds.), *Trade, Balance of Paymensts and Growth: papers in honour of Charles Kindleberger*. Amsterdã: North Holland, 1971. Visões críticas da perspectiva tradicional podem ser encontradas em Chang, Haa-Joon. *The Political Economy of Industrial Policy*. Londres: Macmillan, 1994 e Metcalfe, S. "Evolutionary Economics and Technology Policy", *The Economic Journal*, n. 104, 1994.

recomendar extrema moderação no seu uso – mesmo diante de comprovadas falhas de mercado. Além disso, claro, sempre e quando a intervenção se justificasse, estrita observância das severas regras introduzidas pela OMC.

Em diversos países isso acarretou uma ostensiva ruptura com o passado, caracterizada pelo predomínio da família de políticas industriais totalmente diversa, a seguir assinalada.

Política industrial como política "de resultados"

A segunda abordagem nasce da comparação entre experiências históricas. Por contraste com a primeira visão – que deriva de uma determinada concepção teórica de como opera a economia, em condições de concorrência perfeita e mercados completos –, essa segunda matriz das políticas industriais surge da frustração com a situação existente. O enquadramento histórico é aqui imprescindível, mas a reflexão pode, em princípio, levar ao que Nelson e Winter (1982) propuseram chamar de "teoria apreciativa". Podemos genericamente a elas nos referir como políticas industriais "de resultados".

É importante lembrar que, para os adeptos da primeira visão, as diferenças entre os níveis médios de renda das economias integradas ao mercado mundial tendem a reduzir-se: é a tese da convergência. A história parece indicar, no entanto, que grandes diferenças, uma vez surgidas – e ressalvadas exceções –, tendem a permanecer e até mesmo a ampliar-se.[3] E isso parece haver se comprovado, mais que nunca, no último quarto de século.

Alguns poderiam ser tentados a dizer que, ampliando suficientemente o conceito de falhas de mercado, seria possível entender os casos de não convergência. Esta parece ser, no entanto, uma falsa pista. Afinal, quando nos referimos a falhas de mercado, estamos falando de circunstâncias capazes de provocar o afastamento do equilíbrio geral. No terreno em que estamos ingressando, no entanto, encontram-se fenômenos obviamente não redutíveis a desvios de um suposto ótimo. Trata-se de outras realidades, em maior ou menor medida dotadas de sua própria consistência interna.

---

[3] Casos excepcionais de rápida diminuição da distância serão a seguir mencionados. A Argentina, de sua parte, é também uma exceção: de sinal invertido, no entanto. Com efeito, em 1910 o país contava com uma renda *per capita* equivalente a 75% da norte-americana!

De fato, os desequilíbrios regionais persistentes (como o do sul da Itália), o atraso e a pobreza de certas nações e até mesmo a decadência crônica de certas indústrias nos países desenvolvidos são problemas econômicos profundamente entranhados no tecido socioeconômico e sujeitos à ação de mecanismos de reprodução das características (e dificuldades). Em tais casos, sem que grandes e profundas mudanças – capazes de alterar referências, condutas e a própria visão do futuro – venham a ocorrer dificilmente se escapa ao círculo de ferro das características que se confirmam e se realimentam. E é aqui que pode entrar em cena um tipo muito peculiar e historicamente importante de política industrial.

Refiro-me a esforços concentrados visando à promoção de autênticos saltos históricos, como também à construção ou reconstrução de setores ou regiões. Nos casos clássicos de "emparelhamento" (*catch-up*), na Europa do pós-guerra, e mesmo no caso dos Estados Unidos frente à brutal pressão exercida pela competição japonesa nos anos 1980, variantes fortes ou fracas dessa família de políticas industriais estiveram presentes. Na breve referência a seguir, contudo, apenas a hipótese do *catch-up* histórico será considerada.

• • •

A grande pergunta para as economias (setores ou regiões) que ficaram para trás é: existem maneiras de avançar rapidamente, recuperando o tempo e o terreno perdidos? Ou, vista a questão por outro ângulo: é possível apropriar-se, deliberada e generalizadamente, de soluções encontradas e desenvolvidas nas economias mais avançadas?

A resposta não pode ser outra senão um vigoroso sim.

Antes de mais nada, porque isso já foi diversas vezes feito. Atalhos históricos foram e têm sido encontrados. No passado, pela Alemanha e pelo Japão; recentemente, pela Coreia; e, no presente, pela minúscula Cingapura e pela gigantesca China. Neste sentido, foram em vão os esforços realizados por tantos *scholars* para negar a importância e a eficácia das especialíssimas instituições, políticas e expedientes de que lançaram mão esses países para promover o emparelhamento. Só o que resta aos recalcitrantes é aceitar as evidências, ponderando que para tanto foram necessárias condições "especiais". Ocorre, porém, que a criação de soluções especiais, capazes de substituir os requisitos clássicos do desenvolvimento, constitui um dos pontos de partida dos trabalhos de

Gerschenkron (1966), patrono da temática da industrialização retardatária e acelerada.[4]

Além disso, diversas soluções lançadas pelos mais avançados, especialmente no campo tecnológico, após devidamente trabalhadas e desenvolvidas, tornam-se soluções "superiores" – no sentido de que poupam capital, trabalho, bem como, possivelmente, tempo e energia! Chegamos, assim, a uma questão complexa: por que as soluções superiores não são adotadas nas economias e regiões que permanecem atrasadas? Ou, vista a questão de outra maneira, como é possível ter êxito no amplo transplante de conhecimento das economias mais avançadas para as que ficaram para trás?[5]

A resposta a tais indagações obviamente transcende o objetivo deste artigo. O tema será, no entanto, aqui tocado, dado o interesse em levar adiante a classificação das políticas industriais. Com esse intuito, admitamos de partida que muitas soluções superiores são efetivamente adotadas no meio ambiente atrasado, de forma espontânea, e guiada pelos sinais de mercado. Esta é, aliás uma razão para que países relativamente atrasados (quando não contidos ou travados) cresçam mais rápido que os países avançados. Mais precisamente, e na terminologia de Gerschenkron, isso seria uma das "vantagens do atraso". Acontece, porém, que a difusão de soluções superiores é frequentemente impedida ou restringida.

A razão fundamental para que diversas soluções superiores não se difundam nos países atrasados é que elas requerem, especialmente nesses contextos, muito mais do que o automatismo do mercado. Refiro-me, sobretudo, a decisões que supõem grandes e poderosos atores, exigem uma base diversificada e robusta de serviços (precária ou inexistente nas nossas economias), além do compartilhamento de conhecimentos que foram sendo criados com o avanço das novas soluções.

A conjugação de decisões em algumas medidas interdependentes, a serem, no entanto, tomadas, de forma praticamente simultânea (e em terrenos marcadamente díspares), requer algum tipo de coordenação extramercado.

---

[4] Gerschenkron, A. "Reflections on the Concept of 'Prerequisites' of Modern Industrialization", *in Economic Backwardness in Historical Perspective.* Cambridge: Harvard University Press, 1962.

[5] Uma ambiciosa tentativa de enfrentamento dessa temática pode ser encontrada em Amsden, A. *The Rise of The Rest., 1850-2000: Late Industrialization out side the North-Atlantic Economics*. Oxford: Oxford University Press, 2001.

Referimo-nos, em síntese, a um tipo de coordenação antecipada, implicando os atores ou candidatos a atores envolvidos em mudanças que só o futuro dirá se tiveram sucesso.

No mercado, por contraste, a coordenação vai brotando à medida que as empresas e pessoas vão respondendo aos preços – sem ter em conta as consequências disso sobre os demais. Trata-se de uma coordenação tácita e realizada de maneira *ex post*, via prêmio e punição. Quando, porém, há que se combinar previamente os programas de ação e inclusive, não raro, constituir os próprios atores, a coordenação é necessariamente de outra natureza. A bem dizer, a coordenação de atores grandes e complexos, para que tomem decisões interdependentes, antecipadamente aos resultados e consequências esperadas, não pode ser cobrada do mercado. Numa palavra, isso escapa à sua natureza e função precípua: integrar decisões anônimas e difusas, através de uma coordenação inconsciente e imperceptível.

No tipo de coordenação *ex ante* a que estamos aqui nos referindo, é aliás preciso contar com atores radicalmente diferentes das firmas que asseguram, na economia convencional, o funcionamento surdo e incremental do mercado. Mas o problema, como já foi anteriormente sugerido, não é só de combinação visando à apropriação de avanços já consagrados em outros contextos. É, sobretudo, de absorção ampla de conhecimentos. E isso pode, a princípio, rapidamente ser feito, porque o conhecimento vem, em grande medida, embutido nos equipamentos e insumos. Basta, pois, que técnicos e trabalhadores se empenhem em desenvolver suas próprias práticas e rotinas operacionais. O problema, insisto, é quem promove, ou melhor, quem combina e quem executa as transformações. E esse desafio praticamente só pode ser enfrentado por grandes estruturas estáveis, sejam elas grandes empresas-âncora, públicas ou privadas (como tem sido o caso dos novos investimentos automobilísticos no Brasil), poderes públicos, ou outros atores coletivos. Ou seja, tudo menos a firma representativa do “capitalismo pessoal” de que fala Lazonik (1994), referindo-se à experiência manchesteriana.[6]

O mercado, por si, não é em suma capaz de alavancar mudanças que requerem capacidade de combinar, previamente, decisões mutuamente dependentes. Esse, aliás, seria o preço a pagar (como não negaria, segundo creio, o

---

[6] Lazonick, W. “Social Organization and Technological Leadership”, *in* Baumol, W. *et al. Convergence of Productivity*. Oxford: Oxford University Press, 1994.

perspicaz Hayek) pelas vantagens oferecidas pela coordenação espontânea, no vasto domínio em que ela pode eficazmente ser praticada.[7]

• • •

Voltemos às experiências de emparelhamento, agregando algumas observações úteis à apresentação, a seguir, da terceira família de políticas voltadas para o chamado lado real da economia.

A segunda concepção tem em comum com a primeira o fato de que age (também) através da alteração de preços relativos. Mas, em vez de limitar-se a alterá-los, visando promover a convergência entre ganhos privados e ganhos sociais, seu objetivo é a construção ou recuperação de condições semelhantes às que podem ser encontradas nas economias líderes. Trata-se, pois, concretamente, de replicar no país ou na região atrasados a capacidade de produzir existente entre os mais avançados.

Em contextos relativamente defasados mas com capacidade de articular decisões – e determinação de fazê-lo –, tem se revelado um projeto não apenas exequível, mas em certos casos excepcionalmente bem-sucedido. A história avança então a saltos – sendo que os referidos saltos usualmente trazem consigo novos setores ou blocos de atividades. Estamos aqui, pois, no império da mesoeconomia (Vartiainen, 1999).[8]

Inicialmente, pelo menos, a noção de otimização permanece, na segunda acepção, restrita ao campo da engenharia. As máquinas, como os insumos, devem "render" o ótimo técnico, anunciado nos manuais. Em outras palavras, o objetivo primordial é mesmo produzir, fazendo-se para tanto bom uso das instalações e dos demais recursos.

A empresa é, portanto, vista, no caso, como unidade produtiva – o que parece uma obviedade, mas revela escolhas de enorme relevância (como será mais adiante indicado). Elas competem, essencialmente, via crescimento, expandindo-se mais ou menos do que a média do setor: numa economia dominada pela cultura mesoeconômica, essa parece ser a métrica adequada.

---

[7] Sobre o que pode e o que não pode ser coordenado pelo mercado ver Richardson, G.B. *Information and Investment*, anexo II. Oxford: Oxford University Press, 1997.

[8] Vartiainen, J. "The Economics of Successful State Intervention in Industrial Transformation" *in* Woo-Cumings, M. (ed.). *The Developmental State*. Cornell University Press, 1999.

A tal competição tende, no entanto, a sobrepor-se uma outra, que deve também ser apontada. Trata-se da disputa entre os órgãos públicos (ministérios, empresas públicas etc.) a cargo dos programas. E aqui a competição é obviamente política – como no caso recente da corrida entre os governos de estados para implantar fábricas montadoras de automóveis.

Essencialmente, no entanto, o esforço se destina a introduzir rupturas, cujo real significado só poderá ser efetivamente avaliado muito mais adiante. Além disso, assegurada a capacidade de produzir, a competição com o exterior é facilitada (ou mesmo garantida) mediante tarifas protetoras, subsídios à exportação e outros "preços fora do lugar" (a expressão é de Amsden). Não é preciso sublinhar que a alteração de preços não visa aqui ao reencontro do ótimo (como no primeiro tipo de políticas industriais), e sim à transformação da economia em direção aos perfis produtivos característicos das economias mais avançadas. Finalmente não é preciso tampouco insistir no fato de que cada setor traz consigo demandas específicas no tocante à infraestrutura e aos conhecimentos especializados.

Estamos agora em condições de transitar para a terceira família de políticas.

Política industrial como resíduo e a nova fronteira de políticas

Na expressão de Penrose (1959), as empresas derivam "serviços produtivos" dos recursos à sua disposição. Seguramente esses serviços produtivos podem e mesmo tendem a mudar com o tempo e com a evolução do conhecimento.[9]

Admitamos que os usos que as empresas podem fazer de instalações, máquinas e equipamentos – bem como dos conhecimentos acumulados pelos que nela trabalham – oferecem-lhes, a cada momento, um conjunto de possibilidades. O empreendedorismo de seus dirigentes deve então explorá-las, tendo um olho cravado nas oportunidades perceptíveis no mercado.

Se isso já era assim ao tempo em que Penrose lança sua obra seminal, com mais razão passou a sê-lo contemporaneamente. Ou seja, sua abordagem se torna mais significativa e mais relevante à medida que o trabalhador vai deixando de ser percebido como "força de trabalho" e passando a integrar equipes

[9] Penrose, E. *The Theory of the Growth of the Firm*. Nova York: Wiley, 1959.

e, não raro, a participar da tomada de decisões. Ajuda ainda a ampliar o espectro de possibilidades das empresas a crescente versatilidade dos equipamentos. Por fim, a agilidade conferida pelas modernas técnicas de gerenciamento – e o próprio acirramento da competição – contribui para o ingresso num tipo de economia marcado pela presença de empresas relativamente flexíveis e versáteis. Configura-se desta forma uma economia que pode ser caracterizada como "decisão intensiva".

Tendo o que precede como pano de fundo, introduzimos a seguir a terceira e última família de políticas voltadas para o chamado lado real da economia. Advertimos que o foco da análise serão as economias que já lograram construir uma estrutura industrial razoavelmente moderna sem, contudo, equiparar-se à condição de economias desenvolvidas. Esse estreitamento de foco visa, como veremos, preparar o terreno para o tratamento do caso brasileiro na parte final deste trabalho.

A terceira família de políticas tem em comum com a segunda (que engloba as "políticas de resultados") o fato de que seu objeto é também a mudança, ou transformação. Ou seja, não se trata de corrigir sinais de mercado (preços) para que os agentes privados reencontrem (como na visão centrada no combate às falhas de mercado) a assignação ótima dos recursos existentes na economia. Mas o tipo de mudança perseguido por essa abordagem difere em muitos e importantes sentidos das transformações buscadas pelas políticas de resultados.

Admitamos de partida que o conjunto das empresas integrantes do setor *tradeables* se mostre capaz de produzir, com qualidade e preço competitivo, um bom número de bens e serviços típicos da atualidade. Em se tratando de economias recentemente industrializadas, isso significa que a economia já percorreu o caminho da replicação: produzir – o mesmo – tornou-se para ela trivial.

Dada a competência adquirida para produzir e na medida em que a economia seja submetida à severa prova da competição internacional, começa a ganhar relevância a capacitação para introduzir variações – seja nos produtos levados ao mercado, seja na própria forma de inserção no mercado. Desponta assim, como objetivo, um novo tipo de mudança. Para caracterizá-lo convém recorrer a uma sumária comparação.

Se o primeiro enfoque (das falhas de mercado) admite tacitamente a simetria das posições individuais e privilegia categorias universais como o ótimo e o segundo põe em destaque os padrões e as regularidades setoriais, com o terceiro ganham relevância as especificidades das empresas. Mais precisamente, salta para o primeiro plano o que lhe é peculiar. É com isso que contam os centros de decisão para, frente à pressão dos competidores, cultivar diferenças, criar e defender posições. E por centros de decisão entendemos aqui, fundamentalmente, as empresas singulares, mas, também, para certos efeitos, associações de empresas, parcerias, redes ou *clusters*.

Fica, pois, claro que o tipo de mudança privilegiado nessa terceira abordagem é aquele capaz de, em alguma medida, e por algum tempo, isolar a empresa dos rigores e extremos da plena e indiferenciada exposição à competição.[10] Genericamente a mudança se corporifica na adoção de inovações. Contemporaneamente, e na prática, contudo, isso requer o desenvolvimento de diversas funções corporativas, praticamente inexistentes, seja na empresa manchesteriana, seja, mesmo, na empresa fordista. A partir da microproteção criada pelo isolamento acima referido (um equivalente funcional das patentes), as empresas podem ter seu retorno ampliado. Surge assim a figura da "renda",[11] que alimenta o crescimento (ajudando a direcioná-lo), permite financiar novos esforços visando levar adiante a própria diferenciação, bem como possibilita o pagamento de melhores salários.

É fácil perceber que, a partir dessa perspectiva, tão ou mais importante que diagnosticar as deficiências e distâncias em relação ao existente nas áreas desenvolvidas é mapear aquilo com que se pode contar para continuar avançando. Assim, cabe insistir que a comparação deve contrapor, prioritariamente, a empresa consigo mesma; ou seja, a capacitação comprovadamente existente, com a que se pode presumivelmente alcançar. A categoria básica deixa, portanto, de ser o atraso e passa a ser o potencial.

Nessa mesma linha de análise ganham importância as assimetrias, bem como as eficiências (ou mesmo ineficiências) excepcionais. É, pois, necessário liberar-se da tradição vinda do paradigma setorial – que abafa ou anula a sensibilidade para o idiossincrático. Afinal, em vez de replicar (e, portanto,

---

[10] Ver o conceito de "*isolating mechanism*" em Rumelt, R. "Towards a Strategic Theory of the Firm", *in* Lamb, R. (ed.) *Competitive Strategic Management*. Englewood Cliffs, NJ: Prentice-Hall, 1984, p. 556-570.

[11] Montgomery, C. e Wenerfeld, B. "Diversification, Ricardian Rents, and Tobin's *q*". *Rand Journal of Economics* 19(4), p. 623-632, 1988. O conceito de renda aqui utilizado foi definido por Rumelt (anteriormente citado) como "lucros que não atraem nova produção".

convergir) há agora que se cultivar as diferenças. E, para tanto, o importante são as possibilidades percebidas pelos que decidem. Setor, em contraposição, não decide. Além disso, e como já foi assinalado, suas referências estão fora, naquilo que pode ser observado em outros contextos, servindo, portanto, para apontar aos iniciantes a "imagem do seu próprio futuro". Agora, porém, o setor conta, basicamente, na medida em que se distingam as armas da competição tipicamente empregadas pelas empresas que o integram.

O tema que está aqui sendo levantado ganhou especial relevância com a rápida abertura de diversas economias nos últimos 10 a 20 anos. Em certos casos, reconhecidamente, rápidas mudanças foram levadas a efeito em resposta à abertura. Mas não se pode propriamente afirmar que as empresas se guiaram pelos sinais de mercado, na sua vigorosa reação. Essa suposição seria, aliás, particularmente equivocada ali onde, a exemplo do ocorrido no Brasil, elas basicamente se mantiveram fiéis às suas rotas setoriais e trajetórias tecnológicas (Castro, 2001).[12] Em tais casos, tudo se passa como se importantes possibilidades latentes nas empresas tivessem sido reveladas por meio de uma profunda e abrangente operação de inspiração penrosiana.

• • •

A agenda de políticas públicas consistente com o que precede parte, por definição, do apoio à empresa (ou combinação de empresas) nos seus esforços em busca da variedade. Isso inclui ou se estende, naturalmente, numa direção inexistente na fase de recuperação do atraso: a biodiversidade empresarial deve ser assumidamente cultivada.

Mas é preciso desde já advertir que estamos falando, fundamentalmente, de deslocamento do foco. Vale dizer, o que precede não implica afirmar que devam desaparecer, inteiramente, certos objetivos privilegiados pelas políticas de resultados. Assim, excepcionalmente, um setor com elasticidade/renda muito elevada ou, presumivelmente, dotado de grandes efeitos derrame (*spillover*) pode vir a ser alvo de múltiplo apoio. Mas esse tipo de iniciativa ou programa deve ser entendido como efetivamente residual.[13]

---

[12] Castro, A.B. "A reestruturação da indústria brasileira nos anos 1990: uma interpretação", *Revista de Economia Política*, jul.-set., 2001.

[13] Na seção dedicada ao Brasil será feita referência às políticas de apoio às exportações.

Apontados alguns traços ou noções preliminares acerca da terceira família de políticas voltadas para o lado real da economia, tratemos de caracterizá-la. Como vimos anteriormente, as políticas de recuperação do atraso requerem a coordenação prévia de certas decisões que envolvem diferentes atores e que podem ser consideradas críticas ou fundamentais para o avanço em direção aos grandes resultados pretendidos. Comparativamente, no entanto, na criação de novidades a interdependência de decisões é ainda maior – e mais difícil de coordenar. É que para chegar a novidades são possivelmente necessários conhecimentos ainda não existentes. Ou seja, não há apenas um *gap* de coordenação das decisões diretamente relacionadas com os novos empreendimentos, mas também um *gap* de conhecimento. Isso significa que há que se preocupar com passos anteriores às decisões empresariais. Refiro-me ao esforço múltiplo visando à geração dos conhecimentos e das informações requeridas pelo avanço pretendido.

Em suma, ressalvadas certas inovações incrementais, há poucas chances de que o candidato a inovar seja também capaz de gerar os conhecimentos necessários para levar a efeito seu projeto. E da constatação dessa interdependência muito maior resultou a ideia de que as políticas voltadas para a criação do novo requerem a constituição de autênticos sistemas nacionais de inovações (Lundwall, 1992).[14]

Recapitulando, com o advento da terceira etapa, as políticas industriais de corte tradicional tendem a refluir para uma posição meramente residual. Ao mesmo tempo, ganham espaço as políticas de ciência e tecnologia e as de inovação. Aqui passa a situar-se, indubitavelmente, a nova fronteira das políticas que buscam, diretamente, influenciar a tomada de decisões empresariais – e, por consequência, a evolução da economia real. Por quê? A resposta está contida no texto. Porque, enquanto antes se tratava de construir replicando – ou seja, alinhando-se com o existente em outras partes –, agora se trata de explorar o desigual, o localizado e o até então não percebido. Para o país como um todo, e especialmente no campo manufatureiro, isso implica a crescente

---

[14] Lundwall, B. *National Systems of Innovation: towards a theory of Innovation and Interactive Learning*. Londres: Pinter, 1992.Para as relações entre políticas de inovação e políticas de ciência e tecnologia, ver Metcalfe, S. "Equilibrium and Evolutionary Foundations of Competition and Technology Policy: New Perspectives on the Division of Labour and the Innovation Process". ESRC, Centre for Research on Innovation and Competition, Reino Unido: The University of Manchester, 2002. Acessível em <http://les1.man.ac.uk/cric/J_Stan_Metcalfe/progress.htm>

superação da divisão internacional do trabalho por setores e o realce progressivo das trocas intrassetoriais.

É evidente que se tem muito a ganhar, assim como na fase de políticas de resultados, com a elaboração de "visões" do futuro pretendido. Mas é fundamental perceber que o novo tende a surgir tópica e localizadamente. Em muitos casos, além disso, ele vem envolvido na redefinição de estratégias. Por redefinição de estratégias entenda-se aqui a revisão dos esforços de capacitação, a reponderação das atividades e funções compreendidas na empresa e seu reposicionamento no mercado – mudanças que podem chegar a alterar a própria identidade das empresas.

Com isso pretende-se haver deixado claro que as políticas integrantes desse terceiro bloco – não obstante referidas a visões de futuro – são mais leves e propensas à descentralização operacional. Vejamos como as ponderações aqui apresentadas podem ser usadas no exame da evolução recente da indústria brasileira.

Breve referência ao caso brasileiro

O estado atual da indústria no Brasil pode ser considerado frustrante em vários sentidos.

O crescimento médio tem sido da ordem de 2% ao ano, o que dispensa comentários. Não se conseguem conjugar produção (realizada no âmbito das empresas) e geração de novos conhecimentos – que permanece, segmentada, em universidades e centros de pesquisa. A estrutura industrial encontra-se desfalcada de diversas atividades, situadas na fronteira da evolução tecnológica mundial. E, há, por fim, o grande vilão: o pífio desempenho das exportações de produtos industrializados, em flagrante contraste com o ocorrido nas economias de crescimento acelerado.

Esse conjunto de frustrações leva de imediato a pensar em políticas industriais "de resultados". E não é por outra razão que a recente retomada do debate sobre política industrial começou centrada nesse tipo de proposta.

Apesar de partir da verídica constatação de graves problemas, tal abordagem deve, porém, ser criticada sob vários ângulos. Vejamos por quê.

O Gráfico I deixa claro que a indústria teve, no passado recente, um comportamento extraordinariamente instável. Por quatro vezes, o impulso expansionista foi de tal ordem que o crescimento da indústria anualizado ultrapassou 7%. Em contraste com essa exuberante conduta, no entanto, por três vezes as atividades industriais desabaram: retraindo-se a uma velocidade anualizada de mais de 4% em duas ocasiões e quase a esse ritmo no ano de 1999. Vista a questão por esse prisma, aliás, o medíocre crescimento médio do período, da ordem de 2% ao ano, pouco ou nada significa ou representa.

GRÁFICO I Produção Industrial – geral sem ajuste sazonal (var. %)

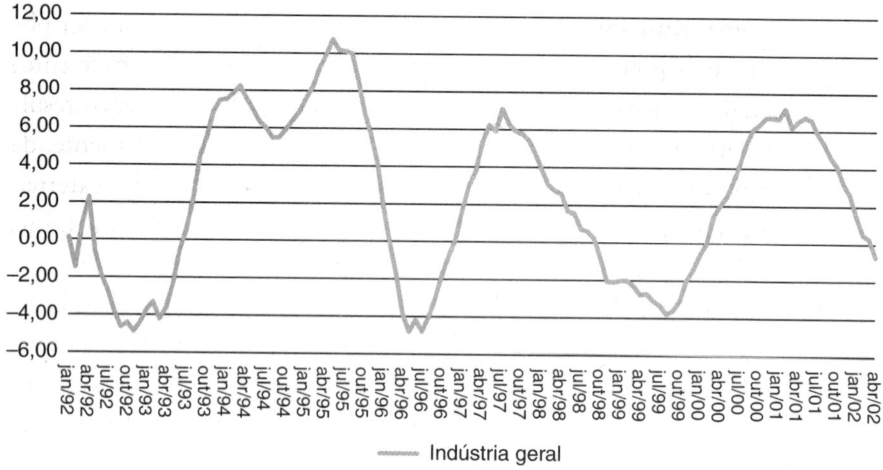

Fonte: PIM, IBGE, elaboração do Grupo de Conjuntura, Instituto de Economia, UFRJ.

É importante assinalar que, ao contrário das recaídas, os vigorosos repiques da atividade manufatureira não devem ser entendidos como resultado de políticas de estímulo à economia. Basta ver, aliás, que os juros reais médios de 1994 até o presente, e mesmo depois das reduções ocorridas após a desvalorização, foram sempre mantidos em níveis elevadíssimos em comparações internacionais. Concretamente se pode, pois, afirmar que a economia – e a indústria, muito particularmente – tem sido permanentemente travada.[15]

[15] Convém lembrar, no entanto, que do lançamento do real até a segunda metade de 1998 a política fiscal foi sempre frouxa – em flagrante conflito com a política de juros e deixando clara a duvidosa consistência do regime de políticas macroeconômicas. Giambiagi, F. *Do déficit de metas às metas do déficit: a política fiscal do governo Fernando Henrique Cardoso.* Texto para discussão 93. Rio de Janeiro: BNDES. 2002

Por outro lado, e esta é uma característica maior da moderna economia brasileira, o exterior jamais puxou para cima o nível de atividades. Em outras palavras, a energia da retomada tem sido estritamente endógena – ao contrário do ocorrido em tantos outros mercados emergentes. Mas seu fôlego (de médio e longo prazos), como assinala o Gráfico I, não chega sequer a ser testado. Nas retrações, sim, têm prevalecido os impulsos negativos oriundos de fora – e amplificados por políticas governamentais de natureza pró-cíclica.

Isso sugere claramente que o decepcionante comportamento da indústria nos últimos anos não revela ausência de dinamismo próprio. Mais que isso, deixa no ar uma intrigante questão: que resultados, afinal, poderiam ser obtidos por eventuais políticas de apoio à indústria numa economia frequentemente submetida à asfixia de demanda? Parece sensato admitir que os resultados só mudariam se o dinamismo das exportações (e, secundariamente, da substituição de importações) fosse capaz de remover as dificuldades externas – e, consequentemente, destravar a economia. Isso nos faz saltar para a última das questões levantadas.

Os dados indicam, por mais de um ângulo, que a sobrevalorização cambial, no período de 1994 a 1998, seriamente comprometeu o desempenho exportador da indústria. Assim, por exemplo, se no período de 1990 a 1994 o número de empresas exportadoras cresceu 13,8% ao ano, de 1994 a 1998 esse mesmo número estagnou.

Ocorre, porém, que a desvalorização de 1999 tampouco acarretou grandes resultados, o que remete a um amplo e inconcluso debate sobre o comportamento das exportações (Markwald, 2001, 2002).[16] O tema será, porém, aqui considerado unicamente em função da questão das políticas industriais. E para tanto faremos, de início, uma sumária recapitulação do ocorrido com a indústria a partir da abertura.

Diante do desafio colocado pelo aumento galopante das importações, certas linhas de produtos, seções e departamentos foram eliminados, com ou sem *out-sourcing*. Em algumas empresas, porém, logo é percebida a possibilidade de um tratamento evolucionista – e não mais (apenas) cirúrgico. Trata-se, em suma, de trazer à tona possibilidades até então não exploradas. Gosto de

---

[16] Markwald, R. e Puga, F. *Focando a política de promoção de exportações*. FUNCEX, jul. 2002 e Markwald, R. "O impacto da abertura sobre a indústria brasileira", *in* Velloso, J.P. (org.), *Como vão o desenvolvimento e a democracia no Brasil?* Rio de Janeiro: José Olympio, 2001.

citar, a esse propósito, a declaração de um industrial de que nos anos de alta inflação muitas empresas haviam entrado em "hibernação". Com a abertura e a estabilização era chegada a hora de sair desse estado, atualizando-se o potencial existente – frequentemente com o auxílio de (novas) importações (Castro, 2001).[17]

Em última análise, estamos aqui nos referindo a um reposicionamento estratégico. Os recursos acumulados pelas empresas foram reavaliados, buscando definir quais novos serviços produtivos poderiam ser deles extraídos de maneira a obter – com a ajuda de importações e a aquisição de conhecimentos – produtos similares aos importados. Além disso, os produtos (novos ou não) a serem aqui produzidos não poderiam ser vendidos no mercado doméstico a preços superiores aos do similar procedente do exterior. Em muitos casos, isso impunha substanciais rebaixamentos de preços, colaborando, assim, para a ampliação dos mercados domésticos.

Genericamente falando, o êxito alcançado nessa reconversão não é mais, atualmente, objeto de controvérsias. Primeiro, no sentido de que um grande número de empresas passou de fato a contar com plantas atualizadas, a praticar formas contemporâneas de gerenciamento e a lançar no mercado produtos atualizados. Completa o êxito o fato de que, antes mesmo da desvalorização cambial de janeiro de 1999, começava a desaparecer a ameaça de crises setoriais, advindas da tomada dos mercados locais por artigos importados. É bem verdade que em determinados casos – Zona Franca de Manaus, acordo automotivo e certos programas de apoio creditício – a mão visível do Estado deu uma substancial ajuda. Mas isso não nega o fato de que tais intervenções tópicas ocorriam simultaneamente com o avanço febril do movimento de reestruturação. Por fim, como bem se sabe, uma insuspeitada sucessão de desvalorizações em 2001 e 2002 eliminou qualquer ameaça aos produtores locais por parte das importações.

Podemos agora retomar a pergunta que deu origem a esta digressão – e que, como veremos, tem tudo a ver com o ingresso no terceiro padrão de políticas voltadas para o lado real da economia. Em suma, por que, afinal, o decepcionante desempenho exportador?

---

[17] Castro, A.B. "Crescimento rápido *versus* balança de comércio como variável de ajuste", *in* Velloso, J.P. (org.) *O Brasil e o mundo no limiar do novo século*. Rio de Janeiro: José Olympio, 1998.

Há diversas respostas, parcialmente verdadeiras, para essa questão (Markwald, 2001, 2002, *op. cit.*). Tenho defendido que a melhor forma de entender o fenômeno é atentar para as opções estratégicas realizadas pelas empresas, frente à abertura. Em suma: no esforço para sobreviver à ameaça das importações, as empresas aqui sediadas reagiram com intensidade, priorizando, claramente, as questões operacionais. Além da modernização gerencial, dedicaram-se a atualizar as linhas de produtos e a alterar os processos produtivos tanto quanto necessário para a replicação local de produtos mais avançados. O êxito dessa empreitada logo se traduziu em relativa excelência fabril, característica que continuaria sendo aprimorada mediante a troca incessante de equipamentos. Assim, respondendo a um questionário no último trimestre de 2001, "apenas 13% consideram-se tecnologicamente 'menos avançadas' ou 'muito menos avançadas', comparativamente a seus competidores [...]. A introdução de novos produtos foi a principal estratégia de negócios priorizada pelo setor industrial na segunda metade dos anos 1990, indicada por 70% das empresas" (FINEP/CNI, 2002).[18]

Em resumo, a estratégia de produzir "artigos similares a preços competitivos" foi levada a bom termo. Isso, porém, genericamente falando, não era o bastante para penetrar nos mercados externos. Ou, dito de outra maneira, "elas (as empresas) não se encontram preparadas para colocar os seus produtos além do mercado doméstico", "que permanece como o seu habitat preferido" (Castro, 1998).[19]

Na raiz do problema encontra-se uma insuficiência herdada do período de proteção e alta inflação. Não se tratava de baixa capacitação para produzir, como pretendiam os críticos do chamado modelo de substituição de importações. O problema consistia no fato de que a proteção e a alta inflação permitiam que os produtores fizessem pouco esforço para conquistar os consumidores. Não era preciso ir atrás do peixe: ele próprio entrava na rede. Isso prosseguiu durante toda a alta inflação – e não chegou a ser superado, mesmo com a reestruturação detonada pela abertura. Afinal, para disputar o mercado doméstico, mostrou-se suficiente oferecer artigos similares aos importados a preços competitivos. Em poucas palavras, os produtores locais em grande medida continuavam despreparados para disputar mercados com as modernas

---

[18] Ministério da Ciência e Tecnologia. *A indústria e a questão tecnológica*, FINEP/CNI, 2002.
[19] Castro, A.B. *op. cit.*

armas da competição: "não vendem, são comprados", na expressão cunhada por produtores gaúchos de calçados.

Nos mercados centrais, contudo, os "novos" artigos aqui produzidos são produtos atualizados, porém "maduros". Os respectivos mercados tipicamente não mais crescem – e se encontram pressionados por ofertantes de todo o mundo. Aí os compradores, efetivamente, ditam as regras.

Voltando às empresas reestruturadas, dá, em suma, para disputar o mercado interno – que não é sobreofertado nem muito exigente em qualidade. No mercado externo, contudo, só é possível expandir as vendas dos produtos que passamos a produzir recentemente (sobretudo se pretende-se fazê-lo com rapidez) mediante preços contundentemente baixos, ou através do emprego competente de modernas armas da competição, entre elas, em especial, a introdução de propriedades diferenciadas (inclusive design), marketing poderoso, marcas ou a inserção em cadeias locais.

Genericamente, contudo, as empresas nacionais não se encontravam preparadas nem para "comprar mercado", nem para lançar mão das modernas armas da competição. Seu principal trunfo continuava sendo, ressalvadas exceções, assim como para a EMBRAER, a excelência operacional. Essa proposição, contudo, não se aplica às filiais de multinacionais aqui sediadas – que podem colocar "produtos mundiais" nos mercados centrais e têm a seu dispor as modernas armas da competição. Não deve pois surpreender a conclusão de um estimulante estudo recentemente publicado segundo o qual "a probabilidade de uma firma multinacional exportar é 700% maior que a de uma firma nacional" (Arbache, De Negri, 2001).[20]

A inusitada desvalorização cambial de 2002 e o recrudescimento das políticas convencionais de exportação facilitam hoje, no entanto, o primeiro canal de acesso: a compra de mercado. Somente a criação de variedades e o desenvolvimento de produtos permitirão, porém, ao longo do tempo, uma inserção mais empreendedora e menos vulnerável.

• • •

[20] Arbache, J., De Negri, J.A. *Determinantes das exportações brasileiras: novas evidências*, mimeo, Universidade de Brasília, novembro de 2001.

Vimos anteriormente que as políticas públicas integrantes do terceiro bloco buscam ajudar a empresa a avançar na produção de variedades. Devem, para tanto, empenhar-se na criação de sistemas nacionais de inovação, cultivar a emergência de novos empreendimentos, bem como apoiar, seletivamente, a (re)definição de estratégias. Acrescente-se que o avanço em qualquer desses terrenos tende a ser beneficiado pela formulação de imagens do futuro (visões). Tais ponderações, contudo, não contemplam a especificidade dos casos nacionais. E é para isso que devemos, mais uma vez, momentaneamente nos voltar.

Para competir no mercado doméstico pós-abertura, as empresas brasileiras promoveram intensa racionalização e atualização de seus portfólios de produtos. Trataram para tanto de explorar o potencial contido nos recursos por elas controlados, visando lançar em mercado, fundamentalmente, o que estava sendo demandado na onda da abertura. Mas é importante frisar que não se tratava, propriamente, de uma operação penrosiana. As escolhas eram predominantemente técnicas (como lograr produzir x com os recursos disponíveis acrescidos de importações), e não propriamente empresariais (o que produzir de novo dadas as possibilidades entreabertas pela evolução da capacitação e as possibilidades vislumbradas no mercado).

Frente a essa acomodação inicial, o ingresso ulterior na produção de variedades apresenta, presumivelmente, duas etapas. Primeiro, trata-se de descobrir o que de melhor se pode fazer, no âmbito empresarial, para definir um novo negócio principal (*core business*), baseado em variedades próprias, e não na mera capacidade de replicar o similar importado. Além disso, há que se assumir (tornar sistemática) a predisposição ou atitude inovadora – e isso requer o aprofundamento das relações com o nascente sistema nacional de inovações.

A primeira etapa busca, em última análise, apurar a pontaria. A segunda envolve a redefinição das identidades das empresas e o desenvolvimento das modernas armas da competição – bem como das relações com a infraestrutura voltada para a inovação. É de interesse das empresas que as duas etapas avancem praticamente juntas. De qualquer forma, ao fornecerem múltiplo apoio a esse tipo de evolução, as políticas estarão ajudando a alcançar retornos-prêmio, não obstante paguem, possivelmente, salários-prêmio.

O QUADRO INTERNACIONAL E A EVOLUÇÃO RECENTE DA ECONOMIA BRASILEIRA[1]

Cenário internacional: as grandes mudanças

A nova revolução industrial. As tecnologias da informação

Enormes avanços tecnológicos foram obtidos nas últimas décadas em diversos terrenos. Pela sua influência sobre a maneira de se produzir, sobre o relacionamento dos agentes econômicos e até mesmo sobre o cotidiano dos homens, nada se compara, contudo, aos avanços alcançados na capacidade de transmitir, processar e armazenar informações. De fato, o que mais distingue o quadro econômico atual do vigente até, digamos, 1980 é a transformação ocorrida nesses tipos de atividade e suas imensas consequências. Daí a referência usual ao ingresso numa terceira revolução industrial e ao surgimento de uma "economia da informação" (ou "digital").

Assim como no caso dos têxteis nos últimos decênios do século XVIII e do aço na segunda metade do século XIX, os avanços recentemente alcançados no tocante a informações foram acompanhados de enorme barateamento e difusão do uso daquilo que poderia ser referido como o objeto central da revolução – respectivamente, o tecido industrializado, o aço e as informações. É fácil[2]

[1] Nota das organizadoras: Texto escrito para o projeto "A economia mineira no século XXI: diagnóstico e perspectivas", em *Minas Gerais do Século XXI*, v. 1, *O Ponto de Partida*, cap. IV. Minas Gerais: ABDMG. A última versão do artigo no computador de Castro datava de 14 de fevereiro de 2003.

[2] Freeman, C. e Perez, C. "Structural crises of adjustment: business cycles and investment behavior" *in* Dosi, G. *et al.* (eds.). *Technical Change and Economic Theory*. Londres: Pinter Publishers, 1988.

perceber, além disso, que a última é também a mais transversal e ubíqua das revoluções industriais: sob sua influência as fábricas, os hospitais e os próprios lares vêm sendo convertidos em ambientes crescentemente semelhantes. Assinalo, no que segue, algumas propriedades de uma economia cada vez mais densa em informações.

A maior capacidade de colher informações, processá-las e simular situações tende a traduzir-se em maior capacidade de formular hipóteses, explorar possibilidades, corrigir posições e, enfim, resolver problemas. Consequentemente tende a haver mais criação, bem como mais cópia de produtos e processos – o que, se por um lado possibilita, por outro impõe a agilização das decisões.

Na mesma linha de raciocínio convém acrescentar que a base material da produção – e os próprios produtos – tende a apresentar mais alternativas, opções e versatilidade. Aumenta também, exponencialmente, a importância das instruções ou programas (software) instalados nos equipamentos (hardware). Isso amplia as possibilidades de automação – que se torna, por sua vez, muito mais flexível –, enquanto os produtos e processos têm ampliadas suas possibilidades de iteração. No limite, tende-se a gerar equipamentos, insumos e produtos finais "inteligentes".

Como decorrência do anterior, multiplicam-se as possibilidades de adaptação dos produtos às preferências dos demandantes ("customização" da produção). Intensifica-se, daí, o relacionamento das empresas com seus fornecedores e clientes. Se tudo isso agiliza e potencializa a competição, cabe frisar que também multiplica as oportunidades de cooperação.[3]

Isso sugere o surgimento de uma economia que poderíamos denominar de "decisão intensiva". Nela encontram-se valorizados o gerenciamento, as escolhas por parte dos consumidores e a participação dos trabalhadores na produção. Esses últimos, aliás, passam por vezes a ser referidos como "colaboradores", denominação que não teria cabimento, seja na velha fábrica de trabalho-intensivo, seja no mundo da automação rígida.

Mas trata-se também de uma economia relações-intensiva, dada a maior interação das empresas entre si, com os consumidores e, em certos ramos, com as universidades e os centros de pesquisa. Especialmente no tocante aos

---

[3] No tocante à competição, vide Best, M. *The New Competition*. Harvard University Press, 1990.

setores tecnologicamente mais avançados, o inter-relacionamento chega a ser de tal ordem que praticamente desaparece o conceito tradicional de empresa, surgindo em seu lugar a realidade das redes.[4]

Por outro lado, dadas a mutabilidade ambiental, a maior contestabilidade das posições e a multiplicação dos caminhos alternativos, é altamente valorizada a formulação de estratégias. Estamos, em suma, e como se tratou de sublinhar, diante de um novo tipo de economia, a que poderíamos nos referir como "decisão intensiva e relação intensiva".

Indiscutivelmente entra agora mais conhecimento na produção do que no passado. A produção corrente continua, no entanto, fundamentalmente guiada por rotinas, e o conhecimento usado pelas empresas encontra-se, em grande medida, embutido em equipamentos e insumos – e a produção corrente continua fundamentalmente guiada por rotinas. É bem verdade que a linguagem digital potencializa a capacidade de pesquisa e prototipagem de produtos e processos. Mas a prevalência, como no passado, das rotinas e do conhecimento tácito, parece não recomendar o emprego da denominação "economia do conhecimento". O conhecimento, enquanto tal, continua a ser a matéria-prima, bem como o produto das universidades – e é o bom relacionamento das universidades com as empresas que permite a certos países ingressar e se manter em posição de liderança.

Globalização como intensificação das trocas e dos fluxos financeiros internacionais

O projeto de reconstrução de um sistema mundial de comércio altamente integrado, e onde os fluxos financeiros pudessem livremente deslocar-se, defendido pela delegação norte-americana em Bretton Woods e resistido à época pela Europa (e, em seguida, ainda mais acentuadamente, pelo Japão), foi plenamente retomado nos anos 1980. O fim da Rodada Uruguai (1993) e a criação da Organização Mundial do Comércio praticamente oficializam a instauração de uma ordem internacional muito mais aberta e integrada.

[4] Castels, M. *The Rise of the Network Society. Volume I. The Informations Age: Economy, Society and Culture.* Oxford: Black Well Publichers, 1996.

A combinação da abertura com o avanço prodigioso das comunicações criava condições altamente favoráveis não apenas ao comércio como ao deslocamento (transplante) de unidades produtivas (plantas) das empresas sediadas nos grandes centros para nações que passavam a ser referidas como emergentes. Isso significava que a geração de valor na obtenção de diversos produtos passava a ser levada a efeito em diversos países, permanecendo no entanto as funções superiores – do tipo planejamento, pesquisa e desenvolvimento e outras – sediadas nos países centrais (de preferência no país sede da empresa).

Poucos países da periferia foram efetivamente integrados no novo sistema – todos, porém, viram-se instados a ajustar-se aos requisitos da integração internacional, por meio de reformas que visavam aproximar as instituições e práticas locais das vigentes nos países de origem das grandes empresas. Esse processo, como bem se sabe, foi inegavelmente liderado por instituições financeiras internacionais (onde o governo dos Estados Unidos tem peso decisivo), por empresas norte-americanas e pelo próprio governo deste país.

Com o processo de integração usualmente chamado de globalização em pleno curso, o comércio internacional passou a crescer, já nos anos 1980, mais de 1,5 vez mais rápido que a produção mundial. Na década seguinte, o crescimento do comércio verificou-se em média ao dobro (8% ao ano) da velocidade de avanço da produção mundial. Já os fluxos de capital cresciam a um múltiplo da cifra para as transações comerciais.

Duas consequências do que acaba de ser dito serão aqui sublinhadas. Primeiramente o enorme alargamento dos mercados desencadeia uma verdadeira guerra por escalas mais amplas. Como consequência disso, e para numerosos artigos, a produção mundial passa a ser dominada (mais da metade do todo, digamos), mundialmente, por umas poucas empresas, o que supõe a fusão/aquisição de líderes locais por empresas mundiais – e, claro, o desaparecimento de numerosas empresas. Tal tendência é marcante, sobretudo, nos ramos de alta tecnologia.[5]

Cabe também destacar que na corrida pela mundialização assim desatada as empresas norte-americanas levam grande vantagem. E isso não apenas pela sua recente reciclagem organizacional e tecnológica diante da ameaça japonesa dos anos 1980, mas porque a alta desenfreada do valor de suas ações facili-

[5] Chandler, A. *Inventing the Eletronic Century*. Nova York: Free Press, 2001.

tou enormemente o exercício da liderança nos processos de fusão no âmbito mundial.

Por último, mas não menos importante, cabe ressaltar que a dramática intensificação do trânsito internacional de capitais – sejam as aplicações produtivas ou estritamente financeiras – cria a impressão (quase um dogma no início dos anos 1990) de que a atração de capitais é a função primordial dos governos nas nações emergentes. Mais que isso, difunde-se a convicção de que tal processo, desde que conduzido de acordo com as "regras do jogo", não traz ameaças para os países tomadores. Voltaremos ao tema mais adiante.

A nova empresa e a nova competição

É amplamente admitido hoje que as empresas refletem seu tempo, havendo pouco em comum entre a firma típica manchesteriana, a fordista e a contemporânea. Juntamente com a evolução das empresas transformam-se também as armas típicas da competição.[6]

Ford, geralmente considerado símbolo do capitalismo norte-americano, pode também ser apontado como representante máximo de um padrão competitivo hoje superado. De fato, a pretensão de afirmar-se através de um produto bom, barato e sempre igual a si mesmo (o modelo T) atinge um auge, mas também praticamente morre, com Henry Ford. O futuro adotaria não apenas a diversificação da GM (ou de Sloam) como armas da competição antes praticamente desconhecidas.

Com efeito, a empresa competitivamente atualizada ganha (e protege) mercado por meio de inovações incessantemente renovadas, design, marketing, customização, serviços pós-venda e desenvolvimento de marcas. Numa palavra, a mera produção, uma vez equacionados seus problemas iniciais, tende a perder o gume na disputa de mercados, salvo na medida em que novas maneiras de organizá-la – ou novas escalas – possam ser introduzidas.

Como consequência – e em resposta ao crescente acirramento da competição –, a produção de artigos tecnológica e mercadologicamente maduros tende a ser transferida a plantas (filiais) situadas em economias emergentes. Isso não

---

[6] Lazonick, W., "Social Organization and Technological Leadership" *in* Baumol, W. *et al. Convergence on Productivity*. Oxford: Oxford University Press, 1994.

quer dizer (num mundo em que o princípio da "melhoria permanente" tornou-se uma regra) que cessa inteiramente a evolução dos respectivos produtos, mas significa que a função fabricação tende a agregar menos valor por unidade de trabalho empregado do que as demais funções corporativas, podendo chegar a ser, em certa medida, segregada. Além disso, não é preciso sublinhar que a própria transferência de unidades fabris para mercados emergentes acirra ainda mais a competição a que estão submetidos os mercados de produtos maduros. Importantes consequências do que acaba de ser assinalado serão mais adiante apresentadas.

A consagração do mercado livre

O fracasso das alternativas

Até os anos 1970 o mundo comportava diversos sistemas socioeconômicos. A economia norte-americana era a que mais se aproximava do livre mercado; a Alemanha era a referência principal em se tratando de social-democracia (ou economia social de mercado); o Japão, a Coreia e Taiwan ilustravam os casos em que o Estado liderava o desenvolvimento (*developmental states*).[7] E havia, claro, o mundo do socialismo real.

Dentre as grandes mudanças que redefiniram a economia mundial nos anos finais do século XX, merece um especial destaque o fracasso mais ou menos evidente das alternativas ao livre mercado.

É fundamental lembrar, a esse respeito, que, além de possuir uma economia de excepcional dinamismo, o Japão vinha alcançando – até o final dos anos 1980 – notáveis vitórias na competição internacional. A rigor, empresas líderes japonesas estavam impondo novos padrões de conduta e conquistando muitos dos mercados que – por meio de suas estratégias de longo prazo – decidiam disputar. Assim foi, sobretudo, com os eletrônicos de consumo e com os semicondutores. E sobre isso cabe frisar alguns pontos.

[7] Wade, R. Gover*ning the Market: Economic Theory and the role of Government in East Asia industrialization*. Princeton, N.J: Princeton University Press, 1990; Hall, P. e Soskice, D. *Varieties of Capitalism: The Institutional Foundations of Comparative Advantage*. Oxford: Oxford University Press, 2001.

Primeiramente, os produtos (e setores) a que acabo de me referir não apenas integram o cerne da nova revolução industrial como através deles – e das empresas que passavam a liderá-lo – iam se difundindo novos padrões de conduta empresarial. Por outro lado, é também nesse tipo de setor que a Europa sofreu algumas das derrotas que praticamente a retiraram da fronteira da nova revolução industrial. De fato, tanto na área dos eletrônicos de consumo quanto na área da computação, a liderança passou a ser disputada pelas economias norte-americana e japonesa.[8]

Pode-se em suma afirmar que a economia japonesa chegou a dividir com os Estados Unidos a liderança no que toca à nova revolução industrial. Além disso, empresas japonesas (e seus produtos) vinham colhendo surpreendentes vitórias mesmo em indústrias tradicionais como a automobilística, símbolo, desde o início do século, da supremacia industrial norte-americana. Finalmente, coroava o êxito alcançado por empresas nipônicas a propagação, especialmente nos Estados Unidos, de novas formas de organizar o trabalho, gerenciar a produção e relacionar-se com os mercados, senão criadas, pelo menos desenvolvidas e aprimoradas no Japão. Elas viriam, de fato, a definir o ambiente competitivo no limiar do século XXI. Na Europa, por contraste, se constatava uma maior lentidão (ou resistência) na difusão dos novos métodos gerenciais – e isso ia sendo associado a dificuldades inerentes a instituições tipicamente europeias.[9]

Além de arrastar consigo outras economias – como já vinha fazendo com as do Leste Asiático –, a economia japonesa parecia dispor de formas de organização a serem transpostas e adaptadas a outros ambientes socioeconômicos. Porém, nada poderia simbolizar melhor a reviravolta ocorrida no Japão, do que seu peso relativo como nação exportadora de capitais. No período de auge daquela economia – de 1986 a 1991 –, as saídas de capital do Japão superavam em 28% as exportações norte-americanas de capitais; em 1997, porém, já haviam caído para meros 23% do fluxo saída dos EUA.

Vistos contra esse pano de fundo, a bolha de 1987 a 1990/91 e, a partir desse último ano, o mergulho da economia japonesa numa crise que se arrasta, sem perspectiva de solução até o presente, constituem uma mudança, a um só

---

[8] Chandler, A., *op. cit.*

[9] Dosi, G. *et. al.* "Competences, Capabilities and Corporate Performances: Dynacom Project Final Report". Dynacom website, 2000.

tempo, imprevista e fundamental. Com ela, a economia japonesa passava de liderança a problema – enquanto suas características socioeconômicas passavam a ser encaradas com ceticismo ou rejeição.

Krugman fez observações muito provocativas a propósito da crise japonesa. Além de graves problemas financeiros que se arrastam indefinidamente, entre outras razões pela incapacidade de reconhecer os novos e depreciados valores (pós-bolha dos ativos), foram lá tentados à exaustão remédios que se supunha consagrados para o reerguimento da demanda global. Entre eles, destacadamente, a firme redução da taxa de juros, combinada com estímulos fiscais (reiterados e massivos).[10] Os resultados, no entanto, revelaram-se pífios ou mesmo negativos, dando lugar a uma situação de armadilha da liquidez (com juros praticamente nulos), e, por outro lado, há uma imensa dívida pública.

Isso significa o ressurgimento de um tipo de situação em que a demanda global, após retrair-se seriamente, não parece capaz de ser reavivada por políticas de manejo da demanda – problema que se supunha superado. Tão ou mais importante, quer dizer também que grandes distúrbios no mercado de ativos podem gerar situações de notória e duradoura fragilidade – por melhor que estejam as empresas do ponto de vista competitivo. No caso do Japão, a economia permanece à beira de um possível colapso deflacionário. Desta forma, a mais impetuosa e exitosa das economias capitalistas adquiriu uma vulnerabilidade que, *mutatis mutandis*, evoca a situação enfrentada por certas economias emergentes.

A URSS e o sistema por ela comandado não eram apenas o grande adversário, nos planos político e militar, da então chamada aliança atlântica. Representava, sobretudo, e no mundo como um todo, a referência alternativa – que até os anos 1960 muitos supunham capaz de suplantar o capitalismo.

Contra esse plano de fundo, o desmoronamento soviético alimentou a impressão de "fim da história" – com a consagração de um dos termos de uma polarização que marcou décadas. Por outro lado, a solução vitoriosa ficou claramente identificada com o livre mercado – e muito particularmente com a economia norte-americana, contraponto por excelência do socialismo. Começa assim a grande comemoração do livre mercado, bandeira assumidamente empunhada pelo governo e pela elite norte-americana. O movimento só faz

[10] Krugman, P. *The Return of Depression Economics*. Nova York: W.W. Norton and co., 2000.

crescer até a virada do século, não sendo de se admirar que o candidato Bush tenha prometido governar os EUA "como uma corporação".

Além disso, como já foi apontado por diversos autores, o colapso da alternativa sistêmica às economias de mercado reduziu fortemente o poder de barganha das nações atrasadas e empenhadas em afirmar-se.

Enterrada a alternativa socialista e desqualificada a liderança japonesa, os Estados Unidos surgiam como potência incontestável e modelo a ser seguido.[11] Quanto à social-democracia, parecia lentamente exaurir-se num mundo caracterizado pelo acirramento da competição e pela quase impossibilidade de proteção de camadas sociais.

Globalização como difusão de regras e instituições

É difícil exagerar a importância da interpretação – por muitos convertida em firme convicção – de que o declínio e/ou colapso das alternativas significava a vitória do livre comércio. Em última análise, os problemas que levaram à falência do socialismo, à estagnação da economia japonesa, bem como à modéstia do desempenho da Europa social-democrata – e, claro, aos chamados "fracassos do desenvolvimento"[12] – passam a ser entendidos como consequências de desvios e arbitrariedades frente à liberdade do mercado. A essa ideia seriam ainda associadas duas outras.

Primeiramente, o livre comércio voltaria a ser concebido como uma espécie de estado "natural" – num movimento que recupera a corrente central do pensamento econômico e pretende condenar todas as formas de intervenção política. A importância decisiva desse ponto é que desaparece com ele a noção de diferentes sistemas socioeconômicos e, no limite, a própria ideia de instituições relevantes e singulares.

O segundo ponto, igualmente decisivo, é a adoção de forma mais ou menos assumida da noção de que a economia norte-americana, constituindo a mais

[11] A supremacia absoluta trazia consigo problemas que não serão aqui considerados. O perspicaz Giorgi Arbatov a esse respeito afirma: "Faremos a pior coisa possível para vocês – iremos privá-los do inimigo."

[12] Hirschman, A. "Industrialization and Its Manifold Discontents: West, East, and South", *in World Development*, 20, (9), setembro de 1992.

evidente *proxy* do livre comércio, deve ser tomada como referência – ou, no mínimo, fonte inspiradora. Caberia a ela, como à Inglaterra na segunda metade do século XIX, mostrar aos demais países "a imagem de seu próprio futuro". A esse propósito convém acrescentar que o desempenho crescentemente favorável da economia norte-americana ao longo dos anos 1990 com certeza beneficiou a crença de que não se tratava de um caso nacional. A superioridade norte-americana nada mais seria que o resultado da plena vigência das regras do mercado.

A convicção anterior preparava o terreno para um intenso movimento reformista. A ausência do Estado produtor; a abertura comercial e financeira, a relativa independência do Banco Central, o financiamento das empresas via bolsa de valores, a flexibilização do mercado de trabalho e a importância atribuída à regulação da concorrência, instituições características do moderno capitalismo norte-americano (e até certo ponto do padrão anglo-americano), deveriam ser replicados por toda parte.

Tais características passavam a ser entendidas como a própria racionalidade – tudo o mais sendo desvios. Implantá-las passará a ser equiparado a suprimir aberrações, ou, na arrogante expressão que correria o mundo, "fazer o dever de casa".[13] Desaparece ou perde sentido, assim, a noção de contexto histórico. Além disso, é impossível não perceber que esse tipo de mudança aplaina o terreno (*level the playing field*) para a atuação das empresas internacionais. Nesse sentido, o movimento era particularmente oportuno. Coincidia com uma fase em que empresas norte-americanas – sobretudo as integrantes da "velha economia" – intensificavam o transplante de fábricas para os chamados BEM (*big emerging markets*).[14] Sem risco de exagero, pois, se pode afirmar que a globalização, enquanto difusão internacional de regras e instituições, tendia a levar a hegemonia norte-americana à sua plenitude.

---

[13] A expressão "consenso de Washington" será, por muitos, condenada porque, segundo seus autores, as recomendações ali contidas nada mais expressariam que a própria racionalidade – não devendo, por conseguinte, ser tomadas como posicionamento singular de determinadas instituições.

[14] Garten, J. "The Big Emerging Markets". *The Columbia Journal of World Business*, n. 31, p. 6-31, 1996. O autor, subsecretário de comércio, é apontado pela revista como "arquiteto" da política da administração Clinton.

Reformando o resto do mundo: os mercados emergentes

A abertura mexicana para valer data de 1985 (*De la Madrid*), o Brasil iniciou o processo, timidamente, no final dos anos 1980 e acelerou as mudanças em 1990. A Índia começou sua abertura, apenas comercial, em 1990. No caso da Argentina, o regime de políticas adotado em 1991 radicalizou mudanças que, especialmente no caso da abertura comercial, já haviam sido experimentadas no passado recente. Na Coreia, a guinada em direção às reformas pró-mercado tem como marco o abandono do planejamento e o esvaziamento das políticas industriais, visando ao ingresso na OCDE. A aceleração das mudanças foi anunciada em 1993, ao ter início o governo Kim Young Sam.[15] Nada se compara, no entanto, em profundidade e radicalismo, à experiência levada a efeito na Rússia e em outras economias ex-socialistas nos primeiros anos da década dos 1990.[16]

Em todos os casos, atribui-se pouca importância às instituições locais. O objetivo não é construir nações, como no pós-guerra, e sim implantar o primado do mercado – daí a denominação mercados emergentes. Mais concretamente, e como já foi sugerido, trata-se de estabelecer ambientes acolhedores, especialmente para o investimento estrangeiro. E, nesse quadro, uma das mais importantes funções das autoridades locais é encontrar a maneira de levar as reformas adiante – e, sobretudo, de torná-las irreversíveis. Essa última função foi, aliás, explicitamente assumida, entre outros, por Leszek Balcerowicz na Polônia, Carlos Salinas no México e Domingo Cavallo na Argentina.

Numa visão mais conceitual, essas economias iriam reafirmar ou, eventualmente, descobrir as vantagens comparativas ditadas pelas dotações de recursos. Presumivelmente, o afastamento teria se dado durante a tentativa de industrialização por substituição de importações – mas também por meio de práticas políticas populistas e, não raro, arroubos nacionalistas. Seria a hora, pois, do retorno às vocações autênticas – na definição das quais poderiam, no entanto, somar-se critérios contemporaneamente introduzidos, tais como economias de escala, externas e de aprendizado. De qualquer forma, como resultados de

---

[15] Chang, Ha-Joon. *South Kores, The Misenderstood Crisis in* Jomo, K. *Tigers in Trouble*. Hong Kong University Press, 1998. Como mostra Amsdem, A. em *Asia's Next Giant*, *op. cit.*, Oxford University Press, 1989, a liberalização dos anos 1980 foi mais aparência que realidade.

[16] Amsden, A., Kochanowicz, J. e Taylor, L. *The Market Meets its Match*. Cambridge: Harvard University Press, 1994.

novos investimentos, deveriam elevar-se os preços relativos dos fatores abundantes, nos mercados recém-abertos, o que, por sua vez, deveria traduzir-se em melhorias na distribuição da renda.

Implicitamente, admitia-se que empresas procedentes dos países desenvolvidos assumiriam a função de explorar as oportunidades reveladas pelas reformas. Neste sentido, a elas caberia protagonizar essas economias.

Na prática, parece hoje claro que as empresas que efetivamente trataram de tirar proveito das novas oportunidades deram substância a um movimento cujas características podem ser sumariadas como segue:

- As candidatas a integrar a nova onda de extroversão são, fundamentalmente, empresas que já se defrontam com mercados em maior ou menor medida saturados.
- As empresas transferem para as economias reformadas essencialmente unidades produtivas (fábricas). E, dada a prioridade conferida a produtos já bastante trabalhados, será mínimo o esforço local de adaptação de processos ou produtos.[17] Em diversos casos, se trata de empresas que pretendem disputar espaços com as empresas líderes (usualmente norte-americanas e japonesas), mas, não tendo fôlego financeiro e/ou recursos tecnológicos para enfrentá-las nos mercados desenvolvidos, escolhem fazê-lo nos espaços emergentes.
- As peças, componentes e talvez mesmo matérias-primas seriam adquiridos, preferencialmente, naqueles mercados (e países) que se mostrassem mais aptos a produzi-las. Resultaria disso uma nova divisão internacional do trabalho, mais fragmentada e caracterizada pela expansão das trocas entre empresas originárias do centro (entre si ou mesmo individualmente, consigo mesmas). Permitir que as cadeias produtivas fossem, desta forma, fatiadas chegou a ser considerado um importante argumento pró-abertura comercial. Por outro lado, não havia entre os advogados das reformas qualquer preocupação com o fato de que as demais funções corporativas, que não a fabricação, tendiam a ser retidas pelos países de origem das empresas. Voltaremos ao tema.

[17] Katz, J. "Cambios estructurales y productividad en la industria latinoamericana, 1970-1996". *Revista de la CEPAL*, n. 71, p. 65-84, Santiago, agosto de 2000.

Resta acrescentar que onde esse movimento veio efetivamente a tomar corpo verificou-se uma inédita sobreposição de várias grandes mudanças. Em suma, além da novidade (para os países periféricos) da abertura, estavam também, conjuntamente, sendo introduzidas mudanças associadas às tecnologias da informação, novas formas de organização do trabalho e outras características próprias à competição no mundo globalizado.

Uma nova economia?

A combinação das tecnologias da informação (cujas implicações foram anteriormente ressaltadas) com a primazia dos ativos intangíveis, a flexibilidade do mercado de trabalho e instituições do tipo financiamento via mercado de capitais dá margem ao surgimento da "Nova Economia".

Em vários planos, o funcionamento desta seria, supostamente, muito diferente do passado. Assim, o pleno emprego não geraria inflação – permitindo que a economia se mantivesse permanentemente num estado de *quase boom*. As quedas no mercado de ações, por sua vez, seriam em princípio rapidamente revertidas (correção em V) porque a convicção de que os valores logo voltariam a crescer teria um efeito *self-fulfilling*. Os desdobramentos do mercado financeiro permitiriam diluir riscos como nunca – e, inclusive, alavancar no nascedouro as boas ideias; por meio do mercado de capitais de risco e do exuberante negócio dos lançamentos iniciais (IPO), a produtividade elevava-se incessantemente[18] e o valor dos ativos podia indefinidamente se expandir, embalado por resultados a serem alcançados no futuro. E, quanto à disparada do valor das ações, não apenas incentivava os gastos (efeito riqueza) como impulsionava o movimento de fusões.

Isso permitiu à sabedoria econômica convencional incorporar ingredientes schumpeterianos, como bem o demonstram certos discursos de Allan Greenspan. A liberalização/desregulamentação dos mercados, aliada ao culto do individualismo e da descentralização das decisões, de sua parte, evoca argumentos de procedência hayekiana. A tudo isso acrescente-se ainda a preservação de aspectos da chamada síntese neoclássica: o nível de atividades é monitorado

[18] Até os primeiros anos da década, porém, e segundo o ganhador do Prêmio Nobel Robert Solow, as mudanças trazidas pelas novas tecnologias (e os computadores, em particular) podiam ser vistas em toda parte, menos nas estatísticas de produtividade.

e calibrado via política monetária e fiscal – essencialmente a última, desde os anos 1980 e, sobretudo, na década subsequente.

Já ao tempo em que tudo isso parecia funcionar admiravelmente, alguns suspeitavam que havia elementos verdadeiros (como a maior internacionalização, a maior fluidez, bem como a maior pressão competitiva) e ingredientes meramente idealizados (como o desaparecimento dos ciclos) nessa retratação da nova economia. O futuro se encarregaria de mostrar, porém, que nela havia, inclusive, elementos abertamente ideológicos – como a retratação das empresas como entidades transparentes e regidas pela boa governança corporativa.

O retorno das dificuldades

Instabilidade

Um estudo que compara a frequência de crises antes e depois de 1973 deixa claro que o capitalismo tornou-se mais instável recentemente.[19] Numa retratação sintética da crescente volatilidade sistêmica, afirma O'Connell que "ocorreram seis crises em cerca de 25 anos, mas quatro foram produzidas nos últimos 10 anos, três nos últimos 5 e duas nos últimos 3".[20]

No tocante aos anos 1990, pode-se dizer que houve uma primeira fase em que a maior instabilidade tornou-se evidente entre as nações desenvolvidas – com a ocorrência de fortes turbulências no Japão (1990/91), na Suécia e na Inglaterra (1991/92). Posteriormente, e a partir da crise da Tequila (1994/95), são os mercados emergentes que passam a exibir crescente instabilidade. A intensificação do movimento chegaria a produzir efeitos devastadores nos casos da Indonésia e, mais recentemente, da Argentina.

Numa primeira fase, acreditou-se que as economias seriam mais ou menos vulneráveis na dependência de seus "fundamentos" macroeconômicos[21] (especialmente déficit público e capacidade de financiar possíveis déficits de transações correntes).

---

[19] Bordo, M., Eichengreen, B. *et al. Is the Crisis Problem More Severe?*. Centre for Economic Research, 2002.

[20] O'Connell, A. "El Regreso de la Vulnerabilidad y las Ideas Tempranas de Prebish sobre el 'Ciclo Argentino'". *Revista de la CEPAL*, dezembro de 2001. A referência à maior instabilidade pós-Bretton Woods provém de Bordo e Eichengreen, citado por O'Connell.

[21] Krugman, P. *Currencies and Crisis.* Londres: The MIT Press, 1992.

Com a intensificação das crises percebe-se a importância do contágio e surge a figura da "bola da vez". No caso do contágio, o mecanismo dominante é o comportamento de manada. Em franca discordância com a sabedoria convencional que acompanhou o início da onda pró-reformas, aceita-se então que uma economia pode ser atingida pelas dificuldades das outras – e, a partir desse fato, começa-se a gerar os desequilíbrios que justificam e aprofundam a própria crise. Já a "bola da vez" seria uma economia que se presume estar próxima a sucumbir – e isso depende basicamente do surgimento de novas crises internacionais e muito pouco do que nela mesmo esteja ocorrendo.

Convém acrescentar que, exceto a desastrada tentativa de reconversão das ex-economias socialistas, as crises da Indonésia e da Argentina introduziram algo inédito em matéria de crise. De fato, em ambos os casos não teria cabimento falar em depressão – o grau mais elevado até então conhecido de crise econômica. Trata-se, ao que parece, de casos de implosão do próprio sistema econômico e social. E, nesse caso, a brutal queda do PIB (da ordem de 15% no ano que sucede a crise) é apenas um aspecto da desintegração em curso.

A aceitação de que economia mundial, restaurado o império do mercado, exibe maior volatilidade e de que pode acarretar desastres nacionais de proporções desconhecidas tem as mais sérias implicações. Considerá-lo requer, no entanto, que tenhamos em conta a diversidade do ocorrido com as economias sujeitas a reformas. Isso nos leva ao próximo tema.

Economias emergentes: a enorme divergência das trajetórias

A extremada diversidade de experiências no mundo dos chamados emergentes está representada no gráfico a seguir – uma versão modificada de um gráfico apresentado por Stiglitz visando contrastar o desempenho da China e da Rússia.

Em sua versão original, o gráfico chama a atenção para o abissal contraste entre as experiências chinesa e russa. A ele foram aqui acrescentados o Brasil e a Argentina, reforçando-se com isso a ideia da discrepância de trajetórias.[22] A diversidade dos desempenhos é de tal ordem que claramente compromete a noção de que pertencem todos a um mesmo bloco, dito "emergentes".

---

[22] Stiglitz, J. "Whither Reform", Paper Presented at the Annual Bank Conference, abril de 1999, Banco Mundial.

GRÁFICO I Índice do PIB real (1992 = 100)

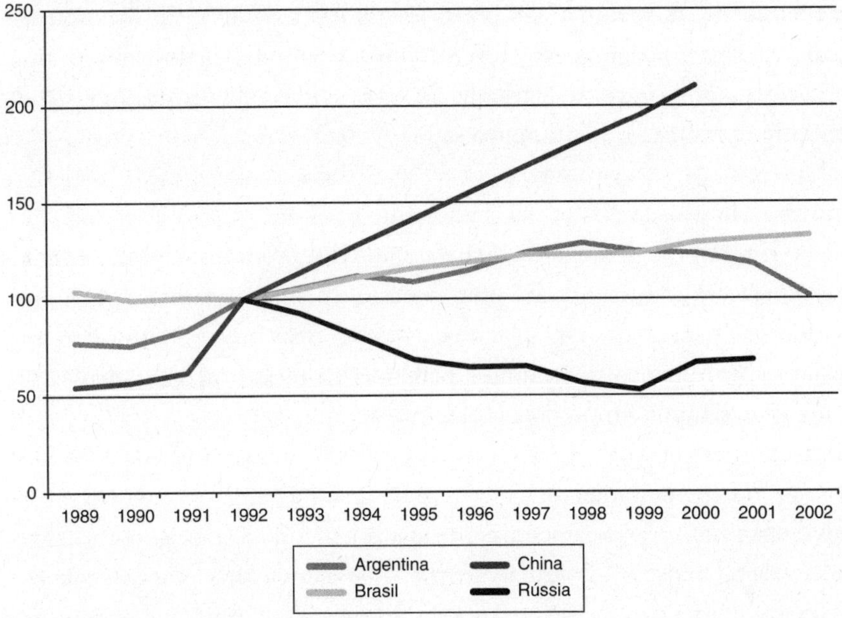

Fontes: IMF, International Financial Statistics e IBGE.

Apresentamos no que se segue uma tentativa de organização dessa diversidade, através de uma classificação que reconhece a existência de quatro tipos.

1. Reforma e especialização: O desempenho desse grupo corresponde às expectativas dos formuladores das teses pró-reformas. A melhor das ilustrações consiste no caso do Chile pós-1985.[23] Ali se renovou, consideravelmente, a especialização – que continuou, no entanto, baseada em recursos naturais abundantes no país e raros em outras partes. Houve, inclusive, em pelo menos um caso (o salmão), a descoberta e o desenvolvimento de novos usos para o potencial existente nos recursos naturais de que o país é dotado. Além disso, a confirmação/renovação das especialidades chilenas veio associada à introdução de novos métodos de gerenciamento e ao surgimento de uma nova camada de empresários propensos a inovar.

Já na experiência mexicana, em que também prevaleceu a exploração de fatores amplamente disponíveis – destacadamente, a mão de obra não qualificada –

[23] Convém lembrar que o êxito dessa experiência foi precedido da profunda crise que se seguiu ao colapso de 1982. Ffrench-Davis, R. *Macroeconomia, Comercio y Finanzas*, para reformar las reformas en América Latina. McGraw-Hill Interamericana, 1999.

tem pouco sentido falar no desenvolvimento de novas especialidades. Isso porque, enquanto a "maquila" (responsável por cerca de 50% das exportações industriais do país) exige apenas um mínimo do empreendedorismo local, a velha indústria do vale central, ressalvado o caso de certas plantas industriais pertencentes a multinacionais, pouco se renovou.

2. Reforma e implosão: Os mais claros exemplos se encontram no mundo ex-socialista. Em tais casos era notória a defasagem dos produtos – em economias que privilegiavam as quantidades produzidas e, caracteristicamente, nenhum esforço faziam para adaptar os produtos ao gosto dos consumidores. Em outras palavras, era imenso o caminho a percorrer na reestruturação/atualização das empresas. E aqui entram dois problemas adicionais.

Primeiramente, destaca-se a ausência da figura do empresário e, em certa medida, do próprio gerenciamento. Tratava-se de uma indústria operada por engenheiros e operários – precariamente comandada, a grande distância, por técnicos e políticos da administração central. Além disso – e este é um fator que convém destacar para ulterior contraste com o caso do Brasil –, as reformas foram em regra acompanhadas de forte mudança de preços relativos, notável encarecimento de certos serviços básicos (até então muitas vezes gratuitos) e marcante declínio do poder aquisitivo dos salários. Conjugam-se, então, três fatores perversos no tocante à reestruturação microeconômica: grande distância a percorrer na atualização dos produtos; ausência de quadros treinados na tomada de soluções empresariais/gerenciais; e retração do poder aquisitivo dedicado a manufaturas.

Convém ainda assinalar que o desmoronamento, em simultâneo, de um tipo de Estado, uma ideologia e um sistema econômico havia criado, no ex-mundo socialista, um quadro propício a experiências radicais. Os mentores da experiência acreditavam, aliás, que a derrocada do regime anterior oferecia-lhes uma "janela de oportunidades" para a terapia de choque por eles defendida.

No lugar de uma transição, verificou-se, no entanto, em diversos casos, a implosão que dá nome a esse tipo de experiência.[24]

---

[24] Erik Reinert mostrou que, em certos casos, o experimento chegou a produzir – por absoluta ausência de alternativas – o retorno forçado ao passado. O autor denominou esse tipo de fenômeno de "primitivização". Do autor, "Raw Materials in the History of Economic Policy: or, Why List (the Protectionist) and Cobden (the Free Trader) Both Agreed on Free Trade in Corn", *in* Parry, G. (ed.), the Economics and Polities of International Trade – Volume 2 – *Freedmon and Trade*. Londres: Routledge.

3. Hibridação: São casos em que a reconversão detonada pelas reformas (e a abertura, muito especialmente) preserva, em grande medida, a herança deixada pelo esforço anterior de construção de uma indústria moderna. Deve, no entanto, ficar claro que a hibridação como "tipo" requer apenas a predominância de empresas que reaproveitam seus recursos, mantendo em ampla medida sua identidade. Ou seja, admite-se que em outros tipos (mesmo na reforma e especialização) também se verificam casos de preservação da identidade pré-reforma. Ocorre, porém, que ela vem a ser a regra na hibridação.

Concretamente isso significa que, sobrevindas a abertura e outras reformas, as empresas passam a extrair (na linguagem penrosiana)[25] novos serviços dos recursos sob seu controle. E esse reaproveitamento é seguramente alavancado pela maior facilidade de acesso a importações – inclusive de tecnologia. O Brasil e a Coreia devem ser considerados importantes representantes desse grupo, indiscutivelmente muito heterogêneo. Já a Argentina chegou a dar sinais de que talvez ingressasse nessa rota, mas finalmente regrediu, antes mesmo do colapso atual cambial e financeiro.[26]

O que estou chamando de hibridação é um resultado bastante imprevisto. Não corresponde, flagrantemente, ao que vinha sendo apontado pelos apóstolos da abertura como resultado a ser esperado desse tipo de reforma. De fato, os proponentes da abertura esperavam não apenas a eliminação de posições exageradamente protegidas como, na linha do teorema Stolper-Samuelson, o encarecimentos dos fatores abundantes, agora finalmente aproveitados. Ocorre, porém, que, contrariamente às expectativas e especialmente nos casos de hibridação, a abertura veio a ser usada para levar adiante os avanços conseguidos, anteriormente, sob o império dos preços "errados". O fenômeno dominante foi, nesses casos, a reciclagem/atualização dos produtos obtidos. As mudanças, em outras palavras, foram guiadas mais pelo potencial das empresas que pelos preços relativos dos fatores.

Equipes severamente reduzidas e razoavelmente retreinadas passaram a produzir, nas mesmas plantas (favorecidas pelo conhecimento ali anterior-

---

[25] Penrose, E. *The Theory of the Growth of Firms*. Nova York: Wiley, 1959.

[26] Além da concentração em montagem, verificou-se na Argentina o desenvolvimento (nova especialização) de recursos naturais até então não aproveitados. Kosacoff, B. *Corporate Strategies Under Structural Adjustment in Argentina. Responses by Industrial Firms to a New Set of Uncertainties.* Wiltshire: St. Antony's Series, St. Antony´s College and Antony Rowe Ltd.

mente acumulado), versões atualizadas das mesmas linhas de produtos.[27] E a frequência com que esse fenômeno se reproduz terá, por consequência, a preservação, a grandes traços, da estrutura industrial herdada do passado.

Mas também é preciso sublinhar que tais resultados tampouco correspondem à asfixia da indústria prevista pelos críticos da abertura. Direta e indiretamente (veremos como) numerosas empresas, combinando passado e presente, souberam tirar proveito das novas circunstâncias. Cabe insistir, a esse propósito, que essa reação coletiva não foi prevista ou comandada por políticas. Mas não se trata simplesmente de mais uma proeza da mão invisível. No caso brasileiro, pelo menos e como veremos mais adiante, um conjunto de circunstâncias ajudou decididamente a indústria a reagir positivamente ao desafio frente ao qual havia sido colocada.

4. Reformas adaptadas e novos setores: A experiência extremamente bem-sucedida da China e a crescentemente exitosa da Índia se enquadram nesse conjunto. Como característica geral, prevalecem importantes instituições anteriores, enquanto as reformas introduzem pró-mercado sob medida. Trata-se, a bem dizer, do oposto do ocorrido nas experiências pós-socialistas – "*big bang*".

Em ambos os casos, a modernização da herança industrial e agrícola tem convivido com o surgimento de novos setores de grande dinamismo. São modernizados tanto os setores tradicionais, trabalho-intensivos, como, sobretudo, novos setores, o que redefine progressivamente a inserção da economia no mercado mundial. A melhor ilustração dessas novas atividades, altamente internacionalizadas, é possivelmente o software hindu. Em 1999 a Índia já tinha 860 empresas exportadoras de software – alcançando com isso impressionantes 20% das exportações "mundiais".[28]

A sorte das reformas: condicionantes

Os elementos que definem o êxito ou o fracasso das reformas podem ser agrupados em quatro blocos de condicionantes. Na sumária referência a seguir supõe-se que o objeto de análise seja uma economia nacional. O esquema

---

[27] No caso do Brasil, evidências a esse respeito podem ser encontradas no Relatório FINEP/CNI intitulado "A indústria e a questão tecnológica", divulgado em 2002.

[28] Nolan, P. *China and The Global Economy*. Basingstoke: PALGRAVE, 2001.

poderia, contudo, ser utilizado para o exame do ocorrido com regiões ou mesmo setores singulares, submetidos a grandes reformas estruturais e, sobretudo, a um amplo processo de abertura comercial.

1. Herança: Por herança entendam-se o tecido de empresas herdado da fase pré-reforma e muito especialmente a capacitação empresarial, gerencial, bem como dos operadores da produção. As escalas de produção em que operam as empresas são outro condicionante (inicial) importante.

A herança é decisiva nos casos de 'reforma e implosão'. Dado o ponto de partida, seria de fato difícil imaginar a fácil reconversão para os padrões de competição imperantes no mundo contemporâneo – não obstante o trunfo de uma população superqualificada em ciências exatas.

Porém, a herança é também uma referência fundamental nos casos de hibridação. Nestes, as reformas (e a abertura, destacadamente) trazem grandes desafios – mas também oferecem, em princípio, a possibilidade de rápida recuperação do atraso. Refiro-me, especialmente, ao caso em que economias semi-industrializadas (ou mesmo industrializadas) já dominam as tecnologias intermediárias e dispõem das capacitações correspondentes. Existe ali, de partida, um parque industrial diversificado, muito capital físico, e empresas de bom tamanho – mas com escalas possivelmente inferiores ao necessário para conquistar espaços no mercado internacional.[29] Por outro lado muitos dos investimentos ali existentes não teriam sido feitos se se soubesse, de antemão, que a economia seria mais adiante exposta à competição internacional. Mesmo nesse caso, contudo, a experiência adquirida conta – e estamos longe do mero acúmulo de desvios denunciado pela ortodoxia das reformas.

2. Reestruturação: As decisões empresariais tomadas – enquanto a economia era fechada, bem como as não decisões ou omissões – deverão ser reconsideradas com a abertura. Parte daqui o processo de reestruturação.

As empresas se encontram numa situação em que, por um lado, são pressionadas pelas importações crescentes, por outro, dada a própria abertura, têm acesso muito maior a insumos, componentes e equipamentos, a preços altamente convidativos – especialmente equipamentos, dadas as facilidades oferecidas pelos fornecedores (*suppliers*).

---

[29] Amsden, A. *The Rise of the Rest: Challenges to the west from Late – Industrialization Economics.* Nova York: Oxford University Press, 2001.

Dependendo da condição de partida, da evolução do mercado, do ânimo empresarial e das estratégias eleitas, as reações das empresas vão variar enormemente.[30]

3. Restrições ao crescimento: Uma primeira questão decisiva na definição das chances de crescer é o comportamento da demanda no dia seguinte às reformas. Ou seja, um condicionante decisivo para que a reestruturação possa ser levada adiante, além da capacitação e da escala herdadas, é o comportamento da demanda doméstica. Para que a indústria local suporte a pressão advinda da onda de importações, é preciso que o mercado local não se contraia. Discutindo essa questão, Amsden atribui o fracasso da reestruturação nas economias ex-socialistas, em grande medida, à forte retração dos mercados domésticos ocorridos após a liberalização.[31] Ela reforça seu argumento lembrando que a reestruturação europeia do pós-Segunda Grande Guerra contou com a expansão da demanda assegurada à época pelo Plano Marshall. Esta é, segundo a autora, a grande lição daquela exitosa experiência de reestruturação.

Outra questão fundamental está na consistência (ou não) do regime de políticas macroeconômicas. Num regime inconsistente, melhorias num determinado objetivo (por exemplo, o controle da inflação) direta ou indiretamente provocam a deterioração de outros indicadores (por exemplo, o balanço de pagamentos). Em suma, na busca de um objetivo, é fundamental atentar para as consequências sobre outros planos – e possíveis dificuldades daí resultantes, ainda que futuras. Uma questão delicada reside no fato de que certos objetivos rendem muito mais politicamente do que outros – o que pode tornar (politicamente) atraente a inconsistência! Stiglitz adverte, além disso, para um outro problema: era frequente no auge da onda das reformas medir o sucesso da privatização pelo mero volume de operações realizadas. Ou seja, sem ter em conta sua qualidade e, sobretudo, seus efeitos sobre a economia.[32]

---

[30] Para uma sintética descrição de aspectos da reestruturação industrial, no caso brasileiro, vide Castro, A.B. "A reestruturação da indústria brasileira nos anos 1990: uma interpretação". *Revista de Economia Política*, jul.-set. de 2001. Algumas das ideias aí apresentadas são retomadas em "Novas estratégias industriais: sobrevida ou inflexão?", texto apresentado ao Fórum Nacional, 2001 e publicado em Velloso, J.P. *Como vão o desenvolvimento e a democracia no Brasil?* José Olympio, 2001.

[31] Amsden, A. *et al. The Market Meets its Match: Restructuring the Economics of Eastern Europe.* Cambridge: Harvard University Press, 1994.

[32] Stiglitz, "Wither Reform", *op. cit.*

O Brasil e a Argentina são verdadeiros "casos" no estudo das inconsistências macroeconômicas. O regime macro brasileiro, por exemplo, manteve-se duplamente incongruente – e, portanto, em rota de colisão – até fins de 1998, quando mudou a trajetória da política fiscal, alterando-se, em seguida, completamente, a política cambial. Já a Argentina, enclausurada em seu regime de conversibilidade, assistiu à progressiva deterioração de sua competitividade e (com o quadro fiscal também em deterioração) caminhou até a explosão final.

Duas ponderações devem, no entanto, ser acrescentadas a esse respeito. Primeiramente, é importante deixar claro que a inconsistência não depende apenas das relações entre as políticas domésticas. Se os EUA continuassem em vigorosa expansão, não apenas o desfecho no caso argentino poderia ser adiado como, na dependência do avanço da reestruturação e da produtividade média na esfera dos *tradeables*, a própria inconsistência poderia ter sido, em alguma medida, superada. Com mais razão, algo semelhante poderia ser dito caso o dólar sofresse substancial desvalorização.

Mas, como o mundo mais uma vez está demonstrando (com rápida acentuação em 2002), depender crucialmente e sem defesas do ocorrido no exterior é um jogo no mínimo perigoso. Além disso, não resta dúvida de que, com a acentuação da instabilidade sistêmica e num quadro de liberdade de movimentação (leia-se retirada) de recursos, corre-se crescentemente o risco de uma súbita reavaliação da capacidade de pagar por parte das fontes financeiras internacionais. E isso nos leva à questão da vulnerabilidade.

A vulnerabilidade externa tem se revelado, em última análise, a grande restrição ao crescimento das economias em vias de reformar-se. No início dos anos 1990, as velhas dívidas haviam sido renegociadas e a tomada de recursos no exterior havia voltado a se tornar fácil. Mais uma vez as economias centrais voltavam a aplicar vultosos recursos nos agora ditos emergentes – e, mais uma vez, popularizou-se a ideia de que dali por diante seria (sempre) assim. Bastaria para tanto que os países fizessem as reformas e os demais "deveres de casa".

Passada a primeira fase e avolumando-se o endividamento externo, no entanto, a confiança nos devedores começa a sofrer os primeiros abalos – ressurgindo com isso a questão da vulnerabilidade. A confiança na economia passa então a ser incessantemente reavaliada, usando-se indicadores como a relação dívida externa/exportações, a evolução da dívida interna e, num outro plano, a consistência e a funcionalidade do regime de políticas macroeconômicas.

Se a crise mexicana de dezembro de 1994 e até mesmo a crise tailandesa de 1997 surgiram para muitos como raios em céu azul, daí por diante as crises se sucedem praticamente sem interrupção. Com uma importante diferença: a partir de 2001, os distúrbios e transtornos passam a vir, também, da economia norte-americana. Vista, pois, em perspectiva, a crença num mercado internacional de capitais amplamente capaz de prover empréstimos a custos razoáveis mostrou-se decididamente equivocada.[33] E isso se revelaria um grave erro, tanto para países como o Brasil, que não tiveram êxito exportador, quanto para países como a Tailândia, a Indonésia ou até mesmo a Coreia, verdadeiras máquinas exportadoras.

A cada crise, as economias ditas emergentes devem ostensivamente refrear o nível de atividades. Contrariamente ao ocorrido nos centros desenvolvidos, os governos locais são, assim, obrigados a agir de forma pró-cíclica – e não compensatoriamente. E, na medida em que empresas e famílias introjetem esse fato, passam a atuar elas mesmas de forma (também) pró-cíclica, usando, antecipatoriamente, seus próprios freios.

4. Capacidade de resposta: As reformas muitas vezes contrariam visões amplamente compartilhadas – e requerem que se atravessem quadros políticos altamente conflituosos. Na antevisão das resistências, é grande a tentação de criar irreversibilidades, recurso por vezes chamado de "queimar as caravelas". Um equívoco tão grave quanto frequente, pelo menos na América Latina, consiste em aproveitar os anos de bonança, no que toca ao ingresso de capitais procedentes do exterior, para introduzir mudanças supostamente definitivas. Em contextos dessa natureza, não faltarão vozes proclamando que as novas condições permanecerão, desde que as reformas sejam plenamente levadas a efeito. Porém, a natureza cíclica do capitalismo mais cedo ou mais tarde acarretará o fim da bonança e a reversão das condições anteriores. Os ciclos são inegavelmente diferentes uns dos outros, como diversos estudiosos (Mitchell, Schumpeter ou, contemporaneamente, Minsky) do fenômeno perceberam. Mas voltam. E dentre os fenômenos mais pró-cíclicos sempre se destacaram fluxos de capital entre os países desenvolvidos e a chamada periferia.

Em tais condições, sobrevinda a reversão, as economias que tornaram seu funcionamento rígido e/ou permitiram que suas dívidas fossem mais longe, encontram-se em situação difícil, talvez mesmo condenadas ao colapso. Isso

[33] Jomo, K.S. *Tigers in Trouble, op. cit.*

significa que, como diversos economistas advertiram no passado (e entre eles, destacadamente, Prebisch), é necessário preservar a capacidade de iniciativa para agir compensatoriamente ou mesmo para alterar os rumos da economia. A experiência recente de diversos países parece mostrar que o mais frequente dos equívocos consiste em abrir mão do mecanismo de desvalorização cambial como para-choque diante de adversidades. A capacidade de resposta face às dificuldades e/ou reversões cíclicas é tema imensamente complexo que fica aqui apenas mencionado . Seu devido enfretamento requer que se tenha em conta, inclusive, o tema maior das possíveis tensões entre mercado e democracia.

Nova economia ou bolha?

Multiplicam-se presentemente as críticas à arquitetura institucional das economias que passaram por amplas reformas liberalizantes, ganhando inegável destaque "rebeldes internos" como Stiglitz, Krugman, Soros e Rodrik. A "exuberância irracional" denunciada por Greenspan, característica dos períodos de euforia, e a necessidade de impor sacrifícios aos credores (Krueger) merecem também um lugar de destaque nos debates acerca de como deter ou mesmo evitar a sucessão exaustiva de crises, característica dos últimos anos.

As críticas mais profundas parecem convergir para uma tese identificada com Polanyi: o mercado inteiramente liberado tende a criar sérios problemas para si mesmo. Mais precisamente, a liberdade irrestrita, em especial no mercado de ativos, possivelmente, acarreta, exageros e aberrações. Por outro lado (e, até certo ponto, contraditoriamente), não é menos verdadeiro o fato de que, no paradigma organizacional e tecnológico associado à economia da informação, torna-se altamente conveniente que as empresas gozem de ampla liberdade para que possam se afirmar (criando para tanto mecanismos de isolamento) face à acirrada concorrência a que estão submetidas.

Até o presente, pelo menos, a desproporção entre críticas ao *status quo* e propostas de reforma é, no entanto, flagrante. Isso concretamente significa que cada economia permanece entregue à sua própria sorte, frente ao turbulento quadro atual. Mais que isso, e como assinala Krugman, "pela primeira vez em duas gerações" não se sabe lidar com sérias falhas de demanda.[34] De qualquer forma,

---

[34] Krugman, P. *The Return of Depression Economics*. Nova York: W.W. Norton & Company, 1999, p. 155-156.

parece já verdadeiramente estabelecido que os anos 1990 não foram capazes de instalar uma ordem econômica estável e vocacionada para o crescimento. Admitido isso, não se deve, contudo, negar a importância das mudanças ocorridas desde então. Em outras palavras, a nova economia é uma construção em boa medida ideológica, mas isso não equivale a dizer que nada mais houve, no período recente, que um mero ciclo expansivo e/ou uma grande bolha.

Brasil: O que há de específico

No que segue, tratarei de defender a hipótese de que a intensa reestruturação verificada no Brasil, na esfera industrial, a partir do início dos anos 1990 resultou da combinação de três elementos: uma herança diversificada e flexível no tocante ao tecido industrial, aí incluídos os homens e mulheres encarregados de pilotá-lo; um mercado doméstico súbita e inesperadamente ampliado (como se mostrará a seguir); a ampla adoção de um tipo de resposta estratégica simples e eficaz por parte das empresas.

Por outro lado, é importante também destacar a descontinuidade no plano das políticas macroeconômicas. O primeiro período pode ser caracterizado pela valorização cambial e pelo crescente desajuste tanto no plano das contas externas quanto no plano fiscal. A segunda fase inaugura-se com a desvalorização de janeiro de 1999 e nela, com o regime de políticas macro, adquire consistência e também flexibilidade. Dado o acirramento da instabilidade internacional, a economia recebe incessantes choques. Observa-se, no entanto, que nessa segunda fase, além de exibir maior flexibilidade, o aparato de política econômica tem agora por para-choques a taxa de câmbio (e não mais a taxa de juros). À medida que se avança nesse segundo período, contudo, o crescente acúmulo de dívidas externa e interna fragiliza a imagem da economia. Ao lado da crescente vulnerabilidade, vai também ficando patente, paradoxalmente, a solidez do tecido econômico. Essa assimetria entre robustez no âmbito das empresas e fragilidade, sobretudo financeira, parece ser o traço mais peculiar da experiência a ser daqui por diante tratada.

O parque industrial herdado

O Brasil chegou a 1980 dotado de um parque industrial amplo, diversificado e moderno. Havia completado o processo de substituição de importações e vinha expandindo rapidamente as exportações de manufaturas – de fato, começava a ser referido como um perigoso NIC (novo país industrializado).[35]

As tecnologias de produção e de projetamento eram amplamente dominadas – e nesse sentido, como em outros, havia-se desenvolvido uma certa capacidade de resolver problemas. Mas a capacitação adquirida era bastante desequilibrada, tendo seu forte inegavelmente nas questões operacionais. Concretamente, o esforço feito pelas empresas limitava-se à cópia e adaptação. O país como um todo, no entanto, frequentemente por meio de novas empresas, avançava integrando novos setores ao seu aparelho produtivo. Nesse sentido se pode dizer que o avanço tecnológico se fazia, sobretudo, mediante a implantação de novas atividades. Mas, convém insistir, havia ampla capacitação de trabalhadores, técnicos e gerentes para operar a capacidade existente – bem como disposição para enfrentar os ajustes e adaptações requeridos para colocar em funcionamento as novas plantas. Nesse contexto, não é preciso sublinhar, o crescimento era função da formação de capacidade produtiva adicional. E para isso o país estava amplamente aparelhado – inclusive no que toca à geração e administração do financiamento de longo prazo.

A estrutura industrial se caracterizava pela liderança por parte de grandes empresas públicas, situadas em setores pesados e capital-intensivos. A partir dessas posições, algumas delas tratavam de organizar respectivas cadeias de supridores – sendo a Petrobras um caso especialmente bem-sucedido nesse plano.

Em alguns setores, por contraste, era forte ou mesmo francamente dominante a presença de multinacionais. Estas, especialmente nos campos dos duráveis, também buscavam, em alguma medida, organizar seus supridores – no caso da automobilística, com notório e decisivo apoio de programas públicos.

Contudo, o país havia também desenvolvido uma ampla e variada população de empresas nacionais, compreendendo algumas grandes e um considerável número de médias empresas (especialmente na região sul do país), bem como pequenos negócios pulverizados e dispersos, sobretudo nos setores de indústria alimentar, confecções e calçados. Sem desenvolver a comparação, assinalemos que as escalas de produção por planta eram aqui muito superiores

---

[35] Castro, A.B. e Souza, E. *A Economia Brasileira em Marcha Forçada*. Rio de Janeiro: Paz e Terra, 1985.

às da Argentina,[36] mas as empresas estavam longe de englobar grandes grupos, como no caso da Coreia.

Na transição para os anos 1980, e ao longo dessa mesma década, a economia brasileira sofreu sucessivos choques e reveses. Essas adversidades contribuíram para o relativo fracasso de investidas anteriormente iniciadas em direção ao que então se visualizava como a última fronteira: a indústria nuclear, a microeletrônica (com destaques para computadores e impressoras), a indústria de telecomunicações e a aeronáutica. Como bem se sabe, nessa derradeira fronteira das técnicas só se mostrou efetiva e plenamente exitosa a indústria aeronáutica.[37]

Muito mais importante que certas derrotas setoriais no esforço para completar o emparelhamento (*catch-up*) com os países mais avançados, contudo, veio a ser a progressiva desatualização da indústria ao longo da década dos 1980. É conveniente advertir, no entanto, que de início (nos primeiros anos da década de 1980) esse fenômeno era amplamente compensado pela entrada em plena operação dos últimos projetos integrantes do II PND (dotados em regra de tecnologia e escala atualizadas).[38] A desatualização a que me refiro é muito mais ampla e compreende grande parte da indústria consolidada do país.

Nessa mesma fase (década de 1980), as empresas públicas perdem progressivamente a capacidade de iniciativa e articulação de cadeias. As empresas estrangeiras, de sua parte, ficam praticamente paralisadas – enquanto as nacionais, ressalvadas exceções, tratam de sobreviver.[39]

Do colapso do cruzado em diante, os distúrbios macroeconômicos foram num crescendo, que culmina com a hiperinflação de 1989. Nessa fase, mais ainda do que na primeira metade da década, cessa praticamente o acompanhamento, por parte das empresas, do que se passa nos centros desenvolvidos. Os artigos aqui produzidos tornam-se desatualizados, fenômeno que, aliás, se acentua em decorrência da aceleração nas economias centrais. Além disso, as

---

[36] Katz, J. *Desarrollo Y Crisis de La Capacidad Tecnologica Latino Americana*. Buenos Aires: BIB/CEPAL/PNUD, 1986.

[37] Bernardes, R. *EMBRAER Elo entre estados e mercado*. São Paulo: Hucitec, 2000.

[38] Os grandes projetos procedentes do II PND iam então definindo as novas vantagens comparativas do país. Ferraz, J., Kupfer, D. e Haguenaur, L. *Made in Brasil*. Rio de Janeiro: Campus, 1996.

[39] Ruiz, R.M. "Estratégia Industrial e Reestruturação Industrial (1980-1982)". Dissertação de Mestrado, Instituto de Economia, UNICAMP, 1994.

novas formas de organização e gerenciamento que rapidamente se difundem nos centros industriais tampouco se propagam no conturbado ambiente brasileiro dos anos 1980.

Salto do poder aquisitivo doméstico

A recuperação do atraso, especialmente no tocante às formas de organização, teve início nos primeiros anos da década de 1990.[40] Com a estabilização, contudo, a reestruturação seria fortemente impulsionada por um fator até o presente não devidamente posto em evidência. Trata-se da descontínua evolução do mercado doméstico a partir do momento em que a abertura se combina à estabilização (julho de 1994). Para deixar claro do que estamos falando e até mesmo para aquilatar sua importância, parece-me, no entanto, oportuno um rápido contraste com a desastrada experiência do Leste Europeu.

Naqueles países, a liberação/desregulamentação foi acompanhada da alta geral dos preços (em geral coordenada pelo câmbio até então altamente defasados). O resultado imediato foi a forte queda dos salários reais – e a consequente retração do poder de compra disponível para a aquisição de manufaturas. Em certos casos, esse fenômeno foi ainda agravado pela liberação dos preços de algumas necessidades básicas, tais como transporte e calefação. Nessas condições, como já foi anteriormente sugerido, o encolhimento do mercado doméstico surge como um problema a mais a se somar ao caráter e à apresentação obsoleta de numerosos produtos.

É como se a economia tivesse mudado de tamanho para muito menor. De pouco ou nada serve, nesse contexto, a ampla disponibilidade de mão de obra barata. Donde, então, tirar o estímulo – e os recursos – para investir? A mão de obra barata servirá, quando muito, para atender encomendas de empresas sediadas no exterior – na medida em que estas decidam deslocar fontes tradicionais de suprimento.[41]

---

[40] De Castro, A. "A reestruturação da indústria brasileira nos anos 1990. Uma interpretação". *Revista de Economia Política*, jul.-set. de 2001.

[41] Punzo, L. "Romania's Erratic Transition, a Dynamic Supply-Oriented Analysis". Mimeo, World Bank, Washington, Novembro de 1999.

Por contraste com esse tipo de situação, em que, convém sublinhar, as reformas não levam ao reaproveitamento dos fatores tornados ociosos, tampouco à reestruturação das empresas, retornemos ao caso brasileiro.

O Gráfico II permite ver que a combinação da abertura com a estabilização, ancorada, esta última, num câmbio que sofreu inicialmente forte valorização, resultou num quadro muito peculiar no tocante à evolução dos preços relativos. Nele chama atenção a acentuada queda relativa dos preços dos bens comercializáveis na fase inicial da estabilização.

GRÁFICO II Evolução dos preços
IPCA julho de 1994 = 100

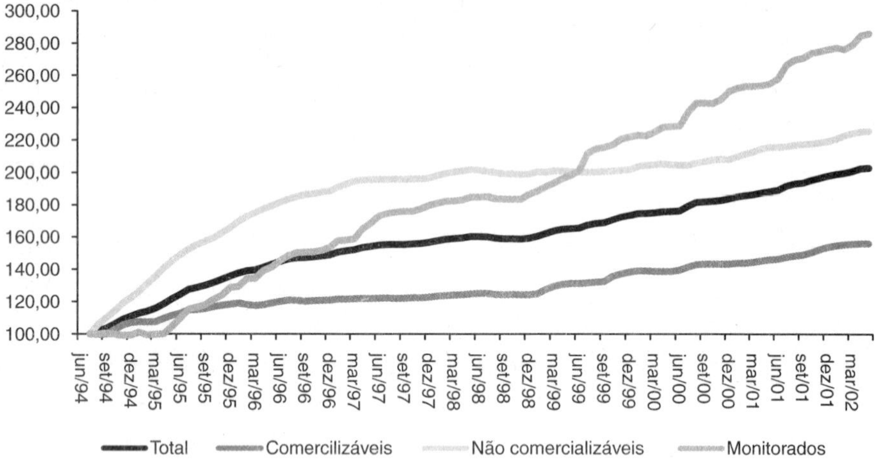

Fonte: Elaboração do autor.

Não tendo os salários acompanhado os preços dos *tradeables*, daí resultou um enorme aumento do poder aquisitivo dos salários medidos em bens comercializáveis. Isso está apontado na Tabela I, que toma como base (100) o mês de lançamento do real, julho de 1994. Algumas observações devem ser aqui acrescentadas.

Primeiramente, parte do brutal aumento assinalado (de 71% nos três anos que vão de julho de 1994 a julho de 1997) provém da acentuada queda (relativa) dos preços agrícolas – trata-se da âncora verde, adiante comentada. A outra parte, substancial, deriva da redução dos preços das próprias manufaturas.

TABELA I Massa salarial nominal deflacionada pelo IPCA comercializáveis (julho 1994 = 100)

ANO	JAN.	FEV.	MAR.	ABR.	MAI.	JUN.	JUL.	AGO.	SET.	OUT.	NOV.	DEZ.
1994							100,00	108,58	112,15	108,38	115,85	123,54
1995	116,82	121,61	126,00	128,83	132,42	134,42	134,77	138,13	138,90	140,26	146,43	155,99
1996	147,22	149,99	151,91	154,38	157,70	159,08	162,96	166,47	167,35	167,19	168,06	177,49
1997	162,26	161,96	160,53	164,63	169,43	168,29	171,31	174,26	174,78	176,94	178,21	188,33
1998	174,23	170,16	169,88	168,75	167,87	168,82	167,21	171,65	172,83	174,67	178,59	189,41
1999	168,09	162,62	159,94	158,30	159,15	162,45	158,46	158,36	160,24	159,16	162,80	174,35
2000	159,50	158,80	159,90	162,28	166,39	169,01	165,93	167,20	168,21	170,74	170,15	183,96
2001	166,58	165,65	165,67	166,02	164,67	167,05	166,91	164,74	163,52	163,26	161,28	170,37
2002	162,86	161,24										

Fontes: IBGE, Elaboração do autor.

A segunda observação consiste no fato de que, a partir de meados de 1997, os preços dos *tradeables* passam a se mover aproximadamente em linha com os dos não comercializáveis. Se não há quedas adicionais, há que se chamar atenção para o fato de que o movimento anterior não é tampouco revertido – como tantas vezes se observa nos deslocamentos de preços relativos.

Finalmente, não caberia obviamente supor que o aumento do poder aquisitivo seria integralmente utilizado na aquisição de *tradeables*. Parte da renda liberada pela aquisição de *tradeables* aos novos preços será aplicada em não *tradeables*. Observe-se, no entanto, que podem também ocorrer substituições de não *tradeables* por *tradeables*: uma boa ilustração consiste nos bens que, danificados, não mais serão levados ao conserto – dando lugar a novas compras (trata-se do chamado "efeito substituição").

São necessários estudos e pesquisas para que se entenda e avalie melhor por que e como as empresas produtoras de *tradeables* puderam absorver grandes quedas (relativas) nos seus preços de venda. Pode-se, no entanto, afirmar que há, em princípio, diversos mecanismos candidatos a explicar o fenômeno. Merecem detaque: importações mais baratas de insumos e equipamentos;[42] redução de ineficiências;[43]

[42] Em muitos casos, seguramente, as importações permitiam o acesso a bens não apenas mais baratos como efetivamente superiores. Além disso, usualmente se tratava de produtos uma ou mais gerações mais avançados que os até então em uso na economia.

[43] Redução da chamada ineficiência X seguramente ampliada pela alta inflação. Liebenstein, H. *Inflation, Income Distribution and X-Efficiency Theory*. Londres: Croon Helm, 1980.

contração de margens;[44] e ganhos de escala. Por outro lado, é bom lembrar que a adaptação ao novo quadro pelas empresas não teria por que se dar ao ritmo a que se processava a queda dos preços relativos. O ajuste é de fato complexo e individualizado – sendo conveniente sublinhar que o declínio relativo dos preços dos comercializados cessa e o poder aquisitivo da massa de salários deixa de crescer em 1997. Em parte, é a demanda, via efeitos-renda e efeitos-substituição, que vai alocar nos diferentes mercados o poder aquisitivo ampliado; em parte, além disso, é o maior ou menor empreendedorismo das empresas que se encarregará de definir o resultado dos ajustes.

Quanto ao impacto direto das importações, um fato merece grande destaque. Em decorrência do comportamento inicialmente muito favorável do mercado doméstico, a explosão das importações – que tanto preocupava os críticos da abertura –[45] não impediu o substancial crescimento das vendas de manufaturas localmente produzidas e destinadas ao mercado doméstico. Entende-se: o baixo coeficiente de importações na origem do processo permitiu que um aumento proporcionalmente muito elevado das compras no exterior convivesse com um aumento substancial (em termos absolutos) das vendas dos produtos domesticamente produzidos. Mas, para que isso se verificasse, foi crucial que os produtores domésticos partissem para uma estratégia de reafirmação e chegassem de fato a reduzir substancialmente seus próprios preços relativos – tanto em relação ao passado quanto a relação aos não *tradeables*. E é nesse contexto que o PIB industrial (conceito IBGE) cresceu extraordinários 9,6% no ano que termina em junho de 1995.[46]

---

[44] As margens na hiperinflação se encontravam infladas por um problema de segurança, ou seja, e na expressão de Roberto Frenkel, para evitar "perdas de capital". Do autor, *Decisiones de Precio em Alta Inflación*. CEDES, Buenos Aires, 1979. Observe-se que essa explicação põe em evidência um efeito redistributivo da estabilização sem sair da esfera dos procedimentos empresariais.

[45] Incluo-me entre os que erraram a esse respeito, temendo, no caso, que a atitude passiva do governo empurrasse as empresas em direção a estratégias "mercantil-conservadoras". Castro, A.B. *O Brasil e as tendências econômicas e políticas contemporâneas*. Fundação Alexandre Gusmão, 1995.

[46] Uma importante fonte de informações sobre o aumento do consumo pós-estabilização é o relatório "CNI-CEPAL investimentos na indústria brasileira 1995-1999, características e determinantes", de 1997. Guilherme Dias chamou a atenção para o aumento do poder aquisitivo dos salários no período 1992 a 1997. Ver gráfico, p. 252 em "Mudanças estruturais na agricultura brasileira" *in* Baumann, R. *Uma década de transição*, Rio de Janeiro: Campus, 1999. Coutinho, L. chama a atenção para o aumento do consumo de produtos industrializados após 1994, atribuindo-o a estabilização. Apesar disso, conclui pela "especialização regressiva", concebida como um análogo da desendustrialização. Do autor, "A especialização regressiva: um balanço do desempenho industrial pós-estabilização". *in* Velloso, J.P. *Brasil – desafios de um país em transformação*. Rio de Janeiro: José Olympio, 1997.

TABELA II Consumo *per capita* de carnes 1998/93 (variação %)

	Brasil Variação (%) 98/93	Estados Unidos Variação (%) 98/93
Frangos	36,7	4,9
Bovinos	5,1	5,2
Suínos	17,3	0,6
Total	16,0	3,7

Fonte: A C Nielsen e ERS/USDA.

TABELA III Evolução do consumo bens não-duráveis

	1994	1995	1996	1997	1998	1999	2000	00/94** (%)	Var. anual média***
Salsicha	0,53	0,74	0,79	0,94	0,98	1,0	0,97	83,02	25,61%
Leite	11,02	13,41	13,59	13,84	13,05	13,96	13,17	19,51	-0,47%
Leite em pó	0,65	0,76	0,74	0,78	0,75	0,71	0,71	9,23	-5,15%
Macarrão	2,97	3,34	3,36	3,36	3,54	3,48	3,31	11,45	1,78%
Biscoito	2,75	3,43	3,83	4,34	4,75	4,77	4,37	58,91	24,66%
Café em pó	1,56	1,81	2,01	2,09	2,07	2,09	1,93	23,72	6,80%
Chocolate	0,47	0,62	0,74	0,82	0,73	0,66	0,65	38,30	1,12%
Vinho de mesa*	0,18	0,24	0,26	0,28	0,27	0,36	0,37	105,56	34,04%
Refrigerante*	34,4	46,6	48,3	50,6	54,3	57,8	59,7	73,55	20,71%
Cerveja*	28,5	31,8	31,3	31,9	33,3	33,3	32,6	14,39	4,05%

* Em litros por habitante/ano
** Variação percentual entre 1994 e 2000
*** Taxa de crescimento de 1995 a 2000
Fonte: A C Nielsen, idem.

A reestruturação das empresas

Em simultâneo à ampliação do mercado local, numerosos produtos até então amplamente aceitos no país passam a ser considerados "inferiores", o que alimenta um clima ou onda de lançamento de novos produtos. Em muitos casos, o rejuvenescimento do portfólio de produtos requer a revisão de processos, e isso é enormemente facilitado pelo barateamento extremo dos equipamentos.[47] Aqui vemos a abertura agindo poderosamente tanto sobre as preferências e a estrutura de demanda quanto sobre as possibilidades de reaproveitamento de recursos controlados pelas empresas.

A questão se colocava, então, da seguinte maneira: para muitos empresários, era de tal ordem a ampliação/renovação dos respectivos mercados que muitos se viam diante de uma mutação, de um outro ambiente. Por uma feliz coincidência, isso, porém, ocorria num momento em que mudanças recentemente difundidas nas economias centrais, de natureza organizacional e tecnológica, favoreciam a aquisição, por parte das empresas, de maior flexibilidade operacional. Estas podiam, a partir de uma boa "herança", com muito mais facilidade que no passado, reposicionar-se frente ao mercado. Para isso, era, no entanto, necessário buscar uma combinação própria de ingredientes tais como: corte e retreinamento de pessoal, remanejamento das instalações e aquisição de insumos melhores e mais baratos (via importações). Além disso, juntamente com o avanço no lançamento de novos produtos, as empresas estariam também aumentando sua eficiência (eliminando *X-Inefficiency*) e, possivelmente, aceitando operar com menores margens de retorno. Em alguns casos estariam também alcançando melhores escalas de produção.

Os resultados obtidos por combinações singulares das possíveis mudanças que acabam de ser assinaladas se mostrariam cruciais para que efetivamente se avançasse em direção ao objetivo estratégico das empresas nessa etapa crucial: produzir artigos similares a preços competitivos. À medida que dele se aproxime, a empresa se torna apta a suportar os novos e rebaixados preços relativos das manufaturas – ao mesmo tempo que deles tira proveito.[48] Sem desenvolver o tema, registre-se que essa evolução não é indolor – e que muitas empresas desapareceram ou tiveram seu controle transferido, inclusive para o exterior.

O mercado doméstico renovado

Vimos anteriormente que nas economias pós-soviéticas, por contraste, o mercado local contraiu-se fortemente como resultado da erosão dos salários

---

[47] Souza, F. "O investimento antes e depois do Plano Real". *in* Velloso, J.P. (org.) *O real crescimento e as reformas.* Rio de Janeiro: José Olympio Editora, 1996.

[48] Castro, A.B. "A reestruturação da indústria brasileira nos anos 1990", *op. cit.*

pela inflação. Ora, para que haja reações positivas por parte das empresas, é necessário que haja sustentação do mercado ou, idealmente, que aumentem as vendas. Como lá se viu, quando a demanda como um todo regride não há por que a demissão de trabalhadores e o fechamento de empresas levar ao reaproveitamento dos recursos: esse mecanismo talvez funcione para a parte, mas não para o todo. Como diz Stiglitz, há aqui um grave erro sob a forma da *"failure to distinguish between what is required in the case of restructuring a single firm within a well functioning market economy, and restructuring virtually an entire economy or at least the manufacturing sector of an economy"*.[49]

O que estou sugerindo é que houve aqui, de forma não planejada (nem sequer entendida), o equivalente funcional de um Plano Marshall.

A forte expansão do mercado interno verificada após a estabilização foi reconhecida por diferentes autores. Até o presente, no entanto, creio que as explicações eram bem diversas da aqui sugerida. A mais difundida explicação atribui o fenômeno à própria estabilização monetária, que, ao eliminar o imposto inflacionário, teria dado um forte impulso à expansão do mercado doméstico. A explicação não parece, contudo, convincente pela razão a seguir a apontada.

O imposto inflacionário consiste no total das perdas incorridas pelos indivíduos e empresas em decorrência da conveniência de manter ativos monetários (papel-moeda e depósitos a vista) num quadro em que a inflação dilui fortemente o valor da moeda. Evidentemente, a eliminação da inflação abole esse tipo de "tributo" e, com isso, aumenta o poder aquisitivo dos detentores de moeda. No presente texto, entretanto, procurou-se chamar a atenção para o enorme aumento do valor da massa de salários em termos de *tradeables* imediatamente após a estabilização. Já a eliminação do imposto inflacionário só pode se acrescentar a essa constatação, jamais negá-la.

Em outras palavras, o desaparecimento do imposto inflacionário significa apenas que o aumento do poder aquisitivo é ainda maior do que o sugerido neste texto (via rebaixamento de preços relativos). Quanto maior?

Entra aqui o fato de que a alta e crônica inflação brasileira era em grade medida inercial. Simonsen caracterizou-a como anaeróbica, no sentido de que

---

[49] Stiglitz, J. "Whither Reform? Ten Years of the Transition". Annual Bank Conference on Development Economics. Washington, Abril de 1999.

não se alimentava de moeda adicional colocada pelos poderes públicos. Enfim, e sem maiores detalhes, a base monetária, mais depósitos à vista, era de cerca de 4% do PIB. Nessas condições, mesmo que a alta, incessante dos preços levasse metade desse valor, estaríamos frente a 2% do PIB que deixaria de ser comidos pelos poderes públicos, podendo voltar a ser gasto por particulares: muito pouco, comparado com a ordem de grandeza da explosão das compras após real.

Por outro lado, outra possível explicação pretende que a ampliação do crédito seria o determinante maior da dilatação do mercado doméstico. A Tabela IV, a seguir, mostra a evolução do crédito total absorvido pela economia.

Há um considerável aumento em 1994 e, daí por diante, um declínio em relação ao PIB. A cifra para 1999 já é inferior ao valor alcançado (sempre em termos proporcionais) em 1993. Em suma, o crédito certamente contribuiu, e muito, pelo menos no primeiro momento. Trata-se, porém, de uma contribuição localizada (centrada em duráveis) e, inclusive, distante de alguns dos ícones do consumo no real (como o frango e o iogurte). Além disso e sobretudo, apresenta uma ordem de grandeza inferior ao fenômeno que se pretende explicar.

TABELA IV Evolução do crédito

Crédito total/PIB val. IGP-DI												
	Jan	Fev	Mar	Abr	Mai	Jun	Jul	Ago	Set	Out	Nov	Dez
1991	–	–	–	–	–	–	–	–	–	–	–	24,08
1992	24,47	24,58	24,98	25,41	25,45	26,96	27,10	26,80	26,78	27,31	28,08	28,55
1993	28,22	28,40	27,83	27,61	27,84	27,94	28,12	28,06	27,91	28,77	29,06	28,90
1994	28,56	29,04	29,60	30,15	31,43	31,63	32,58	33,95	35,13	35,75	36,38	36,45
1995	36,76	36,87	36,39	36,37	36,55	36,25	34,96	35,00	35,71	35,68	35,62	34,81
1996	33,88	34,00	34,55	34,17	33,49	32,99	32,42	31,96	31,92	32,07	31,58	31,05
1997	30,81	30,82	30,86	31,05	31,36	31,70	32,12	32,50	32,75	32,85	32,74	28,72
1998	28,48	28,99	28,86	28,97	28,95	28,72	28,65	28,78	29,15	29,32	30,11	29,70
1999	29,86	29,26	28,19	27,99	28,16	27,89	27,87	27,91	28,04	28,14	28,10	27,21
2000	27,08	27,02	27,24	27,65	28,30	28,00	27,72	27,31	26,90	27,06	27,57	28,00
2001	27,81	28,39	28,77	28,97	29,21	26,00	26,24	26,81	27,20	27,06	27,09	26,78
2002	26,84	26,93	27,01	27,01	27,08							

Fontes: Banco Central, Séries Temporais.

O *catch-up* produtivo e suas limitações[50]

O fato de o *catch-up* produtivo, até o presente retratado, centrar-se na aproximação dos padrões de operação vigentes nos centros desenvolvidos tem importantes implicações. Se por um lado significa que sua realização equivale ao alcance da maioridade industrial (no sentido estrito da palavra), por outro revela novas vulnerabilidades.

Como já foi assinalado, a musculatura manufatureira deixou de ser um símbolo de pujança industrial. Na realidade, a agregação de valor vem se deslocando para outras funções empresariais. Mais que isso, tem se multiplicado contemporaneamente a chamada "terceirização da produção", que, ainda quando não se mostre uma tendência generalizada, assinala e simboliza a perda de relevância estratégica das funções propriamente fabris. Mesmo no Brasil, onde – pelo contrário – a excelência fabril constitui a grande conquista recente, isso já vai se tornando evidente. Como declarou um dirigente da Azaleia, a excelência de operações passa a ser obrigatória, um qualificante para permanecer no mercado, mas não uma fonte de vantagem competitiva.[51]

Some-se a isso o fato de que, na dinâmica competitiva contemporânea, os produtos têm vida cada vez mais curta e torna-se mais fácil imitá-los. As próprias fábricas tornam-se mais deslocáveis (*footloose*), o que também contribui para o acirramento da competição.

Tendo por pano de fundo essas razões gerais para a erosão dos rendimentos de estratégias com foco em produção, cabe acrescentar motivos específicos para a reversão, na experiência brasileira, da curva de rendimento do *catch-up* produtivo.

Primeiramente, caberia assinalar a própria convergência dos padrões de operação para um patamar similar ao existente nos centros desenvolvidos – o que sugere uma substancial redução do estoque de inovações não difundidas no país. Por outro lado, cessa a sobre-excitação da demanda oriunda da abertura e do término da alta inflação, enquanto a contestabilidade dos mercados por parte dos compradores torna-se rotina.

Em suma, a despeito das condições mais favoráveis ou mais adversas conjunturalmente enfrentadas pelas empresas, seria de se esperar um declínio da

---

[50] Item baseado em Castro, A.B. e Proença, A. "Novas estratégias industriais; sobrevida ou inflexão?" *in* Velloso, J.P. *Como vão o desenvolvimento e democracia no brasil?* Rio de Janeiro: José Olympio, 2001.

[51] *Revista Exame*, 24 de agosto de 1997.

capacidade de gerar rendimentos por parte da especialização em operações aqui levada a efeito.

Admitamos, no entanto, que as empresas, sentindo ou antecipando dificuldades (ou mesmo visualizando oportunidades), busquem soluções para ir além das possibilidades oferecidas pelo *catch-up* produtivo – o que evidentemente pode ocorrer bem antes do ponto de máximo rendimento da estratégia.

Imaginemos duas grandes vertentes. A primeira, pautada pela continuidade do foco em operações, busca apenas alcançar uma sobrevida para o posicionamento já assumido. A segunda propõe a migração para um posicionamento qualitativamente diferente.

No tocante à busca de sobrevida, três caminhos se entreabrem.

O primeiro consiste em pressionar o governo no sentido de obter mudanças de preços fundamentais como juros, câmbio e tarifas. Aqui também entram demandas que concernem à redução do chamado "custo Brasil".

O segundo, significando essencialmente "mais do mesmo", se traduziria na intensificação dos esforços para chegar a benchmarks de eficiência, avanços em digitalização e automação e, num outro plano, endurecimento das negociações dentro da cadeia produtiva e com os trabalhadores. Em última análise, trata-se de aprofundar a opção estratégica anteriormente feita. O que pode, numa hipótese favorável, incluir a intensificação dos esforços de P&D visando acompanhar os avanços que vão sendo registrados no exterior.

O terceiro consistiria em comprar empresas, procurando levar para as novas fábricas o padrão de excelência operacional já alcançado na própria empresa. Essa linha tem, aliás, sido encarada como especialmente relevante para o país quando manifesta através de aquisições no exterior.

Mesmo reconhecendo o maior arrojo e alcance dessa terceira alternativa, há que se reconhecer que as três linhas têm em comum dois traços básicos. Não se pretende alterar a proposta de valor, mas apenas ampliar as vendas e proteger as margens; e não se altera a prioridade conferida a operações, permanecendo relativamente atrofiadas as funções corporativas situadas à esquerda e à direita no Gráfico IV. Enquanto nas etapas anteriores (I e II) se tratava de conquistar novos espaços, agora (etapa III) se trata de prolongar a vida útil do já alcançado.

A rigor, as três alternativas apontadas não enfrentam os problemas anteriormente detectados – e não permitem efetivamente escapar da hipercompetição a que estão sujeitos os produtores desprovidos de originalidade.

GRÁFICO III Rendas associadas ao *catch-up* produtivo: trajetórias de sobrevida

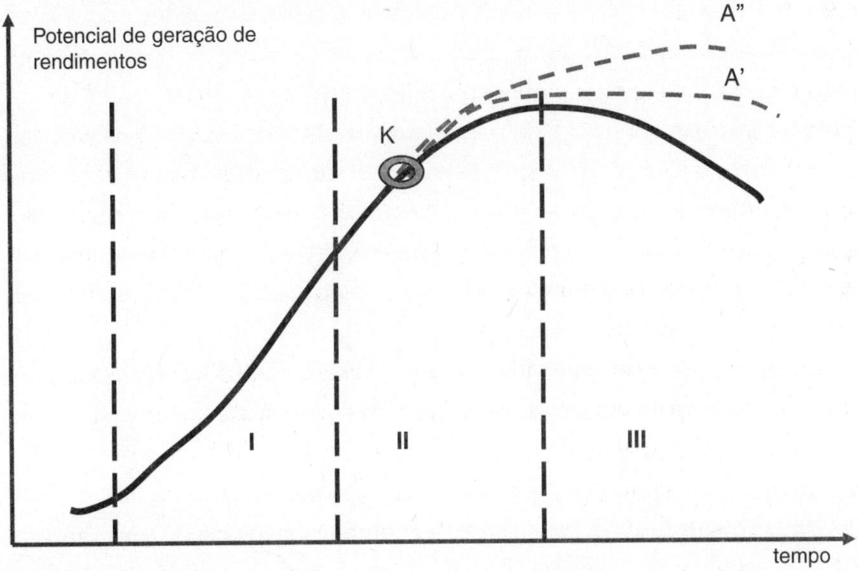

Fonte: Elaboração do autor.

A reestruturação do complexo agroindustrial

O complexo agroindustrial abrange, entre outras, as atividades agropecuárias, que hoje no Brasil correspondem a cerca de 40% do valor agregado total gerado pelo complexo agroindustrial.

No que se refere às transformações ocorridas na agropecuária, convém chamar a atenção, inicialmente, para o fato de que, ao terem início as grandes reformas no final dos anos 1980, diversas atividades integrantes do complexo agroindustrial já estavam sendo submetidas a profundas mudanças. Refiro-me, em particular, à transição da agricultura dita tradicional para práticas muito mais densas em tecnologia e insumos de procedência industrial.[52] Essa transformação deu partida num movimento de elevação da produtividade da terra que marcaria, daí por diante e até o presente, a evolução da agropecuária brasileira. Em consequência disso, a produção média por hectare de grãos (da

[52] Alves, E. e Contini, E. "A modernização da agricultura brasileira", *in* Brandão, A. (ed.) *Os principais problemas da agricultura brasileira: análises e sugestões*. 2 ed. Rio de Janeiro: IPEA, série Pnpe 18, 1992.

ordem de 2,6 toneladas) é hoje mais que o dobro do obtido na primeira metade dos anos 1970, quando começa a ganhar impulso a transformação aqui referida. Movimento semelhante, porém mais difícil de medir ou mesmo caracterizar, difundia-se, em simultâneo, na produção de carnes.

Pode-se afirmar que, de 1987 em diante, a agropecuária começou a ser também beneficiada por um firme movimento de elevação dos seus termos de troca. Concretamente, os preços dos insumos e máquinas adquiridos pelo setor reduzem-se, sob a influência da crescente abertura, em relação aos preços alcançados pelos produtos por ele produzidos. Esse movimento daria um forte impulso no sentido da extensão e do aprofundamento da modernização da agropecuária – e contra a chamada agricultura tradicional. Ao mesmo tempo adquire vigor a tendência à elevação da produtividade da terra.[53]

A partir de 1994, contudo, a evolução da relação de trocas não mais beneficia a agricultura. Surge inclusive um forte movimento de declínio relativo dos preços dos alimentos, que levará muitos a apontar a existência de uma "âncora verde" na estabilização brasileira.

Não há dúvidas de que os preços dos alimentos baixaram acentuadamente em relação aos demais custos da economia logo após o lançamento do real. Também é verdade que, uma vez observada a queda dos preços relativos dos alimentos, eles jamais voltaram aos patamares anteriores. Parece, no entanto, válido afirmar que a contribuição da agricultura para a redução dos preços finais dos alimentos foi mais modesta do que aparenta. Vejamos por quê.

O sistema agroalimentar inclui, além da agropecuária, uma série de outras atividades, entre as quais cabe destacar o processamento industrial, a logística e a comercialização. Isso significa que os avanços ocorridos em todas essas atividades podem ter tido uma influência decisiva no rebaixamento dos preços relativos dos produtos que chegam ao consumidor final.[54] Nesse caso, ressalvado um breve período em que os preços ao produtor realmente baixaram em

[53] Ver Dias, G. e Amaral, C. "Mudanças na agricultura brasileira realizadas no período 1980-1998", *in* Brasil: Baumann, R. *Uma década em transição*. Rio de Janeiro: CEPAL – Campus, 2000. Os autores mostram que os preços ao produtor realmente baixaram em termos relativos e permitem a caracterização do efeito conjunto da melhoria da relação de trocas (até 1994) e do aumento da produtividade. Ver também.

[54] Farina, E. e Nunes, R. "Âncora verde e os ajustamentos microeconômicos no sistema agroindustrial de alimentos no Brasil pós-real". São Paulo: FGV, 2003. (Palestra para alunos de mestrado e doutorado em Economia de Empresas em 26 de fevereiro de 2003).

termos relativos, os avanços verificados em atividades "além porteiras" devem ser creditados por parte da redução observada nos preços dos alimentos.

Por outro lado não há que se esquecer a importância do já assinalado barateamento dos insumos e máquinas a partir da abertura. Vista a questão por esse ângulo, aliás, parte da redução de preços recebidos pelo produtor agrícola apenas transmitia impulsos procedentes da abertura.

Em suma, o barateamento dos insumos agrícolas é, de fato, um importante fator no aumento do poder aquisitivo dos trabalhadores. É preciso, no entanto, acrescentar aos ganhos procedentes do núcleo agropecuário os ganhos obtidos no resto da cadeia. E é essa composição de elementos que permitiu concluir que "o poder aquisitivo dos salários da construção civil em relação a alimentos e vestuário teria crescido em mais de 60%".[55]

Voltando à questão da abertura, lembremos que, no tocante a muitos produtos agropecuários, o risco de uma avalanche de importações em decorrência da abertura comercial, dadas as vantagens comparativas existentes nesse terreno, era praticamente inexistente. Ainda assim, em alguns casos, severas regressões vieram a ocorrer, sendo a do algodão a mais grave dentre elas.

Mais que uma redução da proteção do mercado doméstico, a grande ameaça enfrentada pelo setor consistiu, no entanto, na desestatização do crédito – e, com ela, no desaparecimento dos subsídios aí implícitos. As vantagens decorrentes do barateamento de insumos e máquinas, aliadas ao firme avanço da produtividade da terra e do trabalho, no entanto, ao que tudo indica, permitiram que a agropecuária se reafirmasse e se expandisse vigorosamente – ultrapassando em média, e sustentadamente, o crescimento da indústria.

Amplos segmentos da agricultura tradicional mergulharam, contudo, em crise e aí permaneceram. Esse fato, aliado à estabilização da moeda e à ampliação do movimento de ocupação da fronteira, colaborou no sentido do pronunciado rebaixamento do preço da terra (especialmente nas áreas tradicionais). Num outro plano, e como uma das maiores mudanças ocorridas desde a segunda metade dos anos 1980, haveria que se destacar o drástico aumento do financiamento com recursos próprios – que já teria atingido cerca de 60% na atualidade, contra 28% procedente de bancos e 12% originário da indústria e *tradings*.[56]

---

[55] Dias, G. *op. cit.*, p. 252.

[56] Conforme estatísticas do Banco do Brasil, referidas em Relatórios técnicos, metas e políticas para o *Agrobusiness*, ABAG, junho de 2002, p. 85.

Finalmente, o avanço da agricultura moderna foi patentemente impulsionado pelos resultados alcançados em pesquisa e desenvolvimento de novas soluções por meio, sobretudo, da EMBRAPA (sendo, entretanto, conveniente destacar a contribuição de instituições público-privadas como a Fundação Mato Grosso). A mais imediata consequência das novas soluções foi a possibilidade de incorporação de terras situadas num amplo arco que se estende do oeste da Bahia ao Maranhão, conformando o que alguns denominam cerrado setentrional.

A importância desse último movimento só pode ser devidamente apreciada se tivermos em conta dois fatos. Primeiramente, através dele desaparece a disjuntiva crescer por expansão da fronteira *versus* crescer mediante modernização, o que se torna uma característica maior da própria fronteira. Além disso, a pressão competitiva renovada e intensificada impõe o redesenho do mapa de aptidões regionais – sendo difícil exagerar a importância desse fenômeno para diversas regiões. Se por um lado rapidamente se afirmam novas áreas, outras são marginalizadas, tendo praticamente de ser reinventadas do ponto de vista de suas aptidões e formas de inserção nos mercados.

Contenção e instabilidade do crescimento

Até aqui, destacamos aspectos singulares e exitosos da reestruturação ocorrida no Brasil nas atividades industriais e na agropecuária. As atenções estiveram voltadas, sobretudo, para as transformações ocorridas na indústria, setor que havia liderado o crescimento de 1940 a 1980. Tratamos agora de focalizar não mais as mudanças, e sim a evolução do todo – especialmente da indústria – ao longo do tempo. Para tanto é necessário abandonar a abordagem excessivamente "*supply oriented*" utilizada até o presente na caracterização do caso brasileiro. Como se verá, a evolução do produto industrial no Brasil correlaciona-se antes com as vicissitudes a que está sendo a cada momento submetida a demanda final do que com o aproveitamento do potencial de oferta.

Desempenho macroeconômico

A indústria teve um comportamento extraordinariamente instável.[57] Por quatro vezes o impulso expansionista foi de tal ordem que o crescimento

[57] Nota das organizadoras: Aqui constava o mesmo gráfico do artigo "A rica fauna da política industrial e sua nova fronteira" e foi suprimido para evitar repetições.

anualizado ultrapassou 7%. Por contraste com essa exuberante conduta, no entanto, por três vezes as atividades industriais desabaram – retraindo-se mais de 4% (anualizado) em duas ocasiões e quase a este ritmo em 1999.

Em meados de 2002, o nível de atividades encontra-se mais uma vez presentemente em queda. Vista a questão por esse prisma, é, pois, tentador pensar que o pífio crescimento médio do período, da ordem de 2% ao ano, oculta mais do que revela. Vivemos, em suma, uma era em que, insistindo, a evolução é determinada pela dilatação/contração do mercado doméstico sem que se perceba qualquer autonomia na trajetória da indústria.

Por outro lado, é também importante assinalar que os repiques da atividade manufatureira não devem ser entendidos como o resultado de políticas de expansão. E isso porque os juros médios reais, mesmo após as reduções verificadas no período que se segue à desvalorização, foram sempre mantidos em níveis elevadíssimos em comparações internacionais. Nesse sentido, portanto, a economia tem sido permanentemente travada. Convém agregar, no entanto, que do lançamento do real até 1998 a política fiscal foi sempre frouxa – em flagrante conflito com a política de juros, e deixando clara a duvidosa consistência do regime de políticas macro.

Está implícito no que precede que o exterior jamais puxou para cima o nível de atividades, e essa é uma característica marcante da economia durante o período das reformas. Em outras palavras, a energia da retomada é inteiramente endógena – ao contrário do ocorrido em tantos outros mercados emergentes. Mas seu verdadeiro fôlego não chega sequer a ser testado. Nas retrações, sim, prevalecem em regra os impulsos negativos oriundos de fora – e amplificados por políticas governamentais pró-cíclicas.

A próxima seção focaliza o baixo teto em que logo bate o crescimento no Brasil.

Restrições ao crescimento

A política macroeconômica vigente de julho de 1994 a janeiro de 1999 apresentava inconsistências capazes de comprometer seriamente os resultados obtidos pela economia. Duas interpretações, irreconciliáveis, posicionavam-se a esse respeito.

Um grupo apontava a precariedade do quadro fiscal como o problema central da economia. O ajuste realizado na transição para a estabilidade teria sido insuficiente e de má qualidade. A mais grave consequência disso seria a obrigatoriedade de manutenção de elevadas taxas de juros, visando sugar parte não desprezível da poupança privada, a ser consumida pelo gasto público corrente.

A relevância maior ou menor da insuficiência do ajuste fiscal dependeria, de qualquer maneira, do grau de endividamento público – e a economia brasileira era, ao ter início o Plano Real, muito pouco endividada, seja interna ou externamente. Em tais condições, os débitos poderiam, em princípio, aumentar significativamente. E no tocante à dívida pública interna, em particular, dada a tradição amplamente estabelecida no Brasil de financiamento público com recursos domésticos, a expansão do endividamento (até certo ponto, pelo menos) não parecia oferecer problema algum, sobretudo se a economia crescesse a um ritmo razoável – e, assim, o coeficiente dívida/PIB pudesse ser mantido distante de valores preocupantes. Voltarei ao tema.

Um segundo grupo via na conjugação de abertura com a valorização cambial uma séria ameaça. A primeira consequência disso seria, possivelmente, a destruição de setores e empresas plenamente capacitados a competir em condições menos adversas. Além disso, com as importações amplamente estimuladas e as exportações perdendo competitividade, o país rapidamente consumiria o saldo comercial com o qual financiava, de 1983/84 até 1994, o déficit da balança de serviços. Voltaria com isso a ingressar num (novo) ciclo de endividamento externo, correndo o risco de repetir uma trajetória de amarga lembrança.[58]

Esse último tema era, em suma, um divisor de águas. Voltar a ter substanciais déficits de transações correntes era entendido, pelo primeiro grupo, como sinal de saúde – e de aprovação por parte da comunidade internacional, das mudanças em curso no país. Afinal, seria próprio e natural de economias em fase de desenvolvimento absorver poupança externa através de déficits de transações correntes.

Um grave problema dessa posição é que a poupança externa pode não estar se agregando, e sim substituindo a poupança doméstica. Isso tende efetivamente ocorrer sempre e quando, como era o caso no Brasil, o ingresso de capitais

[58] Nota das organizadoras: Sobre o pessimismo fiscal e o pessimismo de comércio exterior ver também: "Pessimismos infundados: da desvalorização de 1999 à retomada do crescimento em 2004", *in* Castro, A.C. e Castro, L. (orgs.). *Antonio Barros de Castro – O Inconformista*. Brasília: IPEA, 2011.

provoque a valorização da moeda local, enquanto a abertura incita ao consumo e até mesmo reduz a atratividade de investimentos. Experiências realmente destrutivas levadas a efeito no Cone Sul poderiam ser apontadas a esse propósito. O perigo consistiria, enfim, na possibilidade de que o país absorvesse poupança externa em volume muito superior ao aumento dos investimentos. Nesse caso, o aumento da dívida externa estaria associado ao aumento do consumo.

A rigor, antes que o plano completasse seis meses, a grande crise mexicana de dezembro de 1994 soou, pela primeira vez, o sinal de alarme. E as autoridades foram obrigadas a refrear abruptamente a economia. O Gráfico I do Capítulo 8 (p. 152) mostra a violência dessa primeira guinada.

A chamada Crise da Tequila foi, no entanto, superada numa tal velocidade que deu a muitos a impressão de que, apesar do grave acidente, a economia estava mais robusta e a estabilidade era mais sólida do que supunham os críticos. Longe, porém, de passar à história como um fato excepcional e isolado, a crise mexicana, hoje se sabe, apenas inaugurava uma grave sucessão de crises.

Durante o regime de câmbio fixo (findo em janeiro de 1999) a cada crise, a ameaça de perda de financiamento impunha que os juros fossem drasticamente elevados. Os juros haviam, pois, sido transformados em para-choques da economia – em detrimento do investimento, do consumo de duráveis e provocando o aumento exponencial da dívida interna.

Como consequência da repetição das crises, passamos a ter juros reais médios absurdamente elevados, chegando à assustadora cifra de 26% (média real) em 1998. O contraponto disso na economia real seria a confirmação do regime de montanha-russa imposto ao nível de atividades como mostra o Gráfico I (p. 152). Já o crescimento médio não podia senão ser medíocre. Por outro lado, perdia sentido a disputa acerca da restrição maior: o crescimento da dívida interna passava a ser cada vez mais dependente das contas externas. E, no tocante a essas últimas, ia ficando claro que o problema maior não era o comportamento das importações (a grande ameaça de acordo com a percepção dos críticos do programa nos primeiros anos da abertura), e sim o medíocre desempenho das exportações.

O quadro fiscal, de sua parte, começa a ser, a partir de 1998, substancialmente melhorado como resultado da forte elevação da carga tributária. Consegue-se, em resumo, gerar um superávit primário (que não tem em conta os juros) rapidamente crescente. Mas os juros reais médios, após substancial retração, permanecem, comparativamente com outras experiências, em níveis elevadíssimos, e a dívida pública, como proporção do PIB, continuaria a crescer.

Isso não significava apenas resultados decepcionantes para o desempenho da economia. Ficava também claro que o ritmo de atividades econômicas do país passava a ser determinado pela avaliação por parte dos credores da capacidade do Brasil de honrar seus compromissos externos. E isso, na prática, significava que o imenso esforço de reciclagem, levado a efeito pelas atividades produtivas domésticas, em nada contribuía para que o país voltasse a crescer.

O Brasil agora contava com um modelo de política macro (câmbio flutuante, metas inflacionárias e superávit primário significativo) consistente e capaz de colher amplos elogios da comunidade financeira internacional. O avanço, que poderia revelar-se decisivo do ponto de vista do crescimento, parecia, no entanto, haver chegado tarde demais. Em outras palavras, o baixo teto do crescimento já não mais dependia das inconsistências domésticas. A crise de confiança havia, aparentemente, se tornado crônica.

A bem dizer, a essas alturas a economia parecia encontrar-se aprisionada numa conjugação sumamente perversa de fenômenos: dívida considerável (mas não excessiva em termos internacionais); juros elevados; e crescimento cronicamente baixo. Esse tipo de conjugação, para não resultar em elevação da relação dívida/PIB, tornando-se então possivelmente fatal, requer enorme esforço fiscal.

Porém, a esse pano de fundo local se somariam ainda duas adversidades. Primeiramente, o comércio internacional (menos 0,7% de crescimento em 2001 e 0% em 2002, contra mais 8% a.a de 1994 a 1998) passa a ter um desempenho dificilmente compatível com o novo imperativo de ajustamento da balança de transações correntes. A isso se combina o aumento generalizado da aversão ao risco nos países desenvolvidos. Essa mudança no caso de um país como o Brasil, por muitos percebido como candidato à insolvência (bola da vez), não mais se limitava a encarecer o financiamento externo voluntário. Reduz-se, de fato, a uma pequena fração o refinanciamento (rolagem) da dívida externa. Surge, com isso, a possibilidade efetiva de uma crise de crédito de consequências dificilmente previsíveis.

A crise argentina deve ser vista contra esse pano de fundo. Além de prejudicar bastante o desempenho das contas externas brasileiras, reforçou fortemente a aversão ao risco. Mais do que isso, introduziu uma adversidade praticamente desconhecida: a redução das próprias linhas de crédito de curto prazo ao comércio externo.

O extraordinário agravamento do quadro em que se encontra a economia brasileira, como decorrência do fechamento das fontes externas de financiamento, coincide, porém, com o surgimento de resultados inesperadamente positivos no tocante às transações correntes do país com o exterior. A esse propósito há que se voltar a insistir numa tese que impregna todo este trabalho. A reestruturação empresarial levada a efeito neste país foi um êxito. Enquanto em diversos outros países a adaptação a um mundo em que a liquidez internacional subitamente desapareceu veio acompanhada de contrações absolutas e não raro brutais do PIB, nesta economia a reversão do estado das contas externas (correntes) tem se dado com um nível de renda apenas estagnado. É claro que a enorme desvalorização do câmbio tem aqui uma importância crucial. Mas sua eficácia está também baseada no fato de que a indústria e os agronegócios produzem artigos de qualidade que, a bons preços, podem com relativa facilidade ser colocados no exterior.

Mais do que nunca, fica claro que, paradoxalmente, o país está pronto para crescer e pronto para quebrar. Nunca foram tão necessárias a criatividade institucional e a competência política.

Esboço de uma agenda de políticas

A economia brasileira é altamente complexa e se encontra numa situação marcadamente peculiar. Isso elimina, de partida, a possibilidade de uma agenda simples e convencional de políticas. A seguir trataremos de esboçar algumas linhas de uma agenda necessariamente muito mais ampla e complexa. Visando esse objetivo, convém iniciar apontando as três mais importantes referências da agenda aqui alinhavada.

1. Como resultado das mudanças levadas a efeito nos últimos 10 anos, a economia brasileira dispõe hoje de um grande bloco de empresas capacitadas a colocar em mercado produtos atualizados a preços que foram duplamente rebaixados em relação aos vigentes no exterior: por substanciais aumentos de produtividade e pela forte desvalorização da moeda local (que, para efeitos do que segue, não deverá sofrer substancial

reversão nos próximos anos). Estão presentes nesse grupo tanto empresas do setor industrial quanto agronegócios e empresas de serviços. Este estudo atribui especial relevância ao subgrupo industrial, o que parece se justificar seja porque sua sorte foi diretamente posta em questão pela abertura da economia, seja porque esse é o setor que vem puxando as altas e baixas do nível global de atividades que caracterizam a evolução da economia desde 1994.

2. A segunda maior característica consiste no fato de que, após um período de sério agravamento das condições macroeconômicas (desequilíbrios fiscal e externo rapidamente crescentes), um novo e consistente regime de políticas macroeconômicas foi adotado em 1999. As vantagens práticas derivadas desse fato revelaram-se, porém, limitadas – basicamente porque o regime só foi atingido quando o nefasto legado das políticas do período 1994-98 já se encontrava instalado (dívidas pública e externa elevadas e o país percebido como candidato a quebra). Mas a mais grave consequência disso é que, justamente quando o mundo ingressava num período de excepcional turbulência, tornou-se inviável usar políticas de demanda para compensar os efeitos de situações externas adversas. Muito pelo contrário: a cada renovação das dificuldades (e para evitar os custos de uma ruptura institucional), se era condenado a fazer políticas contracionistas (pró-cíclicas) para impedir uma deterioração ainda maior da confiança na economia.

A gravidade do que acaba de ser dito dificilmente pode ser exagerada. Por razões tratadas no texto, não há que se esperar respostas automáticas (por parte do mercado), frente a situações adversas que atingem a economia como um todo. A isso veio acrescentar-se o fato de que nem sequer políticas compensatórias poderiam ser empregadas. Em suma, a correção das (macro)adversidades passava a depender, unicamente, da recuperação das expectativas. Acontece, porém, que ninguém conhece a função expectativas! Isso torna a evolução do mercado doméstico, além de imprevisível, obviamente não confiável. Mais adiante defenderemos a proposição de que, face a uma situação desse tipo, uma interessante alternativa parece ser a adoção de políticas voltadas para aumentar a resistência da estrutura produtiva a adversidades – ou, digamos, políticas de elevação da resiliência sistêmica.

3. Como efeito da racionalização/enxugamento das empresas, do fechamento de unidades produtivas e do recorrente refreamento da expansão do PIB (políticas de *stop*), a face modernizada da economia ficou longe de absorver os trabalhadores disponíveis. Mais que isso: extensas áreas permaneceram deprimidas, e numerosas empresas e quase empresas mantiveram-se despreparadas para a competição nos novos termos – tendo que buscar artifícios como a chamada informalidade para sobreviver. A exclusão econômica e social daí resultante foi combatida por políticas sociais bastante ativas e inovadoras, levadas a efeito na esfera central, em estados e municípios, que, contudo, tiveram resultados parciais, logrando (apenas) conter ou atenuar os efeitos da exclusão. Mais adiante será ressaltado que o esforço de inclusão por parte das políticas sociais pode, no entanto, inesperadamente contar com o auxílio de importantes fatores ou mecanismos econômicos.

Não é preciso sublinhar que as políticas integrantes de uma eventual nova agenda deveriam estar sintonizadas com esse diagnóstico.

Políticas de elevação da resiliência

Já se encontra inteiramente estabelecida a ideia de que a economia deve elevar firmemente suas exportações.[59] As razões apontadas para isso reduzem-se em regra à necessidade de um ajuste às restrições de financiamento (crédito) a que a economia se encontra sujeita. O argumento é forte e procedente, mas não tem devidamente em conta a peculiaridade do contexto atual.

É preciso entender que o interesse em aumentar as exportações encontra-se redobrado na conjuntura atual. Isso porque não é minimamente prudente para as empresas esperar que o mercado seja capaz de levá-las ao crescimento. Há que se tomar consciência de que o mercado (o doméstico, sobretudo) não necessariamente "puxa" as empresas de acordo com as elasticidades setoriais e

---

[59] Deve também ser ampliada, incrementalmente, a substituição de importações. Quanto à substituição massiva de importações, concebida mediante um enfoque setorial, é bem mais discutível, dados os investimentos necessários, a sobrecapacidade usualmente existente em escala mundial – e a premência da obtenção de resultados. O tema não poderá, contudo, ser aqui devidamente discutido.

a um certo crescimento médio esperável. É tempo de levar a sério a fácil constatação de que não se sabe fazer previsões, especialmente para a economia doméstica, e que, relembrando, os gestores das políticas macroeconômicas locais não podem compensar adversidades – somente agravá-las, ainda que visando salvar a economia.

Assim, o mercado externo passa a ser o ambiente com o qual a empresa pode minimamente contar para desenhar e perseguir situações futuras. Se sobrevierem grandes dificuldades domésticas, ela está parcialmente assegurada pelo mercado externo – e, ao lograr crescer, estará contribuindo para aumentar a resistência às crises da economia como um todo. Melhor dito, estará contribuindo para aumentar a resiliência da economia. Por outro lado, uma possível retomada do crescimento rapidamente se traduziria em maiores importações, o que torna a elevação da capacidade de exportar um trunfo fundamental do crescimento.

Dentro da mesma linha de adquirir resistência à crise (e capacidade de crescer), abandonar de vez a fase de ajuste à abertura está para ingressar numa nova fase. Como foi amplamente argumentado, durante a adaptação à abertura as empresas copiaram produtos maduros. Reconhecidamente os mercados dos países desenvolvidos para esses produtos encontram-se saturados. Neles impera o comprador, que dita as condições, diante de ofertantes intimidados pela pressão dos competidores – e incapazes de recortar espaços próprios.

Isso leva a recomendar uma inflexão das políticas, no sentido de atribuir grande importância à inovação – ou numa acepção mais limitada da proposta a políticas de produtos. Por quê? Porque os produtos com características diferenciadas dispõem de "mecanismos de isolamento" que lhes permitem escapar da brutal pressão a que estão submetidos os produtos indiferenciados. Deve ficar claro que não estamos falando de agregação de mais valor. Operações de *upgrade* tendem a seguir as mesmas trajetórias já percorridas pelos produtos nos mercados desenvolvidos e, dessa maneira, dificilmente alcançam vantagens sustentáveis. Já a diferenciação bem-sucedida permite elevar lucros, financiar outras inovações – e pagar salários condizentes com tarefas criativas.[60]

---

[60] Castro, A.B. "A rica fauna da política industrial e sua nova fronteira". *Revista Brasileira de Inovação*, v. 1, n. 2, jul.-dez. de 2002.

Coerentemente com o anterior, políticas de inovação – na sua acepção mais ampla, que inclui o desenvolvimento de novas armas da competição – são fundamentais. E para isso é necessário apoiar a construção de um sistema nacional de inovações, aí incluída a ampla e variada infraestrutura requerida pelos esforços de inovação. Observe-se, no entanto, que não se almeja aqui, meramente, a absorção de novidades e sim, muito concretamente, a (relativa) imunização das empresas, face à competição predatória que tende presentemente a imperar nos mercados de manufaturas.[61] E, para a economia em seu conjunto, trata-se de mais uma linha de esforços visando aumentar sua resiliência – e potencializar sua impulsão.

O que acaba de ser dito aplica-se, primordialmente, a empresas de propriedade nacional. Afinal, na medida em que as empresas estrangeiras disponham de produtos atualizados e custos de produção amplamente competitivos – como é notoriamente o caso no Brasil –, os problemas para converter as fábricas locais em plataformas de exportação são, predominantemente, de flexibilização institucional (burocracia alfandegária etc.)[62] e resistência protecionista/corporativista nos países desenvolvidos. Trata-se de temas passíveis de negociação, visando à obtenção de maiores "quotas" de exportação para as filiais brasileiras. Naturalmente, isso supõe a não repetição de grandes movimentos de valorização do real, o que parece ser, especialmente a curto prazo, uma hipótese bastante plausível.

Nota sobre as políticas macroeconomicas

O futuro dirá se o (novo) regime de políticas macroeconômicas revelou sérias inconsistências. Até o momento, não parece ser o caso.

A elevação do câmbio, atuando como primeira defesa da economia (mas provocando também efeitos colaterais negativos) tem contribuído para a notável virada em curso na balança de transações correntes. Nos mais recentes meses, em particular, incessantemente se noticia a reformulação de estratégias empresariais, com realce para a maior importância concedida ao mercado

[61] Leggett, K. e Wonacott, P. "Burying the Competition". *Far Eastern Economic Review*, v. 165, n. 41, outubro de 2002.
[62] CNI. *Os problemas da empresa exportadora brasileira*, 2002. Disponível em <http://www.cni.org.br/portal/data/pages/FF808081310B1CBB01314F2258836E29.htm>.

externo. O teor das informações não deixa dúvidas quanto ao fato de que não se trata de mero deslocamento de vendas para o exterior. É redirecionamento estratégico, mesmo, o que, aliás, sugere um maior aproveitamento das novas aptidões adquiridas na reestruturação.

Quanto às metas inflacionárias, têm sido revistas, o que prejudica, em princípio, sua função coordenadora das expectativas. Mas, dada a intensidade das desvalorizações ocorridas, os resultados não chegam a ser muito preocupantes.

E, quanto ao ajuste fiscal, dado o recente colapso da confiança na economia brasileira (espelhado nos níveis alcançados pelo risco Brasil), talvez tenha que ser um pouco reforçado – o que seria antes uma adaptação que uma mudança. Em suma, num contexto sumamente adverso e submetido, portanto, a enorme estresse, o regime de políticas macro, longe de sucumbir, parece estar colaborando para que a situação possa ser suportada e o potencial de expansão da economia seja preservado.

Observação sobre as políticas de inclusão social

A exclusão poderia ser muito maior, dada a combinação de darwinismo com estagnação a que a abertura tendia a submeter a economia brasileira. Isso não ocorreu por três razões, de natureza profundamente diversa, que ficam aqui apenas mencionadas.

Primeiro, e como já anteriormente sugerido, porque esse foi um período marcado por avanços no tocante às políticas sociais, especialmente nos campos da educação, da saúde e do atendimento às populações carentes. Pode-se afirmar, a esse propósito, que as diferentes tendências políticas – situadas nos vários níveis de poder – competiam na apresentação de soluções (frequentemente semelhantes) aos estratos de mais baixa renda. Contribuiu certamente para isso a maior descentralização da tomada de decisões e, sobretudo, da execução das políticas sociais.

Num outro plano, operou também como um mecanismo protetor de trabalhadores, bem como de áreas ou regiões, o fato de que indústrias tradicionais, como confecções, calçados e outras, após um período inicial crítico, lograram reestruturar-se e, genericamente, reafirmar-se.[63] Em alguns desses casos

[63] Este é um importante contraste com o ocorrido nos países do Cone Sul. O fenômeno é parte integrante da explicação da alta taxa de sobrevivência de empresas e preservação de setores, anteriormente chamada de "hibridação".

evoluiu-se mesmo para a formação de sistemas locais de produção, capazes de reforçar as chances de sobrevivência e afirmação de pequenas e médias empresas – bem como de permitir a socialização dos custos de desenvolvimento de novas armas da competição (como, por exemplo, o design).

Um terceiro fator, normalmente pouco notado, mas que já foi devidamente ressaltado no texto, é o notável barateamento de manufaturas e alimentos, com especial destaque para certos bens de consumo popular. Sua consequência foi a inclusão como consumidores mesmo daqueles que permaneciam inteiramente à margem do sistema produtivo renovado com que passava a contar o país.

CAPÍTULO 10

CONTRA O PESSIMISMO DO CRESCIMENTO. DO VOO DA GALINHA AO DO BESOURO E MAIS ALÉM[1]

Num mundo em que diversos países têm sustentado taxas de crescimento econômico de 6% a 7% anuais – e mesmo depois de atingidos por graves crises se revelam capazes de voltar a crescer rapidamente –, chama atenção o pessimismo acerca das possibilidades de expansão da economia brasileira.

Para muitos, o crescimento, se vier, será logo a seguir abortado: teríamos mais uma bolha, mais um voo de galinha. Para outros o crescimento virá, possivelmente, e poderá manter-se, mas o ritmo de expansão não deverá ultrapassar 3,0 a 3,5%.

Em ambos os casos, portanto, supõe-se que este país não é capaz de alcançar rotas de expansão semelhantes às exibidas por diversas outras economias ditas emergentes – ou pela própria economia brasileira entre 1948 e 1980. Significa, também, que a convergência do Brasil para os níveis em que se encontram os países desenvolvidos se daria a um ritmo lentíssimo – ou mesmo permaneceria indefinidamente adiada. Enquanto isso, a Índia, famosa ex-baleia, se aproximaria da nossa renda *per capita*. Já a Coreia, Taiwan e outros, como a Malásia, e talvez mesmo o Chile, veriam sua renda por habitante convergir para o nível das economias centrais. E nem falemos do maior de todos os êxitos, o avassalador desenvolvimento chinês.

---

[1] Nota das organizadoras: A última versão deste artigo data de 6 de janeiro de 2004. O artigo estava destinado a ser publicado em livro pelo IPEA, como resultado final da consultoria a Glauco Arbix, presidente, João de Negri e Mário Salerno, diretores. Em sua primeira linha constava "pede-se não citar", sendo, portanto, um artigo considerado pelo autor ainda em fase preliminar.

Pessimismo: duas escolas

O pessimismo da escola das reformas

De acordo com uma corrente de ideias, na origem da frustração usual do crescimento na América Latina, encontra-se a inclinação de nossas economias para o populismo e a heterodoxia.[2] Estas seriam, em suma, economias cronicamente mal administradas, situadas a grande distância de uma situação ideal, em que o correto gerenciamento macroeconômico permite que as decisões de cada indivíduo ou empresa sejam orientadas, unicamente, pelos sinais de mercado. Nessa percepção, as reformas dos anos 1990, trazendo com elas a disciplina dos mercados, supostamente deveriam ter nos levado a superar esses vícios; contudo, não o fizeram, senão muito parcialmente. A conclusão dos integrantes dessa corrente é: o retorno ao crescimento depende crucialmente da retomada do esforço de construção de um meio ambiente adequado à tomada de decisões econômicas descentralizadas.

Em certos planos, ainda seria necessário insistir nas grandes reformas apenas iniciadas nos anos 1980 e 1990. Esse seria o caso no que toca à abertura da economia e até mesmo, para alguns, no tocante ao ajuste fiscal. O importante, no entanto, é ter presente o surgimento de uma nova consciência reformista, por vezes referida como Consenso de Washington Ampliado. Essa nova agenda, com frequência associada à necessidade de reformas microeconômicas, assumidamente voltadas para as condições de oferta, complementaria o esforço já realizado no tocante às grandes reformas.

Em suma, o insuficiente aprofundamento e/ou extensão das reformas realizadas até o presente seria o verdadeiro impedimento para que a economia voltasse a crescer de modo sustentado e a um bom ritmo. Em última análise, como a conduta dos que decidem encontra-se (ainda) prejudicada, seja por excesso de riscos, seja por elevados custos de transação, ocorre o prejuízo da retomada dos investimentos.

Essa visão encontra-se, no entanto, presentemente abalada seja pela intensidade das críticas feitas ao Consenso de Washington, seja pela frustração dos resultados alcançados pelas reformas em diversos países (alguns diriam pelo

---

[2] Dornbusch, R. e Edwards, S. "The macroeconomics of populism". Trabalho apresentado à segunda reunião do IASE, Bogotá, 30 de março e 1º de abril, 1989. Publicado em 1991 em PEREIRA, L.(org). *Populismo econômico*. São Paulo: Editora Nobel.

"equilíbrio ruim" a que em diversos casos se chegou), ou ainda por certa fadiga frente a mudanças institucionais. O desempenho excepcionalmente frustrante da economia brasileira nos mais recentes anos, contudo, parece haver dado um novo alento a esse tipo de postura.[3]

Voltemo-nos agora para a segunda matriz do pessimismo.

O pessimismo da fragilidade financeira

Comecemos pela mesma questão: de onde surgem os problemas que bloqueiam o crescimento desta economia?

Para a corrente aqui examinada há de se começar pelo reconhecimento de que os mercados financeiros tendem a apresentar sérias "falhas", há muito detectadas, e que no plano doméstico levam à aceitação de instituições voltadas para sua regulação.

As falhas são particularmente relevantes no tocante à precificação de ativos, cujo valor (em contraste com o das simples mercadorias) depende profundamente das expectativas em relação ao futuro. A rigor, a alta ou baixa do preço de um ativo, na medida em que seja entendida como prenúncio de novas altas ou baixas, reforça (para cima ou para baixo) sua própria demanda em mercado – bem como a de ativos congêneres. Isso, por sua vez, introduz a possibilidade de que os movimentos de preços progridam cumulativamente

[3] Castelar, A., Giambiagi, F. e Moreira, M. "Brazil in the 1990s: a Successful Transition?". Manuscrito, nov. 2001. Enquanto certos autores, como Castelar (a seguir citado), apontam uma longa lista de condições supostamente necessárias para a retomada do crescimento, o trabalho coordenado por Marcos Lisboa e intitulado "A agenda perdida: diagnóstico para a retomada do desenvolvimento com justiça social" tem como preocupação central o combate à extrema desigualdade de rendimentos entre os brasileiros e, muito particularmente, a redução da pobreza. Em diversos pontos, no entanto, esse último trabalho endossa a tese de que a retomada sustentada do crescimento requer "reformas institucionais voltadas para fortalecer instituições que apoiam o bom funcionamento do mercado". Nesse sentido, apesar de priorizar o combate à pobreza, tem um alto grau de semelhança com a vertente pessimista que estamos focalizando – e que foi chamada por Castelar de "novo mainstream". Uma lista especialmente longa de requisitos, bem como as citações aqui feitas, encontram-se em Castelar, A. " Uma agenda pós-liberal de desenvolvimento para o Brasil". IPEA, Seminários DIMAC, n. 138, 2003, p. 67 e 69. Ainda na mesma linhagem há autores como Arida que focalizam, prioritariamente, um único bloqueio institucional: a ausência de "conversibilidade livre na conta de capitais" Arida, P. "Por uma moeda plenamente conversível", *in Revista de Economia Política*, v. 23, n. 3(91), jul.-set., 2003, p. 141.

numa direção, até que revertam, passando a mover-se (cumulativamente) em outra direção.[4]

No caso de transações financeiras entre nações, o que acaba de ser apontado acarreta sérias dificuldades, amplificadas, naturalmente, na medida em que o endividamento se faça em moeda que o tomador não emite. Keynes, preocupado com esse tipo de questão, tentou erigir um sistema internacional em que as responsabilidades e os sacrifícios associados a situações críticas fossem repartidos entre os que emprestam e os que tomam empréstimos. Como se sabe, isso não vingou.

Com a reabertura progressiva dos mercados de capitais a partir de fins dos anos 1960, multiplicaram-se os episódios em que tomadores soberanos (nações) ingressavam numa "zona de vulnerabilidade"[5] – da qual dificilmente escapam sem traumas. Esse ponto de não retorno pode ser caracterizado pelo fato de que os próprios juros estão sendo incorporados como dívida adicional – com o que, na classificação de Minsky, os devedores passam a se comportar como especuladores do tipo Ponzi.[6] Sua fragilidade ficará evidente no momento em que as condições, por exemplo, das taxas de juros se alterarem e os credores passarem a resistir ao refinanciamento do principal. Em regra, essa mudança tende a ocorrer subitamente, podendo mesmo surgir como um raio num céu azul. Percebida a dificuldade no tocante à rolagem da dívida – e, portanto, explicitada a fragilidade –, o devedor passa a ser visto como candidato a *default*, e o mercado financeiro passa a impor condições leoninas para renovar empréstimos. Frente a essa guinada, os tomadores não teriam alternativas senão, de alguma maneira, romper com o quadro com que se defrontam ou, alternativamente, centrar seu comportamento na reconquista da confiança dos credores – o que equivaleria a dizer comprar tempo, evitando (provisoriamente) o colapso.

Deve ser acrescentado que, uma vez imersa a economia na zona de vulnerabilidade, a existência de câmbio fixo tende a acentuar as dificuldades – sendo,

---

[4] Para uma atualizada apresentação do estado de "exuberância irracional" a que podem ser levados os mercados financeiros vide Shiller, R. *Irrational Exuberance*, Princeton: Princeton University Press, 2000.

[5] Ffrench-Davis, R. e Ocampo, J.A. "Globalización de La Volatilidad Financiera: Desafio para las Economias Emergentes" *in* Ffrench-Davis, R. (org.). *Crisis financieras em Paises "Exitosos"*, Santiago do Chile: McGraw-Hill, 2001.

[6] Minsky, H., *Stabilizing an Unstable Economy. Twentieth Century Fund Report*. New Haven e Londres: Yale University Press, 1986.

no entanto, extremamente difícil livrar-se desse tipo de regime cambial. Por outro lado, seria em princípio válido supor que as dificuldades e os perigos a que está exposta uma economia devedora seriam minorados pela (maior) amplitude dos fluxos de comércio. Entende-se: maiores fluxos de comércio reduzem, proporcionalmente, o sacrifício necessário para efetuar um determinado montante de ajuste externo. As graves crises enfrentadas nos anos 1990 por economias caracterizadas por elevado coeficiente de integração no mercado mundial sugerem, no entanto, que a proteção oferecida pela (elevada) inserção internacional pode se revelar enganosa.[7]

A bem dizer, tornou-se hoje amplamente aceito que a liberalização financeira das últimas décadas contribuiu para a intensificação da instabilidade das economias em geral[8] – e para a ocorrência de verdadeiras convulsões naquelas menos desenvolvidas, levadas a endividar-se em ampla escala. Isso não implica negar a possível ocorrência de uma fase inicial a certos títulos benigna. Ulteriormente, contudo – e na ausência de cuidadosas políticas moderadoras dos movimentos de capitais (e seus efeitos) – o refluxo (contração) da liquidez internacional mostrará que a fase benigna preparou as condições em que viriam à tona as futuras crises.[9]

Resumidamente, as economias ditas emergentes, nas fases de expansão da liquidez internacional, têm suas possibilidades de crescimento reforçadas. A eventual retração da disponibilidade de *liquidez* ou a mera ocorrência de acidentes com terceiros – especialmente se já ingressaram na zona de vulnerabilidade – detona, contudo, abruptas reversões. A facilidade de captação de novos recursos, ou, inversamente, a tendência à fuga de fundos do país, passa, então, a comandar o desempenho da economia.[10] As próprias políticas nacionais, carentes de alternativas, tendem a tornar-se pró-cíclicas – inclinação

[7] Souza, E. "A redução da vulnerabilidade externa: dilemas, custos e alternativas" *in* Leite, A. e Velloso, J. P., *O novo governo e os desafios do desenvolvimento.* Rio de Janeiro: José Olympio, 2002.

[8] Eichengreen, B. e Bordo, M. "Crises Now and Then: What Lessons from the Era of financial Globalization?", trabalho apresentado à Conferência em Homenagem a Charles Goodhart, nov. de 2001.

[9] Este é o argumento central de Ffrench-Davis em "Crisis Financieras em Economias Exitosas", *op. cit.*

[10] Uma descrição sucinta e convincente do papel pró-cíclico da liquidez internacional do caso argentino encontra-se em Frenkel, R. "Argentina: a Decade of Convertibility Program", *Revista de Economia Política*, v. 22, n. 4(88), out.-dez. 2002.

que também toma conta do comportamento dos agentes privados comuns (aí incluídos, destacadamente, os consumidores).

A própria consciência da vulnerabilidade contribui para impedir que se escape da chamada armadilha financeira acarretada pelo endividamento num mundo instável, aberto e caracterizado pela agilidade das decisões. Nessas condições, as economias (mais uma vez, quando ingressadas na zona de vulnerabilidade) dificilmente escapam da situação em que se encontram metidas. Mais grave, enquanto aí perdurarem, seu crescimento será intermitentemente travado, do que resultará, na melhor das hipóteses, um desempenho médio, sofrível, ao longo do tempo.

Colocando a questão em perspectiva histórica, Stiglitz chamou recentemente a atenção para o fato de que as economias latino-americanas, em termos de renda por habitante e até 1980, reduziram sua distância para com os EUA. Essa distância voltou, contudo, a ampliar-se, daí por diante. Resume então o autor: "Houve convergência durante as décadas anteriores à reforma, mas a partir de 1980 começou a haver divergência."[11]

Para efeitos deste trabalho, o essencial da escola financeira do pessimismo já foi apresentado. Como se pode perceber, essa perspectiva conflita frontalmente com a anterior: pelo menos uma das reformas (a abertura) aí surge como vilã da história. Além disso, o crescimento não se encontra prejudicado por falhas ou deficiências na esfera das instituições que regulam a conduta das empresas. A economia não cresce porque se encontra submetida à súbitas contrações de demanda – que não lhe permitem aproveitar, devidamente, seu potencial de expansão.

Em última análise, as economias emergentes que se endividam correm o risco de, superada uma possível euforia inicial, cair sob a dominância da dívida. Nessa situação, qualquer ameaça à solvência externa (por crise no exterior ou reaquecimento da economia doméstica) será vista com alarme, reversão de expectativas e turbulência macroeconômica. Não deve, pois, surpreender que a austeridade – tão ostensiva quanto possível – passe a ser um objetivo central das políticas dos países assim caracterizados. Para governantes engajados em

---

[11] O autor se refere, destacadamente, a reformas que "aumentaram a exposição dos países ao risco, sem reforçar a sua capacidade de enfrentá-lo". Stiglitz, J. "El Rumbo de las Reformas, hacia una Nueva Agenda para América Latina". *Revista de la CEPAL*, n. 80, agosto de 2003.

comprar reputação, preocupar-se com a oferta soa extemporâneo ou mesmo ingênuo.

Contra o pessimismo

Resumo do posicionamento

A posição que pretendo aqui defender discrepa da primeira escola – mas com ela coincide em alguns pontos, mais adiante destacados. Acompanha até certo ponto a segunda, divergindo, no entanto, daí por diante. A discussão permanecerá referida, basicamente, à experiência brasileira.

Uma sumária antecipação das discrepâncias, no tocante à primeira escola, recomendaria colocar em destaque a herança deixada pela fase áurea da industrialização brasileira, o potencial de crescimento armazenado pela reestruturação da indústria na década de 1990 e a importância crucial da asfixia de demanda a que vem sendo submetida nossa economia.

No que se refere à segunda corrente, a discordância maior decorre do reconhecimento, de nossa parte, do êxito alcançado pela mudança do regime de política econômica verificada entre a segunda metade de 1998 e o primeiro semestre de 1999. O novo regime de políticas macro eliminou a tendência ao autoagravamento das questões macroeconômicas, que até 1999 acompanhava qualquer surto expansivo da economia. Daí por diante, tornava-se pelo menos possível o crescimento sustentado – que podia, no entanto, com relativa facilidade, ser abruptamente interceptado por reviravoltas no plano externo.

Nesse sentido, não obstante a persistência dos miniciclos e a modestíssima taxa média de crescimento observada de 1999 até o presente, admitimos que esta economia passou a contar com condições favoráveis à efetiva retomada do crescimento. O acirramento da turbulência externa de 1997 a 2001 e o miniciclo político de 2002 (acarretando brutal elevação do dólar, sem que as transações correntes apresentassem deterioração) impediram, no entanto, que repetidos ensaios de expansão – em 1995, 1998, 1999 e 2001[12] – dessem partida num crescimento à altura do (renovado) potencial de crescimento da

---

[12] *Economia & Conjuntura*, publicação do Instituto de Economia da UFRJ, julho de 2003. Disponível em <http://www.ie.ufrj.br/conjuntura/pdfs/MeJul2003.pdf>.

economia.[13] O êxito da política macroeconômica (levada a efeito no primeiro semestre do corrente ano 2003) e a hipotética confirmação de um quadro internacional favorável ao crescimento estariam, porém, criando condições ideais para um novo teste da hipótese de que esta economia readquiriu capacidade de crescer.

Tratarei de especificar, no que segue, alguns argumentos críticos frente às duas escolas anteriormente evocadas, para, em seguida, considerar certos pensamentos empiricamente levantados contra a possível ocorrência de um crescimento não apenas sustentado mas superior às modestas taxas de 3% a 3,5% ao ano já referidas.

Molas comprimidas

Podemos começar com uma questão relativamente localizada: diversas vezes, nos últimos anos, deu-se partida ao crescimento, e a indústria arrancou com notável vigor. Essa simples constatação sugere algo interessante para a discussão que aqui se inicia. Recuperações tão vigorosas, acionadas por reduções de juros, sugerem que esta é uma economia intermitentemente carente de demanda efetiva – e que avidamente responde a cada vez que o racionamento a que está submetida é aliviado. Para aqueles que localizam os problemas do crescimento no âmbito da oferta, esse não é um bom indício.

A pronta reação várias vezes observada parece, em suma, indicar que estamos longe de uma economia desprovida de dinamismo – como muitos parecem crer, impressionados com a mísera taxa média de crescimento que resulta da compensação de arrancadas e retrocessos. Cabe aqui um contraste: há economias que (realizadas as reformas de estrutura) só parecem reagir a fortes mudanças da demanda externa – e sempre com base nos mesmos produtos tradicionais. Uma boa ilustração pode ser encontrada no caso da Romênia, segundo um estudo realizado para o Banco Mundial.[14] No nosso caso, por contraste, a mera desrepressão da demanda doméstica acarreta fortes respostas, com a indústria, em particular, arremetendo a alta velocidade.

---

[13] Quanto ao potencial de crescimento da economia ver, adiante, *A especificidade da economia brasileira.*

[14] Punzo, L. *Romania's Erratic Transition. A Dynamic, Supply Oriented Analysis*. University of Siena, novembro de 1999.

GRÁFICO I Crescimento da produção industrial em 12 meses (%)

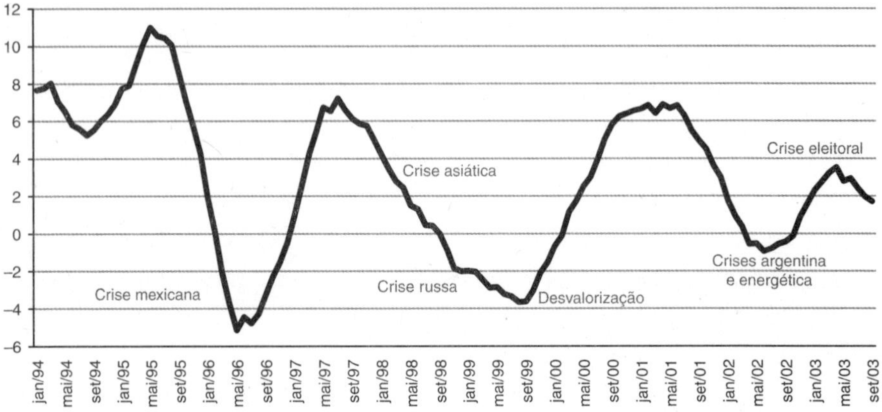

Outro importante argumento pode ser derivado do aumento da produtividade verificado na indústria ao longo dos anos 1990. Alguns imediatamente o atribuem à abertura e demais reformas. Parece-me, contudo, que o entendimento do aqui ocorrido requer que se tenha em conta, preliminarmente, o passado recente. Senão vejamos.

Os anos 1980, com suas convulsões inflacionárias, retardaram notavelmente a adoção, no Brasil, dos novos métodos organizacionais e gerenciais[15] por muitos referidos, genericamente, como produção enxuta (*lean production*).[16] A absorção disparou com o anúncio da abertura, e a voracidade com que as novidades aí contidas foram adotadas dá testemunho da existência de um empresariado bastante agressivo.[17] Em suma, o salto da produtividade ocorrido nos anos 1990 foi beneficiado pelo caos altamente inibidor da alta inflação,

---

[15] Castro, A.B. "A reestruturação industrial brasileira dos anos 1990. Uma interpretação". *Revista de Economia Política*, jul.-set. 2001.

[16] Nota das editoras: o artigo recém-referido foi publicado tendo por base o relatório, de mesmo título, apresentando neste livro.

[17] O referido trabalho de Castelar *et. al.*, buscando exaltar a influência da abertura, omite a absorção do pacote tecnológico acima citado – que, com ou sem abertura adicional, em diversas experiências nacionais, gerou grandes aumentos de produtividade. Já Moreira e Correia, também visando realçar a importância da abertura, atribuem o fechamento da economia (referido como " soviético") no final dos anos 1980 a uma suposta radicalização da estratégia de substituição de importações. Omite-se, no caso, a influência das convulsões inflacionárias do período sobre a política econômica, a conduta das empresas e tudo o mais. Moreira, M. e Correa, G. "A first look at the impact of trade liberalization on the brazilian manufacturing industry", *World Development*, v. 26, n. 1, 1998.

pela existência de um pacote de mudanças a ser absorvido e pelo ativismo do empresariado local. Aliás, em diversas outras experiências, em vez de reciclagem da mesma estrutura industrial, houve desaparecimento de setores, com ou sem migração para novas atividades (tema mais adiante retomado). Passemos agora a uma argumentação mais abrangente.

A visão ou corrente que estamos focalizando se choca com a constatação de que entre as economias que mais rapidamente cresceram nos últimos 20 anos encontram-se transgressores flagrantes e contumazes de regras por ela apontadas como precondicionantes do crescimento. Exemplos poderiam ser apontados no tocante à abertura financeira, ao sistema bancário, à proteção (rigidez ou "flexibilidade") do trabalho etc. Complementa ou mesmo corrobora esse argumento a recíproca desta constatação: entre as economias que mais se esmeraram em mimetizar instituições – no tocante à abertura, particularmente – encontram-se casos de escasso crescimento da produtividade e flagrante falta de dinamismo. A bem dizer, como argumentaram com muita força Ffrench-Davis e Ocampo, a replicação de instituições tidas como corretas facilita, não raro, um êxito inicial – que, no entanto, em diversos casos prepara as dificuldades futuras.[18]

O anterior deixa no ar pelo menos uma dúvida: o aumento da globalização não se choca com a preservação de diferenças institucionais entre as nações?

A resposta mais adequada a essa questão deve começar pela admissão de que os interesses das economias centrais indubitavelmente pressionam, o quanto podem, no sentido da uniformização das instituições. São mais que conhecidas as exigências quanto ao *Levelling the Play Field.* O triunfo espetacular da China, no entanto, sugere que a equiparação das instituições está longe de ser um requisito. E isso não obstante o fato de que tal país, se por um lado preserva gritantes diferenças nacionais, por outro se encontra entre os que mais se globalizaram. As exportações chinesas procedentes de multinacionais (em parcerias ou como proprietárias) saltaram de 2% para 50% do total entre 1986 e 2000.[19]

---

[18] Ffrench-Davis, R. (org.). "Crisis Financieras en Paises Exitosos", *op. cit.* Em pelo menos dois textos dessa coletânea vai-se mais além, argumentando-se que o Chile e a Coreia cresceram muito quando operaram instituições próprias – e tiveram seu dinamismo posto em questão ao descaracterizar certas instituições próprias e aumentar o grau de mimetismo institucional.

[19] "Trade and Developmente Report", UNCTAD, 2002. Como um indicador a mais da profundidade com que a China ingressou no tecido econômico ocidental caberia apontar o fato de que a cadeia Wall Mart, que revolucionou o varejo norte-americano, é responsável por 10% das compras norte-americanas procedentes da China. Shaiken, H. "Work, Development and Globalisation", trabalho apresentado ao seminário "Brasil em Debate", organizado pelo Instituto de Economia da UFRJ e a CEPAL, Rio de Janeiro, 2003.

Isso não implica dizer que quaisquer formas de organização e/ou arranjos institucionais podem se revelar eficazes. O que, sim, se pode talvez afirmar é que os princípios gerais que condicionam, genericamente, a eficácia de uma economia são bastante simples: estabilidade política, comprometimento inequívoco com a proteção dos investimentos e um quadro macroeconômico percebido como consistente e sustentável.[20] A estabilidade macro, aliás, importante desde sempre, passou na atualidade a ser um objetivo, além de importante, difícil de ser preservado – dadas a maior instabilidade sistêmica e, muito particularmente, as oscilações endêmicas a que estão sujeitas as taxas de câmbio na atualidade.[21]

O que se está aqui sugerindo é que, respeitadas as condições apontadas, as instituições singulares que formatam o domínio econômico podem assumir características próprias e mesmo idiossincráticas. Sua efetividade ou validade depende antes da aceitação e assimilação pelos atores econômicos que aí operam que pela replicação (possivelmente apenas formal) de instituições análogas nos países desenvolvidos. A rigor, desde que não prejudiquem os princípios gerais e na medida em que sejam introjetadas pelos agentes econômicos, as instituições singulares podem aceitar mil roupagens. A pista para o pluralismo institucional e organizacional já se encontrava presente na visão de Gerschenkron. Para ele, as economias retardatárias exitosas lograram constituir "instituições substitutas", que conseguiam alcançar, por outros meios, objetivos como, exemplificando, o financiamento da acumulação.[22]

O ponto anterior pode ainda ser reforçado lembrando-se que eventuais disfunções poderão ser polidas pelo uso, sendo válido afirmar, como norma geral (sujeita, claro, a exceções), que mais valem instituições próprias, trabalhadas pelo tempo e pelos costumes (convertidas em rotinas[23]), do que instituições a

[20] Esta visão é defendida por Rodrik, D. "Depois do liberalismo, o quê?" *in* Castro, A.C. (org.) *Desenvolvimento em debate: novos rumos do desenvolvimento no mundo*. Rio de Janeiro: BNDES, 2002. Ver também, de Rodrik, "Development Strategies for the Next Century", apresentado na conferência *Developing Economies in the 21 Century*, Japão, 2000.

[21] Mesmo ali onde a taxa de câmbio é mantida em regime de paridade fixa, a extraordinária oscilação observada entre as principais moedas introduz tensões desconhecidas no passado – tornando bem mais complexo o gerenciamento macroeconômico.

[22] Gerschenkron, A. "The Early Phases of Industrialization in Russia and Their Relashionship to the Historical Study of Economic growth" *in* Conference on the Economics of the take-off info Sustained Growth, setembro de 1960, Kowtanz.

[23] Nelson, R. e Winter, S. *An Evolutionary Theory of Economic Change*. Cambridge: Harvard University Press, 1982.

serem implantadas. Ignorá-lo é desconhecer que criar novas instituições costuma ter elevados custos, engendra efeitos de aprendizado pouco previsíveis – e pode acarretar sérios problemas de coordenação.[24] Por isso mesmo, as instituições não devem sequer ser julgadas individualmente, numa perspectiva otimizante. Há de se ter em conta o todo orgânico (ou *gestalt*) que elas compõem.

Não há, em suma, por que mimetizar – e possivelmente não há, inclusive, como politicamente fazê-lo – o panorama institucional das economias desenvolvidas. Este parece ser o sentido último da perspicaz observação de *Deng Tsiao Ping*: não importa a cor dos gatos, o que importa é que peguem ratos.[25]

Contra esse pano de fundo, a obsessão com reformas, convertidas em "dever de casa", a ser minuciosa e obsessivamente feito, parece fruto de circunstâncias: primeiro, o surto fundamentalista de mercado do final do século XX; além disso, o interesse de multinacionais; e por último, mas não menos importante, a perda de autoconfiança do governo, das elites e da opinião pública em numerosos países ditos em desenvolvimento.

Por isso, não deixa de surpreender o fato de que no Brasil tenha sido amplamente aceita a suposta necessidade de replicar instituições. Afinal, na longa fase áurea desta economia, a peculiaridade das instituições era enorme, e autores tão distantes quanto Mario Henrique Simonsen e Ignácio Rangel esmeravam-se em captar a originalidade do quadro institucional brasileiro.[26] Pode-se mesmo dizer que o Brasil, enquanto foi um campeão de crescimento, apresentou (e assumiu) instituições próprias.

Finalmente, a prudência recomenda lembrar e sublinhar que existem numerosas melhorias ou mesmo mudanças institucionais a serem introduzidas nesta economia (como, de resto, também na China e nos Estados Unidos). Algumas delas tendem a reduzir a peculiaridade do nosso panorama institucional;

---

[24] North, D. *Institutions, Institutional Change and Economic performance*. Cambridge: Cambridge University Press, 1990.

[25] Stiglitz observou certa vez que, durante o auge do prestígio das reformas, o êxito de uma economia era medido pelo avanço das próprias reformas! Havia-se, portanto, perdido a noção de que as reformas seriam meios para a obtenção de determinados fins. Reside aqui, aliás, um grande contraste entre a história recente da América Latina e da Ásia.

[26] No tocante a Simonsen, ver "A política anti-inflacionária" *in* Simonsen, M.H. e Campos, R. *A nova economia brasileira*. Rio de Janeiro: José Olympio, 1974. Quanto a Rangel, entre outros trabalhos, ver *Dualidade básica da economia brasileira*. Rio de Janiero: Ministério da Educação e Cultura, Instituto Superior de estudos Brasileiros, 1957.

outras, talvez, são capazes de ampliá-la. Enfim, não há como negar que certas instituições que aí estão, da maneira como estão, comprometem o potencial de crescimento da economia. A alta incidência de impostos sobre o faturamento e a legislação vigente sobre falência (que impede a recuperação de negócios economicamente viáveis) são exemplos disso. Por outro lado, é também necessário reconhecer que a condição de economia "severamente endividada" em que este país se encontra limita, drasticamente, os graus de liberdade das políticas locais – o que não implica dizer que estamos entregues ao piloto automático do mercado.[27]

Em suma, o que não parece ter cabimento é o exercício (tornado mais frequente com os recentes episódios de frustração do crescimento) de apontar condições *ad hoc* para que esta economia volte a crescer sustentadamente. Suspeito mesmo que os advogados de mais e mais reformas como condição para o crescimento são maus defensores de sua própria causa. A abertura comercial, por exemplo, colaborou, no meu entender, para a elevação do potencial de crescimento desta economia, permitindo que ela aumente significativamente mais do que os desoladores 3% a 3,5% – sem, contudo, chegar às avassaladoras taxas dos tigres e baleias turbinadas da Ásia. Na parte final deste trabalho é feita uma brevíssima incursão no terreno das políticas e estratégias empresariais voltadas para o crescimento, a partir de uma situação como aquela em que nos encontramos. E, como será então sugerido, tanto ou mais que a remoção de "falhas" específicas de mercado, o crescimento rápido depende de vários tipos de apoio a decisões cercadas de incertezas, que requerem o concurso de diversos atores (privados e públicos) e de um clima, ou conjunto de convenções,[28] de acordo com as quais o empreendedorismo se transforme num ingrediente básico da normalidade.

Finalizando estes comentários, cabe levantar uma questão que me parece de grande relevância. Como transitaram os partidários do pessimismo monoinstitucionalista para o plano concreto do pessimismo das taxas alcançáveis de crescimento?

---

[27] O tema será rapidamente retomado na parte final do trabalho.

[28] Sobre a "convenção do crescimento" no período de rápido expansão desta economia ver Castro, A.B. "Renegade Development Rise and Demise of State-Led Development in Brazil", *in* Smith, W., Acuña, C. e Gamara, E. (orgs.) *Democracy, Markets and structural Reform in Latin America.* New Brunswick: Transaction Press, 1993.

A estimativa do que pode crescer a economia pelos integrantes dessa escola tem sido construída, em regra, por meio de exercícios do tipo "contabilidade do crescimento". Nessa abordagem, o crescimento da economia como um todo resulta da agregação das parcelas de desenvolvimento explicadas por cada um dos fatores (capital e trabalho) e pelo progresso técnico (considerado separadamente). Em outras palavras o crescimento se "explicaria" pelas contribuições (isoláveis) dos fatores e pelo avanço das técnicas.

As críticas a esse gênero de exercício – que produz resultados marcadamente diferentes conforme as suposições adotadas para definir e/ou medir as quantidades de fatores – têm levado diversos autores a evitar as conclusões nelas baseadas.[29] Não cabendo neste contexto a reprodução das severas críticas já feitas, limito-me a três sumárias observações.

O crescimento dos anos 1990 foi certamente contido por (notórias) restrições de demanda e, possivelmente, jamais se atingiu algo próximo ao "produto potencial" da economia. O período se caracterizou, além disso, antes por aumento da eficiência técnica que por progresso técnico. Ou seja, prevaleceram a introdução de melhorias gerenciais, certos (novos) insumos e o aprendizado (*learning by doing*). Ora, sem descontar a influência deletéria da carência crônica de demanda (que manteria o produto efetivo sempre abaixo do potencial) e sem distinguir entre os dois componentes da variação da "produtividade total dos fatores" (progresso técnico e mudança da eficiência técnica), dificilmente se podem estimar as possibilidades de crescimento da economia.

Tomando a questão por outro ângulo, não é demais assinalar que os métodos que vêm sendo empregados para fazer contabilidade do crescimento no Brasil são obviamente insensíveis a mudanças institucionais. O mínimo que se pode dizer a esse respeito é, aliás, que, em tais condições, não há como avaliar o acréscimo ou decréscimo da taxa alcançável de crescimento em função das mudanças institucionais almejadas.

Fragilidade financeira reconhecida. Existem casos especiais?

Aceito certamente a ideia geral de que os mercados financeiros são particularmente sujeitos a "falhas". Não há dúvida, também, de que as fases iniciais

[29] Felipe, J. "Total Factor Productivity Growth in East Asia: a Critical Survey", *Journal of Development Studies*, abril de 1999.

de endividamento tendem a gerar euforia e que, mais adiante, com os próprios juros incorporados ao principal (especulação tipo Ponzi), o devedor ingressa numa situação de alta vulnerabilidade. Nessa situação, súbitas contrações de liquidez – a que os mercados internacionais se mostram cada vez mais propensos – colocam dificuldades aparentemente insolúveis, já que as nações (devedores soberanos) não contam, em princípio, com fontes financeiras de última instância.

Convém também destacar que esse tipo de quadro difere completamente da situação usual em que um país enfrenta problemas de balanço de pagamento, decorrentes de excesso de absorção (consumo mais investimento) doméstica. Em tais condições, de fato, o império dos critérios de risco, a cumulatividade dos envolvimentos e a volatilidade das expectativas deixam certos devedores soberanos na condição de "marcados para morrer".

É importante ainda admitir que, uma vez imersos na "zona de vulnerabilidade", os países são mesmo obrigados a utilizar alterações exageradamente elevadas nas taxas de juros – com severos efeitos colaterais negativos – para, possivelmente, conter movimentos de deterioração dos indicadores de confiança. E, quanto ao câmbio, a experiência mostra que há também limites no que se pode obter com desvalorizações – bem como limites impostos pelos efeitos deletérios do uso repetido e agressivo desse expediente.

Diante deste penoso panorama, a única alternativa à busca frustrante da confiança parece ser a ruptura com o *status quo*, acompanhada, na medida do possível, de redefinição das condições de pagamento da dívida. Fora disso – e com os próprios agentes privados agindo pró-ciclicamente – o máximo que se pode obter (na ausência de improváveis grandes refluxos de capitais para os emergentes em geral) são pequenas expansões. É o voo da galinha.

O que acaba de ser dito, em grande medida, procede. Devemos, no entanto, levantar pelo menos uma grande dúvida: teriam todos os países endividados, sobre os quais paira a ameaça do *default*, o mesmo destino? É bem verdade que as vítimas sempre pretendem dizer que seu caso é especial. Essa constatação não necessariamente leva, contudo, à conclusão de que todos caminham para o mesmo desfecho. No que segue procuro defender que a economia brasileira pode ter mergulhado e saído de uma crise que se anunciava gravíssima sem propriamente dar-se conta – e se encontra apta a crescer.

Conceber um caso nacional como algo diferenciado e capaz de trilhar caminhos próprios não é certamente um dos esportes preferidos dos economistas.

Mas vale a pena tentá-lo, quando mais não seja, dada a recente restauração, em diversos meios, da noção de que a história conta e de que os caminhos são de fato importantemente diversos.[30]

A especificidade brasileira

Criando resiliência macroeconômica

Uma importante peculiaridade da experiência brasileira consiste no fato de que o país, preso à armadilha financeira, chegou ao desenlace a que tende esse tipo de situação – e dele saiu relativamente incólume. Mais que isso, a crise cambial e sua superação ocorreram em simultâneo com (o início de) um severo ajuste fiscal, a que logo se somou a renovação da política anti-inflacionária. Chegou-se, assim, a um conjunto de mudanças institucionais que renovaram o regime de políticas macroeconômicas. Convém recordar alguns traços dessa singular experiência, ocorrida entre o colapso da economia russa (junho de 1998), a meados de 1999. Suas implicações serão tentativamente esboçadas ao final deste item.

A economia brasileira, já duramente atingida pela crise asiática, foi levada a uma situação de pré-colapso imediatamente após a deflagração da crise russa: o financiamento externo cessou e o país perdeu US$30 bilhões de reservas entre os primeiros dias de agosto e o final de setembro. Na primeira quinzena de 1999, com o país perdendo por dia entre US$500 milhões a US$1 bilhão, o regime cambial implodiu. Mostrava-se com isso verdadeiro o prognóstico da segunda escola acima retratada, no sentido de que, em meio à instabilidade típica do mundo contemporâneo, uma economia endividada que ingressou no "jogo da confiança" caminha para uma solução traumática.

O desfecho da crise foi, porém, acompanhado de extensa e profunda reforma das instituições que regem a política macroeconômica – o que certamente não correspondeu a qualquer plano ou estratégia. A múltipla reforma

---

[30] Para uma crítica ao mito da convergência institucional, suposta por neoclássicos e marxistas, ver Berger, S. e Dore, R. (org.). *National Diversity and Global Capitalism*. Cornell University Press, 1996 e Hollingsworth, J.R. e Boyer, R. *Contemporary Capitalism. The embeddedness of Institutions*. Cambridge: Cambridge University Press, 1997.

decorreu, em parte, de compromissos assumidos em troca do apoio externo[31] – e esse é o caso, destacadamente, do severo ajuste fiscal levado a efeito daí por diante.[32] Foi, também, parcialmente imposta pelo próprio descontrole cambial, que a poucos dias do seu início havia desmoralizado completamente quaisquer tentativas de controle da situação – e imposto a aceitação da livre flutuação. Finalmente, coube ao Banco Central (além da administração dos caóticos primeiros meses de livre flutuação) a definição de uma nova política face ao retorno da inflação. Não surpreendentemente a escolha recaiu (em junho de 1999) sobre o regime de metas inflacionárias, um modismo relativamente bem-sucedido.

O novo regime de políticas, semelhante ao adotado em diversos outros países, vem sendo retrabalhado sob a pressão das circunstâncias – por exemplo, mediante a prática de intervenções marginais e assistemáticas na flutuação do câmbio. Mais que isso, vem sendo submetido a enormes tensões e duras provas. Talvez não seja precipitado afirmar, contudo, que aos três anos de idade o novo regime dá sinais de estar sendo incorporado às formas de pensar e agir dos atores econômicos. Efetivamente, a esse conjunto articulado de novas instituições tem cabido a função de coordenar as expectativas dos agentes econômicos, no referente à evolução da conjuntura (aí incluídas as próprias decisões de governo). Sua sobrevivência e, mais que isso, reafirmação, não obstante a importante mudança de governo recentemente ocorrida, contribuiu para o que poderia talvez ser denominado um início de consolidação. Fica assim sugerido que o país encontra-se dotado de um novo regime de políticas macroeconômicas, que, ressalvada a hipótese de grandes crises internacionais, deverá antes evoluir de ser substituído por outro.

Vista a experiência por esse ângulo, ocorreu aqui algo muito diferente do verificado no México em 1982 e em 1994, no Chile em 1982 e na Argentina

---

[31] A ajuda externa, como se sabe, foi crucial. Para a comunidade financeira internacional, tratava-se de conter o contágio, que havia se revelado alarmante nos episódios asiático e russo – e que a meados de 1998 arriscava lançar por terra o gigantesco Long Term Capital Management, pondo em risco o sistema financeiro global. O Presidente Clinton pressionou brutalmente o Congresso para apoiá-la, chegando a referir-se à uma hipotética negativa como "irresponsável". Eichengreen, B. *Financial Crises and What to Do About Them*. Oxford: Oxford University Press, 2002.

[32] Do ponto de vista fiscal o país igualmente se encontrava numa rota suicida – o que só não se tornava evidente pela intensificação da privatização para fora. Giambiagi, F. "Do déficit de metas às metas de déficit: a política fiscal do governo Fernando Henrique Cardoso 1995/2002". Manuscrito, abril de 2002.

em 2000. O abandono de uma política cambial, revelada insustentável, e a renovação do quadro de políticas deram-se, no nosso caso, sem que se chegasse concretamente ao *default* – e sem que o nível de atividades sofresse abrupta contração. Com efeito, a meados de 1999 a economia já estava crescendo, e nas estatísticas anuais de desempenho econômico não há sequer como perceber que algo de particularmente grave ocorreu no ano de 1999. Já recentemente na Argentina e no Uruguai, bem como na Tailândia, o PIB retraiu-se cerca de 11% no ano que se segue ao desmoronamento do regime cambial.

Em resumo, cumpriu-se também aqui a previsão segundo a qual não se sai impunemente de uma situação de alto endividamento, em que a política econômica tem como preocupação central comprar tempo e, supostamente, construir reputação. Mas o colapso ficou limitado, em última análise, ao próprio regime (anterior) de políticas macroeconômicas!

Longe de "blindar" a economia, as mudanças permitiam que sua defesa não mais repousasse unicamente na autoimolação, mediante políticas (especialmente monetárias), em regra, abruptamente implantadas. Existiam agora primeiras defesas implícitas, proporcionadas pelo câmbio flutuante e pelo ostensivo refreamento da deterioração do quadro fiscal. Estava assim possivelmente afastada a síndrome de 1998, situação verdadeiramente terminal, em que as taxas de juros requeridas para o enfrentamento das adversidades acarretavam, patentemente, a explosão das dívidas interna e externa.

Se é verdade que com o novo regime de políticas macro a economia havia (no sentido acima apontado) endogenizado, em alguma medida, mecanismos de autoproteção, não é menos verdade que continuava bastante vulnerável – como 2001 e 2002 deixariam evidentes. Ainda assim, há indícios de que, de 1999 (inclusive) em diante, a economia havia voltado a contar com algum grau de resiliência macroeconômica. Afinal, as respostas a dificuldades externas passavam a ser dadas, em princípio, *pari passu* com seu surgimento. Além disso, se voltasse a crescer, o ajuste fiscal, já em grande medida realizado, tendia a reforçar-se.[33]

Isso em nenhum sentido deve ser entendido como o alcance de um quadro, digamos, satisfatório. Para tanto seria necessário, no mínimo, poder fazer políticas autônomas – destacadamente, as de natureza compensatória. Mas é

---

[33] Estamos omitindo diversas complicações, como, por exemplo, a indexação de parte da dívida pública ao câmbio, responsável por parte substancial das dificuldades acarretadas pelo colapso da confiança em 2002.

difícil negar que a flexibilidade e o gradualismo possibilitados pelo novo quadro são um avanço – sobretudo no sentido de que tornavam possível voltar a pensar em crescimento.

Na impossibilidade de demonstrar que o quadro se encontra confiavelmente modificado, tornando-se compatível com o crescimento, voltamo-nos a seguir para um episódio que, em alguma medida, oferece um teste dessa hipótese. Refiro-me ao período relativamente breve que se situa entre a mudança de regime e o novo e brutal acúmulo de adversidades externas, ocorrido entre o final do ano 2000 e os primeiros meses de 2001, quando o colapso argentino combinou-se com o estouro da bolha no mercado norte-americano de ações, prometendo forte e duradoura elevação da aversão ao risco. Como muitos se lembrarão, o desfecho dessa infeliz conjunção de adversidades coincidiu, ainda, com o traumático anúncio da crise energética.

O referido episódio pode ser sumariamente descrito como se segue. Concluída a transição, no tocante ao regime de políticas macro, a economia brasileira contou com uma (relativa) trégua[34] que se estendeu até o primeiro trimestre de 2001. Os dados levam a crer que o aproveitamento da trégua foi em vários sentidos excepcional, com a economia crescendo por 22 meses, liderada pela indústria, que se expandia ao ritmo de 7% a.a.

Após valer-se intensamente da referida trégua, a economia brasileira foi abatida pelo extraordinário conjunto de choques acima mencionado – e pela freada imposta pela alta dos juros. A combinação de respostas automáticas (defesas endógenas) e politicamente decididas (elevação de juros) rapidamente deixou claro, porém, que, ao contrário do que muitos supunham, a situação não se encontrava fora de controle. A melhora das expectativas deu-se, aliás, rapidamente, detonando mecanismos (a seguir citados) capazes de provocar o reaquecimento da economia. De fato, ainda em 2001 a economia voltou a crescer e ingressou em 2002 expandindo-se a um elevado ritmo.

Em maio de 2002, a súbita percepção de que o PT (cuja identidade e compromissos não estavam claramente definidos) tinha grande chance de chegar

[34] A trégua, advirta-se, era bastante relativa, já que desde o início de 2000 os sinais emitidos pela Argentina eram péssimos – e o espectro do estouro da bolha rondava a bolsa de Nova York. Talvez jogasse a favor do Brasil, no entanto, o fato de que, após tantos episódios de irracionalidade explícita, os investidores internacionais começassem a distinguir melhor entre as economias – percebendo também que um país dotado de câmbio flutuante tinha uma defesa mínima, mas bastante ativa, contra crises. Eichengreen, B. *Financial Crises*, *op. cit.*, cap. 5.

ao poder detonou uma nova onda de pessimismo, cujo mais contundente símbolo talvez seja o câmbio de 4, alcançado em setembro de 2002. Se esse câmbio embutia gravíssima ameaça à estabilidade monetária, também tendia a induzir forte melhoria da balança comercial. Ao (precário) automatismo das respostas asseguradas pelo novo regime de políticas macroeconômicas vieram, contudo, se somar severíssimas políticas de juros e de gastos públicos. Com essa surpreendente resposta, o novo governo desarmou, em dois trimestres, a turbulência que se formava. As expectativas mais uma vez responderam prontamente, e já em julho de 2003 era possível antever o reaquecimento da economia. O mecanismo detonador da retomada seria o mesmo de outras vezes: a melhoria dos indicadores de confiança, com desescalada dos juros de mercado, queda dos juros Selic e demanda de duráveis em alta. Essa sequência estava definida desde 1995: "Por quatro vezes (a partir daquele ano), o crescimento foi retomado em resposta à queda da taxa de juros, e a quinta vez ocorrerá provavelmente nos próximos meses."[35]

Resta saber, no entanto, o fôlego que terá o crescimento que assim se inicia. Ambas as escolas, abordadas na primeira parte deste artigo, são pessimistas a esse respeito. No nosso entender, na ausência de graves distúrbios externos, o crescimento pode surpreender para melhor. Mas para entendê-lo há que se abandonar o plano macroeconômico e se voltar para a qualidade das empresas que compõem o tecido econômico deste país. Especial atenção deve ser dada à indústria, que invariavelmente lidera o crescimento da economia. É este o objeto daqui por diante focalizado.

O catch-up *produtivo e o potencial não plenamente testado*

Para caracterizar o ocorrido com a indústria neste país, convém relembrar, de início, a polarização de opiniões provocada pelo anúncio da abertura em 1990.

Uma corrente acreditava que a abertura contribuiria, decisivamente, para a regeneração da economia – que naquele momento começava a deixar para trás

---

[35] O texto (acompanhado de tabelas ilustrando a afirmativa) é de autoria de Caio Prates e integra a já referida edição de julho de *Economia & Conjuntura*, publicação do Instituto de Economia da UFRJ.

a chamada década perdida. Essa corrente, é útil lembrar, identificava-se, genericamente, com a defesa das grandes reformas.[36] A outra corrente, identificada com diversas ideias típicas do desenvolvimentismo, previa a desindustrialização – ou, no mínimo, a "regressão industrial" – como resultado da abertura da economia.[37]

Apesar do antagonismo assumido pelas duas posições, havia, porém, muito em comum entre elas. Ambas antecipavam a transformação da estrutura setorial da economia e, muito particularmente, da indústria. As transformações estariam centradas – em ambas as correntes – no definhamento dos setores mais intensivos em capital e em tecnologia. Na visão pró-abertura, sendo esses setores o fruto de artifícios da política econômica anterior (não refletindo a dotação de fatores da economia), seu eventual desaparecimento equivaleria a uma racionalização do uso dos recursos. Tratava-se de atividades situadas "fora do lugar", e ninguém deveria chorar por elas.

Os críticos da abertura, de sua parte, anteviam o desaparecimento – basicamente dos mesmos setores – mas viam nisso uma enorme perda ou regressão.

O que ocorreu, porém, contrasta com ambas as previsões.[38] A estrutura produtiva brasileira apresenta hoje, a grandes traços, a mesma conformação que apresentava em 1990[39] – ou seja, basicamente, o perfil setorial herdado do processo de substituição de importações, completada por ocasião do II PND. Enfim, não ocorreram nem a reassignação de recursos segundo vantagens comparativas, idealizada pelos defensores da abertura, nem a anunciada regressão industrial. O que ocorreu foi uma rápida evolução, por meio da qual foram introduzidos novos métodos de organização e de gerenciamento, bem

---

[36] Ver Franco, G., "A inserção externa e o desenvolvimento" *in O desafio brasileiro – ensaios sobre desenvolvimento globalização e moeda* – Editora 34, 1999.

[37] Coutinho, L. "A especialização regressiva: um balanço do desempenho industrial pós-estabilização" *in* Velloso, J.P. (org.) *Brasil: Desafios de um país em transformação*. Fórum Nacional. Rio de Janeiro: José Olympio, 2007. Caberia registrar que o compendio *Made in Brasil* (publicado em 1996) apresenta a esse respeito uma posição rica e nuançada. Ainda assim conclui que o país poderia ser levado a um processo de "desindustrialização" caso não fosse conduzido "na direção da maior equidade" – o que flagrantemente não ocorreu. Ferraz, J.C., Kupfer, D. e Haguenauer, E. *Made in Brasil, desafios competitivos para a indústria*. Rio de Janeiro: Campus, p. 372.

[38] Castro, A.B. "A reestruturação industrial brasileira dos anos 1990. Uma interpretação". *Revista de Economia Política*, jul.-set. 2001.

[39] Sobre a manutenção, a grandes traços, da estrutura industrial brasileira, ver Castro, A.B. "A reestruturação industrial brasileira dos anos 1990. Uma interpretação" *op. cit.* Ver, também, Kupfer, D. "A indústria brasileira após 10 anos de liberalização econômica", trabalho apresentado ao seminário *Brasil em Desenvolvimento*, organizado pela UFRJ e a CEPAL, 2003.

como modernizados os processos produtivos nas plantas industriais. A mais importante consequência prática desse movimento foi, contudo, a renovação/atualização do portfólio de produtos das empresas – que as colocava em condições de disputar o mercado doméstico com as importações. É importante ressaltar que, no processo de mudança, feito sem o amparo de políticas públicas preconcebidas e consistentes – e em meio a grande volatilidade das expectativas –, muitas baixas vieram a ocorrer entre as empresas nacionais, algumas delas possivelmente desnecessárias. Algo semelhante poderia ser dito sobre a desnacionalização de empresas.[40] Mas é também necessário acrescentar que parte dos resultados alcançados se deve a respostas públicas dadas a crises localizadas (em ramos ou regiões). Destas, a mais importante iniciativa culminou com o surgimento do chamado novo regime automotivo. Entre os outros improvisos, em maior ou menor medida exitosos, poderíamos citar o relativo ao ramo dos brinquedos, não pela sua importância em termos absolutos, mas pelo fato de que assinala, mais uma vez, uma profunda diferença entre a experiência brasileira de abertura e o ocorrido em outros países da América Latina, onde, em regra, essa indústria foi varrida do mapa.[41]

Posta a questão em perspectiva, podemos afirmar que prevaleceu como resposta (nos ramos ameaçados pela abertura) uma vigorosa evolução das unidades produtivas originárias da fase áurea da industrialização (1956-1980). Isso se aplica a empresas domésticas e a multinacionais. Em outras palavras, a reassignação (ou, melhor dito, o reaproveitamento) de recursos se fez, basicamente, no âmbito das próprias empresas[42] – ao que se somou a chegada de numerosas empresas multinacionais que aqui ainda não se encontravam.

Da reação que acabamos de sumariar resultou, de imediato, um salto da capacidade para colocar no mercado doméstico produtos atualizados a preços competitivos. Mas para tanto foi necessário ampliar, consideravelmente, a

---

[40] Ferraz, J.C. Iootty, M. "Fusões, aquisições e internacionalização patrimonial no Brasil nos anos 90", *in* Veiga, P. (org.), *O Brasil e os desafios da globalização*. São Paulo: Relume Dumará, 2000.

[41] As importações brasileiras de brinquedos saltaram de US$35 milhões em 1994 para US$165 milhões em 1995! Em julho de 1996, com o setor ameaçado de extinção, foi introduzida uma salvaguarda que fez a tarifa protetiva integral voltar a ser de 70%, donde baixaria progressivamente nos anos subsequentes. O setor reorientou-se, cresceu e chegou a lançar 2.500 novos produtos em 2001. Fonte: Abrinq.

[42] O sentido dessa afirmativa é desenvolvido em Penrose, E. *The Theory of the Growth of the Firm*. Oxford: Brasil Blackwell, 1959.

importação de insumos críticos para a atualização almejada. Não é preciso insistir que o movimento estava sintonizado com a demanda em rápida evolução – mudança que podia ser facilmente monitorada pela observação do ocorrido com as importações.[43]

A transformação que estamos focalizando requeria também, usualmente, a troca e/ou atualização de equipamentos. Sabe-se, hoje, com base nos dados divulgados pela PINTEC[44] o quanto a renovação dos equipamentos veio a ocorrer. Ali se nota, aliás, que enquanto os gastos com equipamentos tornaram-se bastante elevados, os gastos com P&D ficaram muito abaixo do registrado em outros países no mesmo período. Ambas as constatações parecem confirmar que as mudanças promovidas em numerosas unidades produtivas tiveram, efetivamente, o sentido acima assinalado. Tratava-se de produzir novas "safras" de artigos, mediante tecnologia cujo licenciamento podia ser obtido no mercado. Em tais condições fazia pouco sentido sequer tentar desenvolver soluções efetivamente originais mediante pesquisa própria. Afinal, não apenas a demanda já estava formatada (pelas importações que começavam a inundar o país), como, efetivamente, não havia tempo hábil para o desenvolvimento de soluções alternativas. Isso não impedia, contudo, em certos casos, a adaptação dos novos produtos ao mercado local.[45]

Esse movimento de reestruturação aproximava ou mesmo equiparava as condições de fabricação aqui existentes àquelas vigentes nos centros desenvolvidos. Tratava-se, contudo, de um emparelhamento parcial, no qual a similitude com os centros desenvolvidos se resume às características operacionais (sobretudo fabricação) – e à produção, no país, de um conjunto de artigos lançados nos mercados centrais nos últimos 10 a 20 anos. O movimento em foco não implicava, em regra, a construção de novas fábricas, mas requeria, sim, amplo remanejamento (ou reaproveitamento) das instalações disponíveis, aliado ao maior treinamento ou mesmo qualificação da força de trabalho.

---

[43] Sobre a evolução dos coeficientes do período, ver Moreira, M. "A indústria brasileira nos anos 1990. O que já se pode dizer?", *in* Giambiagi, F. e Moreira, M. (orgs.). *A economia brasileira nos anos 90*. Rio de Janeiro: BNDES, 1999.

[44] Pesquisa Industrial Inovação Tecnológica, 2000 – Finep/IBGE. Ver Cassiolato, J. e Szapiro, M. "Alguns indicadores de inovação no Brasil: os dados da PINTEC e a importação de tecnologia", manuscrito, Instituto de Economia, 2003.

[45] No caso das montadoras, ver Consoni, F. e Quadros, R. "Between Centralization and Decentralization of Product Development: Recent Trajectory Changes in Brazilian Subsidiaries of Car Assemblers", XI Colloquium of GERPISA, Paris, 2003.

O movimento anterior, ainda quando amplamente exitoso no seu objetivo precípuo (a disputa do mercado doméstico), trazia consigo uma grande dificuldade, que só a seguir começaria a se tornar evidente. Refiro-me ao fato que os mercados dos produtos que iam sendo aqui lançados já se encontravam saturados nos centros industriais. Especialmente nos anos em que a moeda nacional foi mantida sobrevalorizada, esse fato era capaz de criar sérias dificuldades para o país. Numa palavra, a sobrevalorização impedia que os produtores aqui sediados – chegando atrasados, sem design, marcas próprias etc. – pudessem "comprar" espaço nos mercados centrais.[46]

A prioridade conferida ao remanejamento/atualização das plantas e, sobretudo, aquela conferida à atualização do portfólio de produtos significavam que a economia estava optando por um caminho profundamente diferente daquele trilhado pelo Chile, pelo México e pela própria Argentina. De fato, no primeiro caso (Chile) houve um retorno (com muito maior sofisticação) ao setor primário e, no segundo, uma especialização em atividades trabalho intensivas. Já no caso da Argentina parece haver prevalecido uma combinação de reprimarização, com modernização, desverticalização e esvaziamento (*hollow out*) de fábricas.[47]

O fenômeno que acaba de ser apontado significava, também, que a abertura dos anos 1990, longe de desfazer o *catch-up* clássico brasileiro, concluído em 1980, induziu um novo (e limitado) emparelhamento, para o qual sugerimos a denominação de "*catch-up* produtivo".[48] Esse esforço de emparelhamento orientou-se, fundamentalmente, pela disputa por espaço no mercado doméstico, onde as empresas nacionais dispõem de canais distributivos e demais relações (com consumidores, bancos etc.) longamente estabelecidas. Já no mercado mundial, tais empresas não dispõem dessas facilidades. Como, insisto,

---

[46] A omissão de problemas como os que acabam de ser citados levou Mendonça de Barros, J.R. e Goldenstein, L. a prever que dos espaços conquistados no mercado doméstico os produtores locais passariam, sem maiores dificuldades, aos mercados internacionais – já que as diferenças entre os mercados doméstico e externo haviam sido (supostamente) anuladas pela abertura. Dos autores, "Reestruturação industrial: três anos de debate" *in* Velloso, J.P. *Brasil: desafios de um país em transformação.* (orgs.). Rio de Janeiro: José Olympio, 1997.

[47] Enquanto isso, convém não esquecer, os agronegócios brasileiros prosseguiam e aprofundavam a revolução iniciada a fins dos anos 1960 – e que prossegue até o presente. Ver Dias, G. e Amaral, C. "Mudanças estruturais na agricultura brasileira, 1980-1998" *in* Baunann, R. (org.) *Brasil – uma década em transição*, CEPAL/Campus, 2000.

[48] Castro, A.B. "A reestruturação industrial dos anos 1990", *op. cit.* e Castro, A.B. "El Segundo Catch-up Brasileño. Caracteríticas y Limitaciones", *Revista de La Cepal*, n. 80, agosto de 2003.

tampouco podem contar com os mais potentes instrumentos da competição contemporânea, para a conquista (e a preservação) de espaços, encontravam-se em desvantagem – só lhes resta assim conquistar mercados mediante preços baixos.

Dado o que precede, o desaparecimento, em 1999, da sobrevalorização resolve um importante problema. Cabe advertir, no entanto, que, enquanto as empresas não se mostrarem capazes de desenvolver e/ou diferenciar seus produtos, estabelecer marcas próprias etc., suas posições encontram-se plenamente expostas (especialmente nos mercados centrais) às pressões concorrenciais originadas nas economias de baixos salários. Estas, aliás, lideradas pela China, encontram-se cada vez mais empenhadas em melhorar a qualidade de seus próprios produtos.

Estamos finalmente em condições de formular uma importante questão. Qual a importância, afinal, da reciclagem/reestruturação acima caracterizada? Mais precisamente, como e onde entra a reestruturação industrial levada a efeito neste país, como fator que o distingue e reforça o potencial de crescimento?

Cartão Resposta

0501 20048-7/2003-DR/RJ
Elsevier Editora Ltda

...CORREIOS...

ELSEVIER

SAC | 0800 026 53 40
ELSEVIER | sac@elsevier.com.br

CARTÃO RESPOSTA

Não é necessário selar

O SELO SERÁ PAGO POR
Elsevier Editora Ltda

20299-999 - Rio de Janeiro - RJ

Por favor, preencha o formulário abaixo e envie pelos correios ou acesse www.elsevier.com.br/cartaoresposta. Agradecemos sua colaboração.

Seu nome: _____

Sexo: ☐ Feminino ☐ Masculino   CPF: _____

Endereço: _____

E-mail: _____

Curso ou Profissão: _____

Ano/Período em que estuda: _____

Livro adquirido e autor: _____

Como conheceu o livro?

☐ Mala direta   ☐ E-mail da Campus/Elsevier
☐ Recomendação de amigo   ☐ Anúncio (onde?) _____
☐ Recomendação de professor
☐ Site (qual?) _____   ☐ Resenha em jornal, revista ou blog
☐ Evento (qual?) _____   ☐ Outros (quais?) _____

Onde costuma comprar livros?

☐ Internet. Quais sites? _____
☐ Livrarias ☐ Feiras e eventos ☐ Mala direta

☐ Quero receber informações e ofertas especiais sobre livros da Campus/Elsevier e Parceiros.

Siga-nos no twitter @CampusElsevier

Qual(is) o(s) conteúdo(s) de seu interesse?

Concursos

☐ Administração Pública e Orçamento ☐ Arquivologia ☐ Atualidades ☐ Ciências Exatas ☐ Contabilidade ☐ Direito e Legislação
☐ Economia ☐ Educação Física ☐ Engenharia ☐ Física ☐ Gestão de Pessoas ☐ Informática ☐ Língua Portuguesa
☐ Línguas Estrangeiras ☐ Saúde ☐ Sistema Financeiro e Bancário ☐ Técnicas de Estudo e Motivação ☐ Todas as Áreas
☐ Outros (quais?) ____________________

Educação & Referência

☐ Comportamento ☐ Desenvolvimento Sustentável ☐ Dicionários e Enciclopédias ☐ Divulgação Científica ☐ Educação Familiar
☐ Finanças Pessoais ☐ Idiomas ☐ Interesse Geral ☐ Motivação ☐ Qualidade de Vida ☐ Sociedade e Política

Jurídicos

☐ Direito e Processo do Trabalho/Previdenciário ☐ Direito Processual Civil ☐ Direito e Processo Penal ☐ Direito Administrativo ☐ Direito Constitucional
☐ Direito Civil ☐ Direito Empresarial ☐ Direito Econômico e Concorrencial ☐ Direito do Consumidor ☐ Linguagem Jurídica/Argumentação/Monografia
☐ Direito Ambiental ☐ Filosofia e Teoria do Direito/Ética ☐ Direito Internacional ☐ História e Introdução ao Direito ☐ Sociologia Jurídica
☐ Todas as Áreas

Media Technology

☐ Animação e Computação Gráfica ☐ Áudio ☐ Filme e Vídeo ☐ Fotografia ☐ Jogos ☐ Multimídia e Web

Negócios

☐ Administração/Gestão Empresarial ☐ Biografias ☐ Carreira e Liderança Empresariais ☐ E-business
☐ Estratégia ☐ Light Business ☐ Marketing/Vendas ☐ RH/Gestão de Pessoas ☐ Tecnologia

Universitários

☐ Administração ☐ Ciências Políticas ☐ Computação ☐ Comunicação ☐ Economia ☐ Engenharia
☐ Estatística ☐ Finanças ☐ Física ☐ História ☐ Psicologia ☐ Relações Internacionais ☐ Turismo

Áreas da Saúde ☐

Outras áreas (quais?): ____________________

Tem algum comentário sobre este livro que deseja compartilhar conosco?

____

Impressão e acabamento
Imprensa da Fé